オスマン語文法読本

勝田 茂 著

東京 大学書林 発行

عثمانليجه غرامه‌ری و اوقومه متنلری

Osmanlıca Grameri ve Okuma Metinleri

شیگرو قاتسوده

دایغاقوشورین کتاب‌أوی
توکیو ـ ۲۰۰۲

はじめに

　本書の意図は現代トルコ語の初・中級を終えた学習者にオスマン語学習の基礎を提供することである。オスマン語とは、オスマン帝国の公用語であるが、一般的には帝国崩壊後の文字改革（1928年）まで使用されたアラビア文字で表記された文章語を指す。

　このオスマン語は、オスマン帝国の版図が三大陸に拡大したのとはうらはらに、言語的にはアラビア語、ペルシア語からの膨大な語彙借用、統語上の影響を受ける結果になった。アラビア語、ペルシア語からの借用語を表記する場合、原語の固定した表記を忠実に守るか、オスマン語としての表記を採用するかで異なった。たとえば、「トルコ人」を表す Türk という語は、アラビア語の表記にしたがえば ترك (Tᵘrk) となるが、母音表記を考慮したオスマン語表記では تورك (Türk) となる。実際このような表記が併存し、教養ある知識人ほど原語アラビア語、ペルシア語の正書法に忠実であった。それはやがて、8個の母音を有するオスマン語を表記する場合でも極力母音を省略する結果となり、正書法上の困難を招くことになった。

　19世紀後半にかけてオスマン帝国の諸改革の流れの中で、知識人の間で正書法や文字の改革案が提言され議論されたが、イスラム世界の盟主としてオスマン帝国が存続する限り、コーランを記した聖なる文字、アラビア文字の廃止へとは踏み切れなかった。

　アラビア文字からラテン文字を基礎に創意工夫をこらした新トルコ文字への移行は1928年11月に公布され、翌29年1月から実施された。これは、1923年に建国された新生トルコ共和国において、西欧の諸制度を導入する一連の改革事業の一環として、まさに建国の父ムスタファ・ケマル（アタチュルク）による英断であった。この文字改革に続いて、トルコ語におけるアラビア語、ペルシア語を核とする外来語をトルコ語で置き換える言語改革が推進され、その政策はイデオロギー的には従来から賛否両論あるが、今なお継承されている。現代トルコ語にあって口語と文語の隔たりが皆無といっても過言ではないのは、文字改革、言語改革の成果に因るところがおおいにあるのは否めないだろう。

はじめに

　文字改革により言語改革が加速され、それなりの成果をもたらした事実とひきかえに、アラビア文字（オスマン文字）の教育が公的教育機関から排除されたことにより、オスマン語による膨大な遺産にアクセスできなくなったことも事実であろう。本書はそのようなオスマン語に対する、日本における最初の入門書としての試みであり、これによってトルコの過去への扉を開ける鍵を手にしてもらえれば、筆者にとっては望外の喜びである。

　本書の大部分は 1999 年度に大阪外国語大学「世界を学ぶオリジナル語学教材開発シリーズ」プロジェクト（代表：橋本勝 教授）の企画として出版されたものである。今回の出版に際し快く許可を与えられた同プロジェクト委員会に対して謝意を表したい。また、練習問題のチェック等で貴重な助言を惜しまれなかった同僚の A. Kâmil Toplamaoğlu 氏にも深くお礼申し上げる。さらに、いわゆる「マイナー言語」の出版にも格別な関心と理解を示されている大学書林社長佐藤政人氏にも心よりお礼申し上げたい。今回は独習者の立場を踏まえ、前回の大きな課題であったオスマン語語彙集、および練習問題の解答例を収めることができた。願わくばこれで意欲的なオスマン語独習者に対する負債が多少なりとも解消できていれば幸いである。

2002. 盛夏
筆　者

Önsöz

Bu kitabın amacı Modern Türkçeyi ilk ve orta seviyede öğrenmiş olan öğrenciler için temel Osmanlıcayı vermektir. Osmanlıca, aslında Osmanlı İmparatorluğu'nun resmî dili olmakla beraber yaygın olarak Osmanlı İmparatorluğu'nun çökmesinden sonra Harf İnkılâbına (1928) kadar kullanılagelen Arap harfleriyle yazılmış yazı dili diye adlandırılmaktadır.

Osmanlıca, Osmanlı İmparatorluğu üç kıta üzerinde hâkimiyet sürdürmesine rağmen, dil bakımından Arapça ve Farsçadan hem büyük miktarda kelimeler alıp hem de sözdizimi nüfuzu altında kalmıştır. Arapça veya Farsça ödünç kelimeleri yazarken asıl dilin imlâsına sadık kalmayla Osmanlıcaya uyarak yazmak arasında fark ortaya çıkmıştır. Meselâ 'Türk' kelimesi, Arapça imlâsında ترك (T^{u}rk) olur. Ancak ünlüler gözönünde tutulunca Osmanlıca imlâsında تورك (Türk) oldu. Gerçekten Osmanlıcada bu iki yazılış da yaygın idi ve aydınlar Arapça ve Farsça imlâları tercih etmişlerdi. Hal böyle iken zaman içinde, sekiz tane ünlü ses bulunan Osmanlıcayı yazarken mümkün olduğu kadar ünlü harfsiz yazar oldular ve bu imlâda çok büyük meselelere neden oldu.

19. yüzyılın ikinci yarısından itibaren Osmanlı İmparatorluğundaki Yenileşme Hareketleri içinde imlâ düzenlemesi ve harf inkılâbı üzerinde çeşitli teklif ve tartışmalar yapıldığı halde İslam Dünyasının lideri olarak Osmanlı İmparatorluğu ayakta kaldıkça Kur'anın mübarek dili olan Arap harflerini kaldırmak için bir adım atamadılar.

Arap harflerini atıp Lâtin harflerine dayanarak özenle yaratılmış yeni Türk harflerinin kabulü Kasım 1928'de ilân edilip Ocak 1929'da uygulanmaya başlandı. Bu inkılâp, 1923'te yeniden doğmuş Türkiye Cumhuriyeti'nde Batılılaşma Hareketlerinden birisi olarak bizzat Mustafa Kemal (Atatürk) tarafından gerçekleştirilmiş cesur bir karar idi. Bu Harf İnkılâbını takip eden Dil Devrimi ile Arapça ve Farsça başta olmak üzere yabancı kelimelerin Türkçe karşılığı aranıp

Önsöz

bulunmaktadır. Bu politika, ideoloji bakımından eskiden beri lehinde ve aleyhinde bulunanlar olduğu halde bugünlerde de devam etmektedir. Modern Türkçede konuşma dili ile yazı dili arasında hiç fark yok denebilecek durumun, büyük miktarda Harf İnkılâbı ve Dil Devrimine borçlu olduğu inkâr edilemez.

Harf İnkılâbı ile Dil Devriminin hız kazanıp o kadar netice elde etmiş olması bir gerçek ise de, aynı zamanda Arap (Osmanlı) harflerinin resmî okullardan kaldırılması nedeniyle zengin Osmanlıca mirasına yaklaşma yolunun kaybolmuş olması da bir başka gerçektir. İşte bu kitabımız öyle duruma düşmüş olan Osmanlıca için, Japonya'da ilk deneme olmaktadır. Böyle bir kitapla Türklerin geçmişine gidecek kapıyı açma anahtarını elde edebilirseniz, yazarın sevinci umduğundan çok fazla olacaktır.

Bu kitabın büyük kısmı Osaka Yabancı Diller Üniversitesi "Dünyayı öğrenmek için orijinal ders kitapları serisi" projesi (Başkan: Prof. Masaru Haşimoto) tarafından 1999 yılında yayınlanmıştı. Bu seferki yayına izin verdiği için adı geçen proje komitesine teşekkür ederim. Ayrıca alıştırma bölümlerini gözden geçirip önemli yardımını esirgememiş olan meslektaşım Sayın A. Kâmil Toplamaoğlu'na candan teşekkür eder, "Kullananı Az Diller"e de özel ilgi ve anlayış gösteren Daigaku Şorin Kitabevi'nin sahibi Sayın Masato Sato'ya da son derece teşekkür ederim. Bu sefer kendi kendine öğrenenlerin durumunu iyice düşünerek, geçen sefer gerçekleştiremediğim Osmanlıca bir sözlükçe ve alıştırma çözümlerini de ekleyebildim. Eğer bu sefer çalışkan ve hevesli Osmanlıca öğrencilerine karşı borçlarımın hiç olmazsa bir kısmını ödeyebildiysem çok memnun olurum.

Boğucu sıcak yaz 2002
Ş. Katsuda

目　　次

はじめに i
参考文献 xii

－ 基 礎 編 －

第 1 課　アルファベット
  1.1.　文字と転写 2
  1.2.　母音符号 4
  1.3.　補助符号 4
  1.4.　母音 6
  1.5.　子音 8
      【練習問題 1】... 12

第 2 課　格語尾
  2.1.　斜格（主格以外の格）.. 14
  2.2.　格語尾まとめ 15
      【練習問題 2】... 16

第 3 課　人称代名詞と連辞
  3.1.　人称代名詞と連辞（一覧）....................................... 17
  3.2.　連辞の疑問形 17
  3.3.　人称代名詞の格語尾 18
      【練習問題 3】... 19

第 4 課　所有接尾辞
  4.1.　所有接尾辞（一覧）... 20
  4.2.　3 人称の所有接尾辞 + 格語尾 21
  4.3.　3 人称の所有接尾辞まとめ 21
  4.4.　名詞と名詞の修飾法 22
      【練習問題 4】... 23

目　　次

第5課　動詞単純形
- 5.1. 動詞の接尾辞（概略一覧） 24
- 5.2. -di 過去形 24
- 5.3. -iyor 現在形 25
- 5.4. -miş 過去形 27
- 5.5. -ir / -er 超越形 27
- 5.6. -ecek 未来形 29
- 5.7. -meli 義務形 30
- 5.8. -se 条件・仮定形 31
- 5.9. 命令形 32
- 5.10. -e 願望形 33
  - 【練習問題5】 34

第6課　連辞基本3形
- 6.1. 連辞の -di 過去形 35
- 6.2. 連辞の -miş 過去形 36
- 6.3. 連辞の -se 条件・仮定形 36
  - 【練習問題6】 37

第7課　動詞複合形
- 7.1. 動詞複合形（概略一覧） 38
- 7.2. -iyor 複合形 38
- 7.3. -ir / -er 複合形 39
- 7.4. -ecek 複合形 39
- 7.5. -miş 複合形 40
- 7.6. -meli 複合形 41
- 7.7. -e 複合形 41
- 7.8. -di 複合形 41
- 7.9. -se 複合形 42
  - 【練習問題7】 43

目次

第 8 課　動詞拡張 5 形
- 8.1. -ebil 可能形 44
- 8.2. -il 受動形 44
- 8.3. -dir 使役形 45
- 8.4. -(i)n 再帰形 45
- 8.5. -(i)ş 相互形 45
- 【練習問題 8】... 46

第 9 課　後置詞
- 9.1. ايله / ile 47
- 9.2. ايچون / içün (için) 47
- 9.3. كبى / gibi 47
- 9.4. قدر / kadar 48
- 9.5. كوره / göre 48
- 9.6. طوغرى / doğru 48
- 9.7. رغماً / rağmen 48
- 9.8. قارشى / karşı 48
- 9.9. اوكجه، اول / evvel, önce 49
- 9.10. صكره، صوكره / sonra 49
- 9.11. برو، برى / beri 49
- 9.12. بشقه، باشقه / başka 49
- 9.13. طولايى / dolayı 49
- 【練習問題 9】... 50

第10課　動名詞・分詞
- 10.1. ـمق، ـمك / -mek[2] 51
- 10.2. ـمه / -me[2] 51
- 10.3. ـد(يـ)ق، ـد(يـ)ك / -dik[4] 52
- 10.4. ـهجق، ـهجك / -ecek[2] 52
- 10.5. ـان، ـن / -en[2] 53
- 10.6. その他の分詞 (-ir / -er, -miş) 53

— vii —

目　次

【練習問題10】.. 54

第11課　副動詞
- 11.1.　وب ـ، (ـ يوب) / -(y)ip[4] 55
- 11.2.　ـ هرك، ـ هرق / -erek[2] 55
- 11.3.　ـ ه ـ ه، ـ ه / -e[2] -e[2] 55
- 11.4.　ـ نجه / -ince[4] 56
- 11.5.　ـ مدن، ـ مه دن / -meden[2] 56
- 11.6.　ـ دكجه، ـ دقجه / -dikçe[4] 57
- 11.7.　ـ لى ـ ه / -eli[2] 57
- 11.8.　ـ كن، ايكن / -ken, iken 58

【練習問題11】.. 59

第12課　主な接尾辞
- 12.1.　ـ جى / -ci[4], -çi[4] 60
- 12.2.　ـ يجى / -ici[4] 60
- 12.3.　ـ جه / -ce[2], -çe[2] 60
- 12.4.　ـ جك، ـ جق / -c[2]ik[4], -c[2]ek[2] 60
- 12.5.　ـ لى، ـ لو / -li[4], -lü[2] 60
- 12.6.　ـ لك، ـ لق / -lik[2], -lık[2] 61
- 12.7.　ـ سز، ـ سوز / -siz[4], -süz[2] 61
- 12.8.　ـ داش / -daş, (-deş) 61
- 12.9.　ـ لهمك، ـ لامق / -lemek[2] 61
- 12.10.　ـ لنمك، ـ لانمق / -lenmek[2] 61
- 12.11.　ـ لشمك، ـ لشمق / -leşmek[2] 61

【練習問題12】.. 62

第13課　アラビア語要素
- 13.1.　長・短母音 63
- 13.2.　定冠詞 ال 64
- 13.3.　文法性 64
- 13.4.　単・双・複数形 65

— viii —

13.5.	AのB（アラビア語式修飾法）	68
13.6.	代名詞	71
13.7.	主な派生語パターン	72
13.8.	動名詞（マスダル）	73
13.9.	能動分詞	73
13.10.	受動分詞	74
13.11.	場所・時を表す名詞	74
13.12.	関係形容詞	75
	【練習問題13】	77

第14課　ペルシア語要素

14.1.	AのB（ペルシア語式修飾法）	78
14.2.	連鎖修飾（AのBのC…）	79
14.3.	混合修飾	79
14.4.	形容詞修飾の注意点	80
14.5.	ペルシア語の複数形	80
14.6.	ペルシア語の注意すべき発音	81
14.7.	動詞とその派生形	81
14.8.	主な接尾辞・接頭辞	84
14.9.	主な前置詞	86
	【練習問題14】	87

第15課　数詞・月名・曜日名

15.1.	数詞	88
15.2.	月名	90
15.3.	曜日名	90
	【練習問題15-1】	92
	【練習問題15-2】	93

目　次

－応　用　編－

応用編テキストについて 96

第16課　Nasreddin Hoca'dan（1）（N.ホジャより-1）
　1．そんなはずはない 99
　2．棺の中でなければ 99

第17課　Nasreddin Hoca'dan（2）（N.ホジャより-2）
　3．ロバのことばを信じる愚か者 100
　4．わしも引っ越しじゃ 101

第18課　Nasreddin Hoca'dan（3）（N.ホジャより-3）
　5．わしの思いは見すかされておったのか！ 102
　6．レバーを盗む猫ならやりかねない 103
　7．それ、これが返済じゃ！ 105

第19課　Nasreddin Hoca'dan（4）（N.ホジャより-4）
　8．この世はままならん！ 106
　9．雄鶏がいてもおかしくないじゃろ 107
　10．お産する鍋は死にもする 108

第20課　*Türk Halk Edebiyatı*'ndan（1）（『トルコ民衆文学』より-1）
　11．Mübârek Ramazân「聖なるラマザン」（11-①〜⑨） 110

第21課　*Türk Halk Edebiyatı*'ndan（2）（『トルコ民衆文学』より-2）
　12．Masallar「昔話」（12-①〜⑨） 119

第22課　*Türk Halk Edebiyatı*'ndan（3）（『トルコ民衆文学』より-3）
　13．Tatar Esirleri「タタール人捕虜」（13-①〜⑧） 128

第23課　*Nümune-i Edebiyât-ı Osmâniye*'den（1）
　　　　（『オスマン文学アンソロジー』より-1）
　14．Ziya Paşa : "Şiir ü İnşâ"（1）ズィヤ・パシャ：「詩と散文」（1）（14-①〜②） ... 136

第24課　*Nümune-i Edebiyât-ı Osmâniye*'den（2）
　　　　（『オスマン文学アンソロジー』より-2）
　14．Ziya Paşa : "Şiir ü İnşâ"（2）ズィヤ・パシャ：「詩と散文」（2）（14-③〜④） ... 138

目　次

第25課　トルコ語辞書「序文（一部抜粋）」
　15.　Ş. Sâmî : *Kâmûs-ı Türkî*'den　Ş. サーミー :『トルコ語辞書』より (15-①〜③) 140
解答例 143
語彙集 181
付録＜オスマン文字の書き方＞ 260

— xi —

参考文献

1) Bahâî.
    1909/10   Letâif-i Hoca Nasreddîn., Der-saâdet (İstanbul).
                 (بهائى: لطائف خواجه نصرالدين، درسعادت، ۱۳۲٥/۱۳۲۷)

2) Belviranlı, A. K.
    n.d.(1996?) Osmanlıca Rehberi 1, İstanbul.

3) Cowan, D.
    1975   An Introduction to Modern Literary Arabic, Cambridge Univ., Press, London, New York. repr., of 1958.

4) Deny, J.
    1971   Grammaire de la Langue Turque : Dialecte Osmanli, Wiesbaden, repr., of 1921.

5) Elöve, A. U. (trans.) of Jean Deny's:
    1941   Türk Dili Grameri : Osmanlı Lehçesi, İstanbul.

6) Eminoğlu, M.
    1996   Osmanlı Vesikalarını Okumaya Giriş, Ankara.

7) Ergin, M.
    1958   Dede Korkut Kitabı I : Giriş, Metin, Faksimile, Ankara.

8) idem,
    1962   Osmanlıca Dersleri, İstanbul.

9) 池田 修
    1976   『アラビア語入門』岩波書店

10) 勝田 茂
    1999   『オスマン語入門』大阪外国語大学

11) Kreutel, R. F.
    1965   Osmanisch-Türkische Crestomathie, Wiesbaden.

参考文献

12) Kúnos, I.
    1925   *Türk Halk Edebiyâtı*, İstanbul.
    (ایغناتس قونوش: تورك خلق ادبیاتی، استانبول، ۱۳٤۳/۱۹۲۵)

13) Kurt, Y.
    1996   *Osmanlıca Dersleri I*. Ankara.

14) Lambton, A. K. S.
    1963   *Persian Grammar*, Cambridge.

15) Levend, A. S.
    1972   *Türk Dilinde Gelişme ve Sadeleşme Evreleri*, Ankara.

16) Lewis, G. L.
    1975   *Turkish Grammar*, Oxford. repr. of 1967.

17) Müller, A.–Gies, H.
    1889   *Türkische Grammatik*, Berlin.

18) Németh, J., (trans. Halasi-Kur., T.).
    1962   *Turkish Grammar*, The Hague.

19) idem, (trans. Halasi-Kun, T.).
    1966   *Turkish Reader for Beginners*, The Hague, Paris.

20) Tendar, N.–Karaorman, N.
    1970   *Osmanlıca Okuma Anahtarı*, İstanbul.

21) Tevfik, E.
    1911   *Nümûne–i Edebiyât–ı Osmâniye*, Kostantiniye. 6. ed., repr. of 1876.
    (ابوالضیا توفیق: نمونۀ ادبیات عثمانیه، قسطنطینیه، ۱۳۲۹)

22) Timurtaş, F. K.
    1979   *Osmanlı Türkçesi Grameri : Eski Yazı ve İmlâ – Arapça – Farsça – Eski Anadolu Türkçesi*, İstanbul.

23) idem,
    1981   *Osmanlı Türkçesine Giriş : Eski Yazı – Gramer – Aruz – Metinler*, İstanbul.

24) Yûsuf, A.
　　1928　　　　Türk Yılı 1928, İstanbul.
　　　　　　　(آقچوره اوغلى يوسف: تورك ييلى 1928، استانبول)

<辞書>

1) Dil Encümeni.
　　1928　　　　İmlâ Lûgati: (املا لغتى), İstanbul.

2) Devellioğlu, F.
　　1970　　　　Osmanlıca-Türkçe Ansiklopedik Lûgat, Ankara.

3) Nâcî, M.
　　1978　　　　Lûgat-i Nâcî, İstanbul, repr.
　　　　　　　(معلم ناجى: لغت ناجى) n.p.or d.

4) Redhouse, S. J. W.
　　1974　　　　A Turkish and English Lexicon, Lebanon.
　　　　　　　(repr. of Constantinople, 1890.)

5) Sâmî, Ş.
　　1900　　　　Kāmûs-ı Türkî, Der-saâdet (İstanbul).
　　　　　　　(ش. سامى: قاموس تركى، درسعادت، ١٣١٧)

6) Steingass, F.
　　1963　　　　Persian-English Dictionary, London.

7) Tietze, A., et al.(eds.)
　　1968　　　　Redhouse Yeni Türkçe-İngilizce Sözlük, İstanbul.

8) Vefik, A. P.
　　1889/90　　Lehçe-i Osmânî, Der-saâdet (İstanbul).
　　　　　　　(احمد وفيق پاشا: لهجه عثمانى، درسعادت، ١٣٠۶)

9) Wehr, H.
　　1979　　　　A Dictionary of Modern Written Arabic.
　　　　　　　(Arabic-English) ed., by J Milton Cowan, Wiesbaden.

基礎編

第1課　アルファベット

1.1. 文字と転写

翻字	トルコ語字母	接続形 語末形	接続形 語中形	接続形 語頭形	独立形	名称	番号
(ā), a	(â), a	ﻟ	—	—	آ ,ا	elif	1
b	b	ﺐ	ﺒ	ﺑ	ب	be	2
p	p	ﭗ	ﭙ	ﭘ	پ	pe	3
t	t	ﺖ	ﺘ	ﺗ	ت	te	4
ṣ	s	ﺚ	ﺜ	ﺛ	ث	se	5
c	c	ﺞ	ﺠ	ﺟ	ج	cim	6
ç	ç	ﭺ	ﭻ	ﭼ	چ	çim	7
ḥ	h	ﺢ	ﺤ	ﺣ	ح	ha	8
ḫ	h	ﺦ	ﺨ	ﺧ	خ	hı	9
d	d	ﺪ	—	—	د	dal	10
ẕ	z	ﺬ	—	—	ذ	zal	11
r	r	ﺮ	—	—	ر	re	12
z	z	ﺰ	—	—	ز	ze	13
j	j	ﮋ	—	—	ژ	je	14
s	s	ﺲ	ﺴ	ﺳ	س	sin	15

第 1 課　アルファベット

ş	ş	ش	ـش	ـشـ	شـ	şin	16
ṣ	s	ص	ـص	ـصـ	صـ	sad	17
ḍ, ẓ	d, z	ض	ـض	ـضـ	ضـ	zad	18
ṭ	t	ط	ـط	ـطـ	طـ	tı	19
ẓ	z	ظ	ـظ	ـظـ	ظـ	zı	20
ʿ	ʿ	ع	ـع	ـعـ	عـ	ain	21
ġ	g, ğ	غ	ـغ	ـغـ	غـ	gain	22
f	f	ف	ـف	ـفـ	فـ	fe	23
ḳ	k	ق	ـق	ـقـ	قـ	kaf	24
k	k	ك	ـك	ـكـ	كـ	kef	25
g	g	گ	ـگ	ـگـ	گـ	gef	26
l	l	ل	ـل	ـلـ	لـ	lam	27
m	m	م	ـم	ـمـ	مـ	mim	28
n	n	ن	ـن	ـنـ	نـ	nun	29
ū, v	û, (o, ö, u, ü), v	و	—	—	و	vav	30
h	(a, e), h	ه	ـه	ـهـ	ه	he	31
ī, y	î, (u, ü, ı, i), y	ى	ـى	ـيـ	يـ	ye	32

＊翻字はトルコ語アルファベットを活かした *İslam Ansiklopedisi*, 1. cilt, İstanbul, 1965, p.xxıı.および F.K. Timurtaş: *Osmanlıca Türkçesine Giriş*, İstanbul, 1981, p.100.に拠った。

第1課　アルファベット

1.2. 母音符号：コーランや入門段階の読本等で用いられるが、通常表記されない。*以下、右肩付きのAは「アラビア語」、Pは「ペルシア語」を表す。

① ‎َ‎ üstün(1) (fetha[A])

 「e」 اَت et 肉 اَوَت evet はい بَن ben 私

 「a」 بَخت baht 幸運[P] قَره kara 黒

② ‎ِ‎ esre (kesre[A])

 「i」 اِسم isim 名前[A] اِزمیر İzmir イズミル

 「ı」 اِصرار ısrâr 固執[A] بِراقمق bırakmak 残す

③ ‎ُ‎ ötre (zamme[A])

 「ü」 اُجرت ücret 料金[A] اُمید ümît 希望[P]

 「u」 اُفُق ufuk 地平線[A] صوسُز susuz 水無し

1.3. 補助符号：

① ‎ٓ‎ med

 「a」 آت at 馬 آو av 狩猟

 *上述のように純トルコ語単語で用いられる ī は長母音「â」で表記しない。

 「â」 آب âb 水[P] آدم âdam 男[A]

② ‎ّ‎ şedde(2) (teşdid)「二重子音」

 شدّت şiddet 激しさ[A] تشكّر teşekkür 感謝[A]

---

(1) ‎َ‎ üstün が「e」になるか「a」になるかは、以下のような目安が考えられる。つまり ‎َ‎ üstün の前後に後舌化子音（ق، غ، ع، ظ، ط، ض، ص، خ، ح）があると、この ‎َ‎ üstün は後舌化され「a」になる傾向が見られる。
 これに対して前舌化子音（گ، ك، ش، س، ژ، ز، د، ج، ث، ت）があると、‎َ‎ üstün は前舌化され「e」になる傾向が見られる。
 この目安は次の②の「i」、「ı」および③の「ü」、「u」の決定にもかなり有効である。

(2) ‎ّ‎ şedde は、純トルコ語単語においては、たとえ二重子音を含んでいても用いられない。cf. اللی elli < 50 > (← اِلی とは表記しない)

第1課　アルファベット

③ ْ sükûn「無母音」

مَكْتَب mektep 学校 A　　دَسْتَان destân 叙事詩物語 P

④ ء hemze ；基本的にはアラビア語、ペルシア語の (ا، و、ى)(3) に付され、その位置と前後の音（子音、母音）との関係で、転写がかなり複雑である。ここでは主なものを例示する。ء hemze は文字 ع「ʻ」と区別して、厳密には「ʼ」で翻字される。しかし現代トルコ語では「ʼ」で記されたり、時には「ゼロ」（無表記）のこともある。

1) 語頭；常に ا に付され、母音符号(4)により音価が決まる。

اَثَر eser 作品 A　　اِبِل ibil 雌ラクダ A　　اُفُق ufuk 地平線 A

ただし、ʻ がトルコ語に付された場合：اَ →「e」；اَكْمَك ekmek　اَو ev

2) 語中；だいたい次の3通り＜(i), (ii), (iii)＞となる。

(i) ء が無母音の場合→「ʼ」　⇒本書では「ʼ」で転写する。

رَأْس reʼs 頭 A　　مُؤْمِن müʼmin イスラム教徒 A　　＊ بِئْر biʼr 井戸 A

＊ ʻ が語中で ى に付される場合、ئـ（点無し ye）に付く

(ii) ء が母音化し、sûkün「ْ」に続く場合→「ʼe」、「ʼû」、「ʼî」。

مَسْأَله (مسئله) mesʼele 問題 A　　مَسْؤُول mesʼûl 責任ある A

مَرْئِى merʼî 見える A

(iii) ء が母音化し、長・短母音に続く→「ʼe / a」、「ʼi」、「ʼu」。

تَأَمُّل teemmül 思考 A　　قِرَاءَت kıraat (kırâat) 読み A

وَسَائِل vesâil 手段 A　　طَاؤُس tâus クジャク A

3) 語末；次の3通り＜(i), (ii), (iii)＞となる。

(i) اَ →「eʼ」；مَنْشَأ menşeʼ 起源 A ＜ ʻ は ا を支えとしている＞

ى →「îʼ」；قَارِىء kârîʼ 読者 A

＜ ʻ は ى を支えとしているが、オスマン語では左側へずらす＞

---

(3) ペルシア語の修飾法では、語末の ه に付されることがある。cf. p.79. 第14課 14.1-(2).
(4) 実際にはほとんど母音符号が記されないため、正確な読みには辞書が不可欠である。

第1課　アルファベット

　　　(ii) 直前に子音；→「子音'」　جزء cüz' 部分 A ＜ ʿ の支えはなし＞
　　　(iii) 直前に長母音（ا）；→「â'」　اقتداء iktidâ' 模倣 A ＜同上＞

⑤　(◌ً)(◌ٍ)(◌ٌ) tenvîn (← tanwîn)「語末音の –n（鼻音）化」：アラビア語、ペルシア語単語に付される。実際にはつぎのパターン 1) でのみ用いられる。

　　1) ◌ً iki üstün「二重 üstün」→「-en²」；
　　　　ذاتاً (zat**en**)、بعضاً (ba'z**an**)、حقيقةً (hakikat**en**)

　　2) ◌ٍ iki esre「二重 esre」→「-in²」；
　　　　بحقٍ (bi-hakk**ın**) ＜実際に＞

　　3) ◌ٌ iki ötre「二重 ötre」→「-un²」；
　　　　سلامٌ عليكم (Selâm**ün**aleyküm)

1.4.　母音：オスマン語で用いられる母音字は ا、و、ه、ى の4個である。また、و、ه、ى は子音字（و = v, ه = h, ى = y）としての音価も帯びている。

①　(ا)

　　1) آ は語頭でのみ出現し、純トルコ語単語では「a」となる。長母音「â」と表記しない。
　　　　آت at 馬　　آز az 少し　　آى ay 月

　　2) آ, ا はアラビア語、ペルシア語では、長母音「â」となる。
　　　　آزاده âzâde 自由な P　　استقلال istiklâl 独立 A　　＊語頭の اس は「is-」

　　3) ا が أ と表記されると、「e」となる。
　　　　أو ev 家　　مأمور memûr 事務員、公務員 A

　　4) 語頭の ای は「i, ı」＜区別：→ p.4. 注 (1) ＞、時には「e」となる。
　　　　ایپ ip ひも　　ایلك ilk 最初の　　ایران İrân イラン P

— 6 —

第 1 課　アルファベット

ايرماق ırmak 川　　ايشيق ışık 光　　ايتمك etmek 〜する

5）語頭の او は「ü, u, ö, o」となることが多い。<前舌／後舌母音の区別：→ p.4.注（1）>

اوچ üç 3　　اوتو ütü アイロン　　اوزون uzun 長い
اوفاق ufak 小さい　　اوز öz 純粋な　　اوق ok 矢

6）ا が「o, ö」と読まれる場合も見られる。

اردو (→اوردو) ordu 軍隊　　اكز (→اكوز) öküz 雄牛

② (و)

1）و は語中では ا と組まず、単独で「ü, u, ö, o」を表すことがある。

گوز güz 秋 / göz 目　　موز muz バナナ [A]
كوك kök 根　　قول kol 腕 / kûl 奴隷 [A]

2）母音調和によって「ı」となることもある。

جانلو canlı 生きた

3）アラビア語、ペルシア語からの借用語では長母音「û」。

قبول kabûl 承諾 [A]　　آهو âhû ガゼル [P]

③ (ه)

1）母音調和により「e, a」となる。語末の「ه＋子音 (←)」で見られる。

دوه deve ラクダ　　هفته hafta 週 [P]　　آنقره Ankara アンカラ

しかし、「ه＋母音 (←)」の場合は、「母音＋母音」（母音連続）となるため、「ه」は子音「h」となる。cf. شاه şâh 王 [P]　　گناه günâh 罪 [P]

2）語中において、「e」を表すのに用いられたことがある。しかし、この表記法はあまり定着しなかった[5]。

گوزەل (→گوزل) güzel 美しい　　گەچمك (→گچمك) geçmek 過ぎる

---

(5) 語中の「e」は通常表記されないが、語末の「e/a」は通常 ه で表記される。これに対して語中の「a」は通常 ا で表記される。cf. [Timurtaş 1979: 49].

— 7 —

④ (ى)

1) ى は母音調和により、一般に語中で「i, ı」となる。ただし、語頭では ا を伴って (اى) の形で「i, ı」を表す。

ديش diş 歯　　قيليج kılıç 剣　　ايشجى işçi 労働者

2) アラビア語、ペルシア語からの借用語では長母音「î」。

تاريخ târîh (→ tarih) 歴史 A　　پير pîr 老師 P

3) アラビア語の語末で「â」を表すことがある。

حتى hattâ (→ hatta) さらに A

مصطفى Mustafâ (→ Mustafa) ムスタファ A

4) 語頭、母音の前後での (ىـ) は子音「y」を表す。

يازى yazı 文字　　آيى ayı 熊　　اويقو uyku 眠り

1.5. **子音**：以下とくに注意を要する子音についてのみ触れることにする。

① 語末の有声子音 (ب = b, ج = c, د = d, گ = g) は、現代トルコ語ではそれぞれ、無声子音「b → p」、「c → ç」、「d → t」、「g → k」として扱われる。本書では転写に際して、現代トルコ語表記に従うことにする。ただし、原文を正確に転写する場合は、翻字[6]を使用する。

② No.18 (ض) 通常「z」となるが、「d」となる場合も見られる。

1)「z」：فضله fazla 多い A　　رمضان Ramazân ラマザン A

2)「d」：قاضى kâdı 法官 A　　ضربه darbe 打撃 A

---

(6) 以下にその一例を示す。

خانلر خانى خان بايندر ييلده بر كره طويى ايدب اغوز بكلرين قونقلردىيى...

Ḫanlar ḫanı Ḫan Bayındır yılda bir kerre ṭoy idüp Oġuz biglerin ḳonuḳlardı...

＜ハーンのハーンであるバユンドゥル・ハーンは年に一度宴を催しオウズのベイたちをもてなすのであった＞ cf. [Ergin 1958: 77, Dresden nüshası, sayfa: 10].

第 1 課　アルファベット

③　No.19（ط）　通常「t」となるが、「d」となる場合も見られる。
　　後者は、トルコ言語史において、本来「t」であったものが、「d」に変化したものである。

　1）「t」：طاراق tarak 櫛　　طاوشان tavşan ウサギ

　2）「d」（←t）：طاغ dağ 山　　طوموز domuz 豚

④　No.21（ع）　本来アラビア語では、声門破裂音で、発音時に空気の流れが一時的に閉鎖される。しかし、トルコ語では次の 1)の場合のように、語頭、語末においては、無視される。また 2)の場合のように、語中において、「ʻ」で表記されることもあるが、「ʻ」が脱落した場合その前後の母音「a」が長音化される。

　1）「ゼロ」

　　　علی 転写 ʻAli → Ali アリ A

　　　جامع 転写 cāmiʻ → câmi（正書法「cami」＜－・＞）モスク A

　2）「ʻ」→「ゼロ」

　　　جمعه 転写 cumʻa（→ cumā →正書法「cuma」＜・－＞）金曜日 A

　　　تعطیل 転写 taʻtîl（→ tātîl →正書法「tatil」＜－・＞）休暇 A

⑤　No.22（غ）

　1）「ğ」：語末、音節末、母音間

　　　آغ ağ 網　　بوغدای buğday 小麦　　آغاج ağaç 木

　2）「g」：語頭、子音－母音間

　　　غاغا gaga くちばし　　قارغا karga カラス　　دویغو duygu 感情

⑥　No.25-26（ك、گ）

　1）ك（kâf-i arabî）＜アラビア語の kâf＞，گ（kâf-i farsî）＜ペルシア語の kâf＞と区別して呼ばれ、本来 ك＝「k」，گ＝「g」を表していた。しかし、実際には ك で「k, g」両方を表すことが一般的である。ك が「k, g」のどちらを表しているかは、文脈から判断することになる。ここでは、基本にそって ك =「k」, گ =「g」別々に扱う。

ك =「k」 : كتاب kitâb (→ kitap) 本 [A]   اكسيك eksik 不足の
گ =「g」 : گناه günâh (→ günah) 罪 [P]   گرك gerek 必要な

2) ڭ (kâf-i nûnî)＜n を表す kâf＞または (sağır nun)＜聞こえない n＞と呼ばれる鼻音「ñ」は 3 個の点をともなった ڭ で表記されることもあるが、通常上の 1) と同一の ك で記されるので要注意。

بڭا (بكا) bana 私に   صوڭره (صوكره) sonra のちに

3) ك (kâf-i yâyî)＜y を表す kâf＞または (yumuşak y)＜柔らかい y＞と呼ばれ、音節末もしくは母音間で見られ、通常「ğ」で表記される。前舌母音からなる単語においてのみ現れるので、「ğ」と「y」の発音は同一。

بك bey (← beğ) ベイ   اكر eğer もし [P] /eyer 鞍

4) گ (kâf-i vâvî)＜v を表す kâf＞
本来「ğ」で表記されていた単語のなかには、今日「v」に変化したものが、わずかながら見られる[(7)]。

گوگرجين güvercin 鳩   دوگمك dövmek 殴る

5) 以上まとめると、1) で述べたように、ك , گ は、実際にはそれほど厳密に書き分けられないため、代表的な ك は、「k, g, ğ, n, y, v」を表す可能性を帯びていることになる。ただ、あくまで基本的には、「k, g, ğ, n(←ñ)」までのバリエーションを念頭に置いておけばよいだろう。

とりわけ「n (←ñ)」には注意を要する。以下はその主なものである。

آكلامق anlamak 理解する   اوك ön 前 / ün 名声
اوكجه önce 以前   بكزمك benzemek 似る   بيك bin 千
تاك tan 夜明け   تكرى = تاكرى Tanrı 神   چكه çene あご

---

(7) cf. [Lewis 1975: 5].

第1課　アルファベット

دكز = دكيز‎ deniz 海　　دينلمك = ديكلمك‎ dinlemek 聴く

ديكلنمك‎ dinlenmek 休息する　　صوك‎ son 終わり

صوكره‎ sonra 後　　ككيش‎ geniş 広い　　كوكل‎ gönül 心

يالكز‎ yalnız 単独で　　ياكليش‎ yanlış 間違い　　يكى‎ yeni 新しい

يكيچرى‎ yeniçeri イェニチェリ

— 11 —

第1課　アルファベット

【練習問題1】

(1) アルファベット順に配した次の単語を読みなさい。

	۱	۲	۳
(1) (آ، ا)	آی (月)	اسلام (イスラム)	آدا(آطه) (島)
(2) (ب)	بابا (父)	ببك (赤ん坊)	كتاب (本)
(3) (پ)	پول (切手)	پاره (お金)	چوراپ (靴下)
(4) (ت)	تپه (小丘)	توتون (タバコ)	رحمت (恩恵)
(5) (ث)	ثروت (富)	عثمان (オスマン)	میراث (遺産)
(6) (ج)	جان (心)	پنجره (窓)	علاج (薬)
(7) (چ)	چوجوق (子供)	چیچك (花)	قوچ (雄羊)
(8) (ح)	حال (状態)	راحت (安楽な)	صباح (朝)
(9) (خ)	خسته (病気の)	تخته (板)	تاریخ (歴史)
(10) (د)	دوداق (唇)	دهده (祖父)	درد (苦しみ)
(11) (ذ)	ذوق (喜び)	عذر (詫び)	نفوذ (影響)
(12) (ر)	رویا (夢)	دره (谷)	تكرار (再び)
(13) (ز)	زمان (時)	گزمه (散歩)	جویز (クルミ)
(14) (ژ)	ژاپون (日本人)	مژده (吉報)	پلاژ (砂浜)
(15) (س)	سپت (かご)	نیسان (4月)	سس (声)
(16) (ش)	شكر (砂糖)	كوشه (隅)	شیش (串)
(17) (ص)	صامان (わら)	قصبه (小都市)	خاص (固有の)
(18) (ض)	ضرر (害)	راضی (承知の)	بیاض (白)
(19) (ط)	طاش (石)	بالطه (おの)	شرط (条件)
(20) (ظ)	ظرف (封筒)	منظره (眺め)	تلفظ (発音)
(21) (ع)	عمر (人生)	ساعت (時計)	جامع (モスク)
(22) (غ)	غربت (望郷)	بوغاز (喉)	صاغ (右)
(23) (ف)	فكر (思想)	فلسفه (哲学)	تكلیف (提案)

— 12 —

第1課　アルファベット

(24) (ق) ۱ قیز (娘) ۲ عقل (理性) ۳ قاشیق (スプーン)
(25) (ك) ۱ كلمه (単語) ۲ اكمك (パン) ۳ كوپك (犬)
(25') (ك) (ñ) ۱ بکا (私に) ۲ تکری (神) ۳ دکیز (دکز) (海)
(26) (گ) ۱ گوچ (力) ۲ دیگر (他の) ۳ جنگ (戦争)
(27) (ل) ۱ لذت (風味) ۲ لوله (パイプ) ۳ قول (腕)
(28) (م) ۱ مرمر (大理石) ۲ دمیر (鉄) ۳ موم (ロウソク)
(29) (ن) ۱ نماز (礼拝) ۲ ننني (子守歌) ۳ وطن (祖国)
(30) (و) ۱ وار (ある) ۲ اوت (はい) ۳ مناو (八百屋)
(31) (ه) ۱ هوا (空気) ۲ هدیه (贈り物) ۳ الله (神)
(32) (ی) ۱ یاش (年齢) ۲ یشیل (緑) ۳ سرای (宮廷)

(2) 次の単語（動物名）を読みなさい。

۱ آت (馬) ۲ قویون (羊) ۳ کچی (ヤギ) ٤ اکوز (雄牛)
۵ اینك (乳牛) ٦ ماندا (水牛) ۷ دوه (ラクダ) ۸ اشك (ロバ)
۹ کوپك (犬) ۱۰ کدی (猫) ۱۱ فاره (ネズミ) ۱۲ قورد (狼)
۱۳ آیی (熊) ۱٤ فیل (象) ۱۵ قاپلان (トラ) ۱٦ مایمون (猿)
۱۷ آصلان (ライオン) ۱۸ طاوشان (ウサギ)

(3) 次の単語（果物・食物名）を読みなさい。

۱ الما (リンゴ) ۲ کیراز (サクランボ) ۳ اوزم (ブドウ)
٤ پرتقال (オレンジ) ۵ شفتالی (モモ) ٦ چیلك (イチゴ)
۷ قاون (メロン) ۸ قارپوز (スイカ) ۹ اینجیر (イチジク)
۱۰ اکمك (パン) ۱۱ چای (紅茶) ۱۲ قهوه (コーヒー)
۱۳ پینیر (チーズ) ۱٤ زیتین (オリーブ) ۱۵ چوربا (スープ)

— 13 —

第 2 課　格語尾

2.1.　斜格： 主格は語尾がゼロであるので、主格以外の斜格を検討する。

① 対格：

語末子音；ى ـ (-i, -ı, -ü, -u) (←以下、-i⁴ と略す)

اوی → او ـ ى evi　　　یولی → یول ـ ى yolu
کتابی → کتاب ـ ى kitabı　　　اغاجی → اغاچ ـ ى ağacı
اکمکی → اکمك ـ ى ekmeği　　　آیاغی → آیاق ـ ى ayağı⁽⁸⁾

語末母音；یی ـ (-yi, -yı, -yü, -yu) (←以下、-yi⁴ と略す)

آننه یی⁽⁹⁾ → آننه ـ یی anneyi　　　بابایی → بابا ـ یی babayı

② 属格：

語末子音；ك ـ (-in, -ın, -ün, -un) (←以下、-in⁴ と略す)

الك → ال ـ ك elin　　　ببكك → ببك ـ ك bebeğin
اغاجك → اغاچ ـ ك ağacın　　　سپدك → سپت ـ ك sepedin

語末母音；نك ـ (-nin, -nın, -nün, -nun) (←以下、-nin⁴ と略す)

هوانك → هوا ـ نك havanın　　　هدیه نك → هدیه ـ نك hediyenin

③ 与格：

語末子音；ه ـ (-e, -a) (←以下、-e² と略す)

درسه → درس ـ ه derse　　　قیزه → قیز ـ ه kıza

---

(8) 語末の ق ـ は、母音で始まる接尾辞が付くと、غ ـ となる。これに対して語末の ك ـ は本来 گ ـ に対応するが、実際には ك ـ で記される。この他、پ → ب、ت → د、چ → ج ـ の場合も同様である。ただし、単音節の語の場合はふつう有声化しない。cf. اوقی ـ → اوقی < oku, 矢 > اوغی とはならない)。

(9) ه が母音 (e, a) として用いられているときは、本文のように分かち書きする。آننهی のように書かない。しかし、子音 (h) として用いられている場合は、接尾辞を続けた形で書く。cf. ى ـ پادشاه → پادشاهی Padişahı, الله ـ ى → اللهى Allahı

— 14 —

第 2 課　格語尾

語末母音；ـيه (-ye, -ya)（←以下、-ye² と略す）

ايچرىيه [^10] → ايچرى ـ يه　تپهيه → تپه ـ يه tepeye içeriye

ただし、人称代名詞、指示代名詞の与格は以下の形となる。

بكا bana　سكا sana　اوكا ona　اكا ana, آكا ana
بوكا buna　شوكا şuna　cf. p.18. 第 3 課 3.3.

④ 位格：ـ ده (-de², -te²)

語末音；（＜有声・無声＞子音、母音）に関係なくつねに ـ ده となる。

باشده başta → باش ـ ده　　گوزده gözde → گوز ـ ده
باباده babada → بابا ـ ده　　آننهده annede → آننه ـ ده

⑤ 奪格：ـ دن (-den², -ten²)

語末音；（＜有声・無声＞子音、母音）に関係なくつねに ـ دن となる。

تاريخدن tarihten → تاريخ ـ دن　كويدن köyden → كوى ـ دن
قوطودن kutudan → قوطو ـ دن　رويادن rüyadan → رويا ـ دن

2.2. 格語尾まとめ

		語末子音	語末母音
◎	主格：	—	—
①	対格：	ـ ى	ـ يى
②	属格：	ـ ك	ـ نك
③	与格：	ـ ه	ـ يه
④	位格：	ـ ده	
⑤	奪格：	ـ دن	

---

[^10] ايچرى ـ يه → ايچرىيه と分かち書きする。(ايچرييه と記さない)。
cf. دك ـ يه → شيمدىيه دك şimdiye dek (شيمدييه دك と記さない)。

— 15 —

第2課　格語尾

【練習問題2】

次の文章を読んで訳しなさい。

١. ― آغاچده نه وار؟　― آغاچده بر قوش وار.

٢. ― كويده نه‌لر⁽¹¹⁾ وار؟　― كويده قويونلر، كچیلر، اشكلر و كوپكلر وار.

٣. ― عایشه (Ayşe) پازاردن نه‌لر آلدى⁽¹²⁾؟
― عایشه پازاردن قاون، قارپوز، اكمك و چاى آلدى.

٤. ― علينك⁽¹³⁾ (على = Ali) اوى نه‌ره‌ده؟　― علينك اوى آنقره‌ده.

٥. ― آنقره‌ده هوا ناصلدر⁽¹⁴⁾؟　― قیشین چوق صوغوق، یازین صجاقدر.

٦. على توركیه‌دن⁽¹⁵⁾ ژاپونیایه كلدى و بو كتابى بكا ویردى⁽¹⁶⁾.

---

(11) لر ـ (-ler, -lar) は複数形を表す接尾辞。
(12) دى ـ (-di⁴, -ti⁴) は di 過去形語尾。cf. p.24. 第5課 5.2.
(13) 語末母音の単語のなかで、ى であるものと格語尾（対格 يه ـ، ىى）の接尾には要注意。つまり語末文字の ى には接続形 يـ があり、格語尾と接合する可能性が生じる。しかし、يـ の連続を避けるため、一般的には語末文字の ى と対格、与格は分離して記される。なお、他の格語尾とは接続する。
　　 درى deri「毛皮」；دریىى deriyi (対), درينك derinin (属), دریيه deriye (与), درىده deride (位), دریدن deriden (奪). cf. [Deny 1971: 176, §250], [Elöve 1941: 177, §250].
　　したがって、على Ali の属格形は分離されないで、علينك Ali'nin となる。なお、オスマン語表記ではアポストロフィー (kesme) は表記されない。
(14) در ـ (-dir⁴, -tir⁴) は連辞。cf. p.17. 第3課 3.1.
(15) توركیه の核になっている تورك (Türk) の表記はアラビア語式には ترك となる。
(16) イスタンブル方言で今日「e」で表記されるものの中には、かつて「i」であったものがある。これは「e」と「i」の中間音を表す、いわゆる kapalı e＜閉じた e＞であり、その痕跡が ى をともなった正書法に反映されている。よく知られた كیجه (gece 夜) の他に以下の常用動詞が含まれる。cf. ايتمك (etmek する), دیمك (demek 言う), ییمك (yemek 食べる), ایرمك (ermek 達する), ویرمك (vermek 与える)。

— 16 —

第3課　人称代名詞と連辞

3.1. 人称代名詞と連辞（一覧）

	人称代名詞	連辞（肯定形）	同（否定形）
1・単：	بن	‐ يم، ‐ م (17)، -(y)im⁴	دكلم değilim
2・単：	سن	(‐ سن) ‐ سك، -sin⁴	دكلسك değilsin
3・単：	او,(ol = اول)	‐ در -dir⁴, -tir⁴	دكلدر değildir
1・複：	بز	‐ يز، ‐ ز (17)، -(y)iz⁴	دكلز، دكل ايز değiliz
2・複：	سز	‐ سكز -siniz⁴	دكلسكز değilsiniz
3・複：	اونلر	‐ درلر -dir⁴ler	دكلدرلر değildirler
	(آنلر)	‐ لردر -ler²dir)	دكللردر değillerdir

3.2. 連辞の疑問形

مى يم؟ miyim⁴?, مى سك؟، ميسك؟ misin⁴? など(18)。

---

(17) 1人称（単・複）の ‐ يم، ‐ يز 形は、語末母音の語に接尾する。
なお、1人称単数形 ‐ ايم、 は共に(-im⁴), 1人称複数形 ‐ ايز، ز は共に(-iz⁴)を表す。

(18) 疑問の مى は、先行語に接尾した形で記される。اوزونمى؟ Uzun mu? ＜それは長いか？＞ [Timurtaş 1981: 115]。يوقمى؟ Yok mu? ＜それは存在しないのか？＞ [Sâmî 1900: 1439]。

　1人称単数の疑問形として、Deny は分離形 مى يم とその接合形 مييم の両形を示している [Deny 1971: 447]。しかし、同書をトルコ語訳したトルコの言語学者 Elöve は分離形 مى يم のみを認め、接合形 مييم を認めていない。ただし、2人称単数の疑問形は ميسك، مى سك 両形を認めている。その根拠は、母音（ى i）のあとに子音（س s）は接合しうるが、子音（ى y）は一般的には接合しない [Elöve 1941: 413 dipnot [1]]。おそらく（ى y）の半母音性により、二重母音的になるのを避けるためと考えられる。

　なお、Deny の文法書はオスマン語、現代トルコ語文法の古典的名著であるが、Elöve によるそのトルコ語訳書は、単なる訳書ではなく、言語学者である Elöve の示唆的なコメントがほぼ全ページにわたってみられ、Deny との併用が望まれる。

　この Elöve の説を支える実例が Kúnos の著作においてみえる。
مى يم؟ اويقوده حالا يوقسه (Yoksa hâlâ uykuda mıyım?) [Kúnos 1925: 37]。

第3課 人称代名詞と連辞

3.3. 人称代名詞の格語尾

		Ben	Sen	O	Biz	Siz	Onlar
◎	主格： —	بن	سن	او	بز	سز	اونلر
①	対格：ـی	بنی	سنی	اونی	بزی	سزی	اونلری
②	属格：ـك	بنم	سنك	اونك	بزم	سزك	اونلرك
③	与格：ـه	یكا	سكا	اوكا	بزه	سزه	اونلره
④	位格：ـده	بنده	سنده	اونده	بزده	سزده	اونلرده
⑤	奪格：ـدن	بندن	سندن	اوندن	بزدن	سزدن	اونلردن

*②属格、③与格の点線の下線を施した箇所の発音、表記に注意。

用例 (←)

١. بن كوچوكم.   Ben küçüğüm.
٢. بن چوجوغم[19].   Ben çocuğum.
٣. بن خستهیم.   Ben hastayım.
٤. سن‌ده[20] خسته‌سك.   Sen de hastasın.
٥. بن آرتق چوجوق دكلم.   Ben artık çocuk değilim.
٦. عایشه گوزلمی[21]؟   Ayşe güzel mi?
٧. اونلر چالشقان اما یورغندر.   Onlar çalışkan ama yorgundur.

---

(19) چوجوق çocuḳ の語末音の有声化 ق → غ による文字の変化に要注意。一般に、オスマン語においては、現代トルコ語で見られる子音同化や母音調和による音声変化はそれほど文字に反映されない。ちなみに、連辞 ـدر は、これだけで (-dir[4], -tir[4]) の8通りを表す。

(20) ده (de, da ～もまた) は、現代トルコ語では先行語と分離させて書くが、オスマン語では先行語と非分離で書く。今日でも教養あるトルコ人のなかには、この de[2] を非分離で書く人がいる。このような非分離要素として、疑問の می -mi[4] がある。接続詞 که -ki は非分離の場合もみられる。cf. دیمك ایسترمکه… demek isterim ki… [Kúnos 1925: 41].

(21) 非分離の گوزلمی güzel mi の接尾した形に要注意。

第3課　人称代名詞と連辞

【練習問題3】

次の文章を読んで訳しなさい。

١. — ناصلسکز؟ — بز ایی‌یز[22] تشکرلر، یا سز؟

٢. — احمد شیمدی اوده‌می؟ — خیر، او اوده دکل پازارده.

٣. — بو کتاب کیمه عائددر؟ — او بکا عائددر.

٤. بوکون هوا صوك درجه صجاق لکن گولگه‌ده سریندر.

٥. — سزده بویله کتاب وارمی عجبا؟
— خیر افندم، بزده یوق. بلکه اونلرده وار.

٦. — سزك کوی بزم کویدن دهامی بیوك؟ — خیر، سزککی دها بیوکدر.

٧. — بوکون بکا مکتوب یوقمی؟ — خیر، سکا هیچ بر شی یوق.

٨. علی تنبل دکل، چالشقان بر چوجوقدر.

٩. — بکا کوره سز بو عرابه‌دن چوق ممنونسکز. دوغرومی؟
— اوت، چوق ممنونم. بو عرابه بنم جانم کبیدر.

١٠. — بو ساعت چوق کوزل، فقط عینی زمانده چوق پهالیدر.
— پك ایی، بو کوچك ساعت ناصل؟ بو او قدر پهالی دکلدر.

---

(22) ‍ـيز (-yiz[4]) は先行語 ایی (iyi) と分かち書きされている。cf. [Sâmî 1900: 255].

第4課　所有接尾辞

4.1.　所有接尾辞（一覧）

現代トルコ語では、1・2人称において先行語の語末音（子音・母音）によって母音の脱落（-im⁴ → m, -in⁴ → n など）が生じるが、オスマン語では、接尾辞の表記は一本化される。ただし3人称単数は、現代トルコ語同様、介入子音 -(s)- の有無により2通りの表記がされる。

	語末子音	語末母音		
1・単：	ـم		-(i⁴)m	*-(i⁴)は語末子音の場合
2・単：	ـك		-(i⁴)n	*-(i⁴)は語末子音の場合
3・単：	ـى	ـسى	-(s)i⁴	*-(s)は語末母音の場合
1・複：	ـمز		-(i⁴)miz⁴	*-(i⁴)は語末子音の場合
2・複：	ـكز		-(i⁴)niz⁴	*-(i⁴)は語末子音の場合
3・複：	ـلرى		-leri / ları	*（前舌／後舌）母音の場合

用例

او ev → اوم evim（私の家）　اوك evin（君の家）　اوى evi（彼の家）
اومز evimiz（我々の家）　اوكز eviniz（あなた方の家）　اولرى evleri
آياق ayak →(23) آياغم ayağım, آياغك ayağın, ..., آياقلرى ayakları
اشك eşek → اشكم eşeğim, اشكك eşeğin, اشكى eşeği, ...
فكر fikir(-kri)→ فكرم fikrim, فكرك fikrin, فكرى fikri, ...
كدى kedi → كديم kedim, كديك kedin, كديسى kedisi, ...
صو su（水）(24) → صويم suyum, صويك suyun, صويى suyu, ...

---

(23)　cf. p.14. 第2課 -注(8).
(24)　صو su は ـى (-y) の付いた صوى suy 形を基本形とみなせば、語末子音の単語と同じ扱いになる。ただし、3人称複数形は صولرى suları となる。

第４課　所有接尾辞

4.2.　３人称（単・複）の所有接尾辞＋格語尾

　現代トルコ語の場合同様、３人称の所有接尾辞（سی/ی）に格語尾が後接する場合は、間に介入子音（ن → n）が入る。このとき、元の（سی/ی）の部分は書かれず、ن はそれだけで狭母音を伴った -in^4 の音価を帯びる。

　ただし、先行語の語末が ی の後接しない文字(25)の場合、および３人称の複数形（لری）の場合は、ی は省略されないで介入子音 ن と接合して［ـ ينـ ـ (i)n^4］となる。

用例

کتابی ـ ن ـ ی kitabı-n-ı 彼の本を → کتابنی kitabını

آننه‌سی ـ ن ـ ه annesi-n-e 彼の母へ → آننه‌سنه annesine

اوی ـ ن ـ دن evi-n-den 彼の家から → *اویندن evinden

*اول の語末 و は ی の後接を許さない文字であるため、ی は省略されない。

آتلری ـ ن ـ ک atları-n-ın 彼らの馬の → آتلرینک atlarının

اومی evimi 私の家を　اوکی evini 君の家を　اوینی evini 彼の家を

اومزی evimizi 私たちの家を　اوکزی evinizi,　اولرینی evlerini

آیاغمه ayağıma, آیاغکه ayağına, آیاغی → آیاغنه ayağına, ……

اشکمه eşeğime, اشککه eşeğine, اشکی → اشکنه eşeğine, ……

کدیمدن kedimden, کدیکدن kedinden, کدیسندن kedisinde, ……

صویمsuyunun*, صویکک suyunun, صویمک suyumun,→(صوی) صو

* صو「水」は基本形を suy とみなせば下の注 (25) の چای と同じ変化。

4.3.　３人称所有接尾辞まとめ

　所有接尾辞は、一般に所有・所属関係を表すだけでなく、＜動名詞/分詞の意味上の主語＞などで常用される。とりわけ３人称は＜名詞と名詞の修飾法＞でも多用

---

(25)　ه、و، ژ، ز، ر، ذ، د، ا، ی （母音の時）。語末が ـ ی となる次の２語（①は子音 y, ②は母音 i）の場合を考えてみよう。以下、説明は←方向。

「彼の紅茶で」çayında چاینده←نده — چایی :（çay）چای「ی ـ は子音 y」①

「彼の猫の所で」kedisinde کدیسنده←نده — کدیسی :（kedi）کدی「ی ـ は母音 i」②

— 21 —

第4課　所有接尾辞

され、きわめて重要である。以下、格語尾の位格（ دە‎ -de²）が接尾した場合（3・単）を例にまとめておく。とくに、①、②で所有接尾辞の ى が介入子音の ن (in⁴) に取り込まれて消滅し、文字表記されない点に要注意されたい。　　*説明は←方向。

kitabında كتابنده	:	نده ( )	←	ـينده (..، پ، مب)	語末子音：①
babasında باباسنده	:	سنده ( )	←	ـسينده (ى، ه، و، ا)	語末母音：②
kızında قيزينده	:	ينده ( )	←	ـينده (ر،...،ز، د)	語末子音：③

＜↑前ページの注（25）の場合＞

4.4.　名詞と名詞の修飾法

名詞Aが名詞Bを修飾する場合、現代トルコ語同様オスマン語でも次のパターン（①、②）が用いられる[26]。

①：B (سى)ى A　　（←）A……B(s)i⁴
②：A(نك) B (سى)ى　　（←）A(n)in⁴　B(s)i⁴

＊（　）内はいずれも先行語が母音で終わっている場合の介入子音。

例：＜A, Bが子音終わりの単語の場合＞

①：چوجوق اوينجاغى　　çocuk oyuncağı　子供玩具／たわいもない事
②：چوجوغك اوينجاغى　　çocuğun oyuncağı　その子の玩具

＜A, Bが母音終わりの単語の場合＞

①：آنقره كديسى　　Ankara Kedisi　アンゴラ猫
②：آنقره نك كديسى　　Ankara'nın kedisi　アンカラの猫（一般）

＊重要な点は、①であれ②であれ、格語尾をともなった拡張形として文中で使用されたとき、B (سى)ى の ى が省略される場合が生じることである。

بن وان كديسنى آنقره كديسندن دها چوق سوييورم.
Ben Van Kedisini Ankara Kedisinden daha çok seviyorum.

---

(26)　①、②の語法上の区別については、拙著『トルコ語文法読本』大学書林、1986、p.30 を参照。

— 22 —

第4課　所有接尾辞

【練習問題4】

次の文章を読んで訳しなさい。

١.　ـــ اوك نه ره ده؟　ـــ اوم استانبولده.

٢.　ـــ كبريتكز وارمی؟　ـــ خير، كبريتم يوق اما چاقماغم وار.

٣.　ـــ آنقره استاسيونی بوره دن اوزاقمی؟　ـــ چوق اوزاق دكل.

٤.　*غلطه كوپريسی، استانبولك اك مشهور كوپريسيدر. (*Galata)

٥.　ـــ حيوانات باغچه سنده(27) وان كديسنی *كوردكزمی؟ (*gördünüz mü)
　　ـــ اوراده وان كديسی يوقدی فقط چوبان كوپكلرينی كوردم.

٦.　عايشه نك اوغلی اومزه ياقين بر يرده *چاليشيور. (*çalışıyor)

٧.　اوچ سنه اول استانبول شهرينده ژاپون *لوقنطه سنی آچديلر. (*lokanta)

٨.　عثمان *اوتلی **ازمير سوقاغنك كوشه سنده در. (*otel, **İzmir)

٩.　طاوشانك صوينك صوينك صويی آنجاق بو قدر اولور. (N.Hoca'dan)

١٠.　او آغانك بيك قويونی و اون دانه چوبان كوپكی وار.

---

(27) حيوانات باغچه سی hayvanat bahçesi「動物園」。今日でもトルコ語で「動物園」のことを hayvanat bahçesi と呼んでいるが、文法的にはアラビア語、ペルシア語、トルコ語の各要素が含まれた興味深い表現である。hayvan-at の語末 -at は、アラビア語での複数語尾の一種であり、オスマン［トルコ］語では通常 -ler / -lar の語尾で複数表現するが、「動物園」に関しては、hayvanlar を用いない。第2番目のペルシア語要素 bahçe は、باغ bağ にペルシア語の指小辞 چه -ce が付いたものである。ペルシア語 bağçe ＞ トルコ語 bahçe の変化は、g(gh) が ç に同化して無声子音 h に変化したものであろう。そして二つの名詞が -(s)i によるトルコ語の名詞修飾法で結びつけられているのである。

なお、外来のこの接尾辞 (-at, -ce) は、あくまでも外来要素としてのアラビア語、ペルシア語に付随した存在であり、自立してトルコ語固有の単語に接尾するほど生産的なものではない。それらに対する接尾辞として、オスマン［トルコ］語には、非常に生産的な固有の接尾辞 -ler / -lar（複数語尾）や -cik（指小辞）が存在する。

第 5 課　動詞単純形

5.1.　動詞の接尾辞（概略一覧）

　ここでは、動詞語幹 کل (gel-) をベースに、動詞の接尾辞 9 種類（di- 過去形、-iyor 現在形、........、命令形、e- 願望形）を概観する。そのあと個々の動詞（単純形）について、主として形態面で注意すべき点に触れることにする。

①	کلدی	(ـ دی)	geldi (-di[4] / -ti[4])
②	کلیور	(ـ یور)	geliyor (-iyor[4])
③	کلمش	(ـ مش)	gelmiş (-miş[4])
④	کلیر	(ـ یر)	gelir (-ir[4] / -er[2])
⑤	کله جك	(ـ ه جك)	gelecek (-ecek[2])
⑥	کلملی	(ـ ملی)	gelmeli (-meli[2])
⑦	کلسه	(ـ سه)	gelse (-se[2])
⑧	کلسین	(ـ سین)	gelsin (-sin[4])
⑨	کله	(ـ ه)	gele (-e[2])

5.2.　-di 過去形

① کلدی (ـ دی) geldi (-di[4] / -ti[4])

　接尾辞 ـ دی (-di[4]) は、動詞語幹末が無声子音のとき、(-ti[4]) となるが、オスマン語では ـ تی のように文字による書き分けをしない。すなわち、接尾辞 ـ دی は、母音調和・子音同化に応じ 8 通り (-di, -dı, -dü, -du, -ti, -tı, -tü, -tu) を表すことになる。人称語尾は次の ❶ が付く。この人称接尾 ❶ は、本課 5.8.＜-se 条件・仮定形＞（p.31）の場合にも用いられる。1・2 人称（単・複）の接尾に際し、基本形末尾の ـ ی の脱落に注意されたい。

— 24 —

第5課　動詞単純形

❶ ＜人称語尾＞(28)

1・単： كلدم geldim　　م ‐ (-m)
2・単： كلدك geldin　　ك ‐ (-n)
3・単： كلدى geldi　　— (–)

1・複： كلدك geldik　　ك ‐ (-k) / ق ‐ (-k)(29)
2・複： كلدكز geldiniz　　كز ‐ (-niz^4)
3・複： كلديلر geldiler　　لر ‐ (-ler^2)

▲否定形：動詞語幹に否定の م (-me^2) を付す。(→ ‐ مد ‐)。しかし、動詞語幹が後舌母音の場合、ما (-ma) となることもある。この ما (-ma) は語幹が後舌母音の全ての動詞（単純形・複合形）で用いられることがある。

‐ كل gel-： كلمدم gelmedim, كلمدك gelmedin, كلمدى gelmedi, ……
‐ اوقو oku-： اوقومدم okumadım, または اوقومادم (←いずれも 1 人称・単)

▼疑問形：肯定形に疑問の مى (-mi^4) を後置する。

(30) كلدم مى؟ geldim mi?, كلدك مى؟ geldin mi?, كلدى مى؟ geldi mi?, …

5.3. -iyor 現在形

② كليور (‐ يور) geliyor (-[i^4] yor)

---

(28) 人称語尾を付すとき、現代トルコ語の場合同様、3人称単数形 كلدى を基本形とみなし、それに ❶ を接尾させればよい。ただ、その場合 ❶ において、1・2人称（単・複）の語尾は、基本形の語末文字 ى の脱落した i- كلد に接尾させる。cf. p.31. -注(41).
(29) ك ‐ (-ik^2) / ق ‐ (-ık^2) の区別は、動詞語幹の母音（前舌／後舌）の区別によって決まる。なお、gelmek のような動詞語幹が前舌母音の動詞では2人称単数形と1人称複数形が形態上同じ形となる。より厳密には2人称単数形の語尾は ڭ (-iñ^4) であるが、実際には ك で記されるので、要注意。しかし、almak のような後舌母音の動詞では、それぞれ آلدك (aldın 2・単), آلدق (aldık 1・複) となり、混同する恐れはない。
(30) مى كلدم 動詞と組む疑問の mi は分離して記されている。[Deny 1971: 447-8, §689-90], [Elöve 1941: 413, §689-90].
　しかし、つぎのような用例も見られる。يازمديمى يازديمى محمد Mehmet yazdı mı yazmadı mı ? [Deny 1971: 410], [Elöve 1941: 384].

— 25 —

第5課　動詞単純形

基本的には、動詞語幹末の母音、子音を問わず、接尾辞 ‐يور (-[i⁴]yor) を付せばよい⁽³¹⁾。ただし、語幹末に母音をもつ動詞で、その母音が文字 ه (e) で表記されている場合、その ه を取り除き、‐يور を接尾させる。しかし、語幹末の ا (a) はそのまま維持される⁽³²⁾。人称語尾は ❷ が付く。

بكله مك/بكلمك beklemek → بكليور bekliyor
آكلامق anlamak → آكلايور anlayor (→ anlıyor)

❷ <人称語尾>

1・単：　كليورم geliyorum　　　م ‐ (-um)
2・単：　كليورسك geliyorsun　　سك/سن ‐ ⁽³³⁾(-sun)
3・単：　كليور geliyor　　　　　　　　 (–)

1・複：　كليورز geliyoruz　　　ز ‐ (-uz)
2・複：　كليورسكز geliyorsunuz　سكز ‐ (-sunuz)
3・複：　كليورلر geliyorlar　　　لر ‐ (-lar)

▲否定形：動詞語幹に否定の م (-me²) を付す。(→ ‐ميور ‐)。
كل ‐: كلميورم gelmiyorum, كلميورسك gelmiyorsun, كلميور gelmiyor, ...
اوقو ‐oku-: اوقوميورم okumuyorum, اوقوميورسك okumuyorsun, ...

(31) ただ、Timurtaş は以下の形態に言及している。[Timurtaş 1979: 58]
　　動詞語幹末が ى の後接しない文字<注(25)>である場合、ى を介入させた بيور (iyor⁴) となる。سوييور → سو‐ى‐يور (seviyor), يازييور → ياز‐ى‐يور (yazıyor), ‐يور ‐سو‐ى.
　　しかしながら、この主張は必ずしも守られていない。その反例は本書応用編テキスト p.100における اينانيورسين inanıyorsun など、随所にみられる。
　　また、[Deny 1971: 390-1, §612-3]、[Müller 1889: 巻末 p.20] では、‐يور 形の接尾辞だけの言及がみられる。[Elöve 1941: 365, dipnot [2]] では、語幹末子音の動詞に対するつなぎの ى の必要性に触れつつも、アラビア文字による正書法では、この ى は文字表記されないと述べている。

(32) آغلايور ağlayor は口語では -y により母音狭化が起こり ağlıyor となる。[Deny 1971: 400, §627]、[Elöve 1941: 377, §627]。現代トルコ語では一般的な現象。

(33) 人称語尾の سن/سك の使い分けの基準は不明。[Deny 1971: 399, §627]、[Elöve 1941: 377, §627]、[Németh 1962: 74, §126] で、この両形が記されているが、その違いについては説明がない。なお、[Timurtaş 1979: 58] では、前形 سك のみが記されている。

第 5 課　動詞単純形

▼疑問形：3 人称・単（肯定形）に（❷ + می）を後置させる。
　　　　geliyor musun?, ….. کلیور میسك ?, geliyor muyum? کلیور می یم ؟ (34)

5.4. -miş 過去形

③ گلمش (- مش) gelmiş (-miş⁴)
-miş 過去形の基本形（3 人称・単）は、動詞語幹末の子音・母音に関係なく、そのまま مش - (-miş⁴) を接尾させればよい。人称語尾は ❷。

　　　　　　　　　　　　❷ ＜人称語尾＞

1・単：	گلمشم gelmişim	م - (-im⁴)
2・単：	گلمشسك gelmişsin	سن -/ سك - (-sin⁴)
3・単：	گلمش gelmiş	—　 (–)
1・複：	گلمشز gelmişiz	ز - (-iz⁴)
2・複：	گلمشسكز gelmişsiniz	سكز - (-siniz⁴)
3・複：	گلمشلر gelmişler	لر - (-ler⁴)

▲否定形：動詞語幹に否定の م (-me²) を付す。(→ ممش -)。
　كل - : كلممشم gelmemişim, كلممشسك gelmemişsin, كلممش gelmemiş, …..
　oku- : اوقوممشم okumamışım, اوقوممشسك okumamışsın, …..

▼疑問形：3 人称・単（肯定形）に（❷ + می）を後置させる。
　　　　gelmiş misin?, ….. كلمش میسك ?, gelmiş miyim? كلمش می یم ؟

5.5. -ir / -er 超越形

④ كلیر (- یر) gelir (-ir⁴ / -er²)
-ir⁴ / -er² 超越形の基本形（3 人称・単）は、基本的には以下のように 4 通り＜1）～ 4）＞の接尾辞の書き分けがされる。人称語尾は ❷。

---

(34)　1 人称（単・複）の語尾は直前の می (mu) が母音で終わっているため、それぞれ介入子音 -y- の入った یم - (yum), یز - (yuz) 形となる。cf. p.17. -注(17)。

第5課　動詞単純形

1) -ir / -ır → (ـ ير) : كـيـر → كـل ـ يـر gelir, قال ـ يـر → قالير kalır
2) -ür / -ur → (ـ ور) : كـور ـ ور → كـورور görür
   طـور ـ ور → طـورور durur[35]
3) -ar → (ـ ار) : يـاپ ـ ار → يـاپـار yapar
4) -er → (ـ ر) : كيت ـ ر →[36] كيدر gider
4') – 語幹末母音→ (ـ ر) : ديـ ـ ر → ديـر der, [37] قو ـ ر → قور kor

*上記 1), 2) は、狭母音 (i[4]) の非円唇 (ي) / 円唇 (و) の書き分けである[38]。また 3), 4) は後舌／前舌母音の書き分けである。ただ、複数語尾を表す ـ لر が (-ler / -lar) の両者を表すのとは異なり、ここでの後舌母音 (a) は文字 (ا) で明示されている。

❷ ＜人称語尾＞

1・単： كليرم gelirim　　　　ـ م (-im[4])
2・単： كليرسك gelirsin　　　ـ سن/ ـ سك (-sin[4])
3・単： كلير gelir　　　　　　— (–)

1・複： كليرز geliriz　　　　 ـ ز (-iz[4])
2・複： كليرسكز gelirsiniz　　ـ سكز (-siniz[4])
3・複： كليرلر gelirler　　　　ـ لر (-ler[2])

---

(35) 動詞 durmak の頭音は、(د) で記されることもあるが、通常 (ط) で記される。
(36) 語幹末が無声子音の動詞の中には、母音で始まる接尾辞が付くと有声化するものがわずかながら存在する。その場合、現代トルコ語同様、オスマン語でも有声化した文字で表記する。cf. ايتمك etmek → ايدر eder.
(37) 語幹末が母音で (-i[4] / -e[2]) 以外の動詞は、قو ـ (ko-, 置く) だけである。この قو ـ (ko-) の超越基本形 (3人称・単) は ـ ر (-r) を接尾させた قور (-kor) であり、これは -ir[4] / -er[2] 超越形の枠外の語形として実際に使用されている。それに対し قو ـ (ko-) には、同じ意味を表す語幹末子音の ـ قوى (koy-) 形があり、こちらの超越基本形は قويار (koyar) となる。
(38) しかし、古典オスマン語 [15–19世紀] (Klâsik Osmanlıca) では、この区別 (-ir[2] / -ur[2]) はなく、(-ir[4]) は全て ـ ور (-ur[2]) で記されていた。كلور (gel-ür), قالور (kal-ur) [Timurtaş 1979: 58].

第 5 課　動詞単純形

▲否定形：動詞語幹に否定の ‒مز (-mez²) を付す⁽³⁹⁾。人称語尾は ❷。ただし、1 人称 (単・複) の否定接尾辞は ‒مـ (-me²) ⁽⁴⁰⁾。

كلمم : كل ‒ gelmem, كلمزسك gelmezsin, كلمز gelmez, ...

اوقومم : oku- ‒ اوقو (=اوقومام) okumam, اوقومزسك (=اوقومازسك)
okumazsın, اوقومز (=اوقوماز) okumaz, ...

▼疑問形：3 人称・単 (肯定形) に (می + ❷) を後置させる。

گلیر می یم؟ gelir miyim?, کلیر میسك؟ gelir misin?, کلیر می؟ gelir mi?, ...

5.6. -ecek 未来形

⑤ ‒ جك، ‒ ه جك) كله جك (‒ ه جك, ‒ جق) gelecek (-ecek²)
動詞語幹の母音（前舌／後舌）に応じて、接尾辞はそれぞれ ‒ ه جك (-ecek)、‒ ه جق (-acak) となる。また、後舌母音の接尾辞 ‒ ه جق (-acak) は、‒ اجق (-acak) となることもある。動詞語幹末が母音の場合は、介入子音 ی が介入した ‒ یه جك (-yecek), ‒ یه جق (-yacak) となる。人称語尾は ❷ を付す。

後舌母音：جق/ ه (اجاق) ‒ قال → قاله جق/قالاجق kalacak
語幹末母音：بكله یه جك → بكله یه جك ‒ bekleyecek

❷ ＜人称語尾＞

1・単： كله جكم geleceğim　　م ‒ (-im²)
2・単： كله جكسك geleceksin　سن/‒ سك (-sin²)
3・単： كله جك gelecek　　　‒ (–)

---

(39) 後舌母音の (-maz) の場合、‒ ا ‒ を伴った ‒ ماز (-maz) も見られる。[Timurtaş 1979: 58]。

(40) 古オスマン語 [14–15 世紀] (Osmanlı ancien: Deny/ Eski Osmanlıca: Elöve)では、否定の -mez は、1 人称 (単・複) を含む全ての人称で維持されていた。cf. sev-me-z-em (1・単), sev-me-z-iz (1・複). [Deny 1971: 404], [Elöve 1941: 380]。

第5課　動詞単純形

1・複：　كله‌جكز geleceğiz　　　ـز (-iz²)
2・複：　كله‌جكسكز geleceksiniz　　ـسكز (-siniz²)
3・複：　كله‌جكلر gelecekler　　　ـلر (-ler²)

*後舌母音の動詞語幹の場合、1人称（単・複）でـق→ـغ の文字の書き分けに要注意。cf. آله‌جق (alacak, 3・単) → آله‌جغم (1・単), آله‌جغز (1・複)。

▲否定形：動詞語幹に否定の م (-me²) を付す。(→ ـ ميه‌جك)
　ـ كل ：كلميه‌جكم gelmeyeceğim, كلميه‌جكسك gelmeyeceksin, ...
　اوقو ـ：oku- اوقوميه‌جغم (= اوقومياجغم) okumayacağım,
　　　　　　 اوقوميه‌جقسك (= اوقومياجقسك) okumayacaksın, ...

▼疑問形：3人称・単（肯定形）に（❷ + می）を後置させる。
　　می‌یم؟ كله‌جك gelecek miyim?, می‌سك؟ كله‌جك gelecek misin?, ...

5.7. -meli 義務形

⑥ كلملی (ـ ملی) gelmeli (-meli²)

必要・義務の接尾辞 ـ ملی は、動詞語幹の母音（前舌／後舌）に応じて、(-meli, -malı)を表す。ـ ملی (-meli²) が母音で終わっているため、人称語尾❷ の1人称（単・複）はそれぞれ ـ یم、ـ یز となる。

後舌母音：ـ ملی اوقو ـ oku- → اوقوملی okumalı

❷＜人称語尾＞

1・単：　كلملی‌یم gelmeliyim　　ـ یم (-im²)
2・単：　كلملی‌سك gelmelisin　　ـ سن/ـ سك (-sin²)
3・単：　كلملی gelmeli　　　　　— (−)

1・複：　كلملی‌یز gelmeliyiz　　ـ یز (-iz²)
2・複：　كلملی‌سكز gelmelisiniz　ـ سكز (-siniz²)
3・複：　كلملیلر gelmeliler　　ـ لر (-ler²)

▲否定形：動詞語幹に否定の م (-me²) を付す。(→ مَمْلی -.)。
كل - : يمملی گلمَمَلِيمْ gelmemeliyim, كلمَمَلِسِكْ gelmemelisin, ...

▼疑問形：3人称・単（肯定形）に (❷ + می) を後置させる。
كلملی می یم؟ gelmeli miyim?, كلملی مِيسِكْ؟ gelmeli misin? .....

5.8. -se 条件・仮定形

⑦ كلسه (سه -) gelse (-se²)
条件・仮定の接尾辞 سه - は、動詞語幹の母音（前舌／後舌）に応じて、(-se, -sa)を表す。人称語尾は -di 過去形の場合と同じ ❶ が付く。

❶ ＜人称語尾＞

1・単：	كلسهم gelsem	م -	(-m)
2・単：	كلسهك gelsen	ك -	(-n)
3・単：	كلسه gelse	—	(–)
1・複：	كلسهك gelsek	ك - (-k)/ق (-k)	
2・複：	كلسهكز gelseniz	كز -	(-niz⁴)
3・複：	كلسهلر gelseler	لر -	(-ler²) (41)

▲否定形：動詞語幹に否定の م (-me²) を付す。(→ مسه -)。
كل - gel-: كلمسهم gelmesem, كلمسهك gelmesen, كلمسه gelmese, ...

▼疑問形：-se 条件・仮定形は、本来的には従属節であるので、疑問形は成り立たない。しかし、1人称（単・複）に疑問の می (-mi⁴) を後置して、話し相手

(41) 上記の活用形は 3 人称単数形 كلسه を基本形とみなし、それに ❶ を接尾させたものである。以下のオスマン語文法書はこの活用形を示している。cf. [Deny 1971: 417], [Elöve 1941: 390], [Timurtaş 1979: 59]。
しかし、Németh は 3 人称（単・複）のみ、上形 كلسه、كلسهلر をあげているが、1・2 人称（単・複）は、كلسم (gelsem 1・単)、كلسك (gelsen 2・単)/كلسك (gelsek 1・複), كلسكز (gelseniz 2・複) としている [Németh 1962: 80]。これは、1・2 人称では、e- كلسه を基本形とみなし、人称語尾を付したものと考えられる。

— 31 —

の意向を問う用法はごく一般的に見られる。

كلسه‌م می؟ gelsem mi?   كلسه‌ك می؟ gelsek mi?

5.9. 命令形

⑧ كلسين (سين-) gelsin (-sin⁴)

2人称（単）命令形は動詞語幹そのものであり、同（複）は、動詞語幹に接尾辞 ك‌- (-in⁴), كز‌- (-iniz⁴) を付す。3人称（単・複）は、それぞれ سين‌- (سونلر-)/(سينلر-)(سونلر-)[42] を接尾させる。動詞語幹末が母音のとき、2人称（複）の接尾辞は ى (-y-) が介入した يك‌- (-in⁴), يكز‌- (-iniz⁴) となる。(→次の▲否定形を参照)。

2・単： كل gel —
3・単： كلسين gelsin   سين‌- (-sin²), سون‌- (-sun²)
2・複： كلكز، كلك gelin, geliniz   ك‌- (-in⁴), كز‌- (-iniz⁴)
3・複： كلسينلر gelsinler   سينلر‌- (-sinler²), سونلر‌- (-sunler²)

▲否定形：動詞語幹に否定の مه‌- (-me²) を付す。

كل‌- gel-：كلمه gelme（2・単）   كلمه‌سين gelmesin（3・単）
كلمه‌سينلر gelmesinler   كلمه‌يكز، كلمه‌يڭيز gelmeyiniz, كلمه‌يك gelmeyin/

▼疑問形：3人称（単・複）だけに適用され、疑問の می (-mi⁴) を後置して、話し相手の意向を問う用法はごく一般的に見られる。

كل‌- gel-：كلسينلر می؟ gelsinler mi?, كلسين می؟ gelsin mi?

---

(42) 接尾辞 سون‌-، سين‌- は動詞語幹の音に関係なく付される。cf. سوسين، سوسون (←両方とも sevsin) [Deny 1971: 388, §607], [Elöve 1941: 363, §607]. ただ [Németh 1962: 82, §147] では سوسون 形のみ。
しかしながら、[Kúnos 1925] での用法から検討すると、直前に円唇母音 (u, ü, o, ö) があると、円唇性を帯びた سون‌- (-sun²) が接尾し、それ以外の場合は、سين‌- (-sin²) が用いられている。
cf. اولسون olsun, طورسون dursun/ اولماسين olmasın, كيتسين gitsin など。

— 32 —

5.10. -e 願望形

⑨ كله (ه ـ) gele (-e²)

語幹末が子音の動詞には ه ـ (-e, -a)、語幹末が母音の動詞には ـى の介入した ـيه (-ye, -ya)[43] の接尾辞を付す。人称語尾は ❷ を付すが、1人称（複）だけが、ـلم ـ (-lim²) となる。

❷ ＜人称語尾＞

1・単：	كلهيم	geleyim	يم ـ	(-yim²)
2・単：	كلهسك	gelesin	سك ـ	(-sin²)
3・単：	كله	gele	―	(–)
1・複：	كلهلم	gelelim	لم ـ	(-lim²)
2・複：	كلهسكز	gelesiniz	سكز ـ	(-siniz²)
3・複：	كلهلر	geleler	لر ـ	(-ler²)

▲否定形：動詞語幹に否定の م (-me²) を付す。この否定語幹は母音終わりの動詞語幹となるため、接尾辞は ـيه となる。便宜的にはこの接合形 ـميه ـ を接尾させることになる。

كل ـ gel- ： كلميهيم gelmeyeyim, كلميهسك gelmeyesin, كلميه gelmeye, كلميهلم gelmeyelim, كلميهسكز gelmeyesiniz, كلميهلر gelmeyeler

▼疑問形：1人称（単・複）だけに適用され、肯定形に疑問の مى (-mi⁴) を後置して、話し相手の意向を問う用法はごく一般的に見られる。

كل ـ gel- ： كلهيم مى؟ geleyim mi?, كلهلم مى؟ gelelim mi?

---

(43) 後舌母音で終わる動詞語幹に対して、Deny は、ـيه ـ 形以外にも、ـيا ـ (-ya) を示している [Deny 1971: 412, §643]。これに対して、Elöve は、この ـيا ـ 形はオスマン帝国末期における正書法の混乱期に限られた表記であるとコメントしている。[Elöve 1941: 386, dipnot [3]]。さらに、Timurtaş も ـيا ـ 形は一般化しなかったとコメントしている [Timurtaş 1979: 59]。

第5課　動詞単純形

【練習問題5】

次の文章を読んで訳しなさい。

١. ‏— او فیلمی ناصل بولدکز؟　بکندکزمی؟
‏— چوق کوزلدی.　چوق بکندم.

٢. ‏— مرحبا علی، نرهیه کیدییورسك؟
‏— هیچ بر یره کیتمیورم، بوش بوش کزییورم.

٣. ‏محمدك چوجوغی خستهلانمش، دون کیجه دوقتور چاغرمشلر.

٤. ‏طاغ طاغه قاوشمز، انسان انسانه قاوشور.

٥. ‏عفوایدرسکز، شو پنجرهیی آچار میسکز؟

٦. ‏مکتوب آرقداشك سلیم نه زمان ژاپونیایه کلهجك؟

٧. ‏بو کیجه ارکن یاتملیسکز، یوقسه یارین وقتنده قالقهمزسکز.

٨. ‏او کتابی دوکانده کورسهم، همان آلهجغم.

٩. ‏هانگی اولکهیه کیدرسهکز کیدك، اورانك عادتلرینه اویملیسکز.

١٠. ‏سن کیتسهکده کیتمسهك ده فرق ایتمز.

١١. ‏بو رومانی اوقوده بکا فکرکی سویله!

١٢. ‏— قاپویی آچهیممی؟　— آچمهلم.

— 34 —

第6課　連辞基本3形

連辞の現在形は第3課ですでにみた。ここでは、一般動詞の複合形を検討する上で欠くことの出来ない連辞の -di 過去形、-miş 過去形[44]、-se 条件・仮定形（ここでは便宜上、連辞の基本3形と呼ぶことにする）をみる。とりわけこの基本3形の接尾形は、一般動詞との複合形（第7課）を形成する上で重要である。

6.1. 連辞の -di 過去形　＜人称語尾は ❶＞

1・単： دم(ايـ) ‐ -(i)dim⁴　　1・複： دك(ايـ) ‐ -(i)dik⁴
2・単： دك(ايـ) ‐ -(i)din⁴　　2・複： دكز(ايـ) ‐ [45] -(i)diniz⁴
3・単： دى(ايـ) ‐ -(i)di⁴　　3・複： ديلر(ايـ) ‐ -(i)diler⁴

*（ ）は独立形。例えば、1・単の場合、独立形は ايدم idim⁴、接尾形は دم ‐ -dim⁴。また、接尾形は、先行語末が母音のとき、以下のようにつなぎの ى (-y-) を伴う。

بن خسته ايدم Ben hasta idim. → بن خستهيدم. Ben hastaydım.

用例

1. بن چوجوق ايدم. 　　　　بن چوجوقدم.
　 Ben çocuk idim.（独立形）　Ben çocuktum.（接尾形）

2. سزده زنكين ايدكز. 　　سزده زنكيدكز.
　 Siz de zengin idiniz.（独立形）　Siz de zengindiniz.（接尾形）

3. عايشه نرده ايدى؟ 　　عايشه استانبولدهيدى.
　 Ayşe nerede idi?（独立形）　Ayşe İstanbul'daydı.（接尾形）

---

(44) 連辞の -miş 過去形は、必ずしも過去時制で用いられるとは限らない。だいたい、＜～であるらしい＞、＜～であったらしい＞と現在・過去両方のニュアンスを帯びる。しかし、一般動詞との複合形では過去時制＜～したらしい＞を表す。ここでは、一般動詞の複合形との関係上、-miş 過去形と呼んでおく。

(45) 2・複のこの形は [Németh 1962: 68]、[Müller 1889: 巻末 p.14] による。この表記は注(28)に一致している。しかし、[Deny 1971: 353, §554] では、ى の入った ايديكز（←人称語尾 كز ‐ の直前の ـِ の有無を問題視している）となっており、それに対して [Elöve 1941: 336, §554] もノーコメントでそのまま表記している。

第6課　連辞基本3形

6.2.　連辞の -miş 過去形　＜人称語尾は ❷＞

1・単： مشم(ای) ‐ -(i)mişim[4]　　1・複： مشز(ای) ‐ -(i)mişiz[4]
2・単： مشسك(ای) ‐ -(i)mişsin[4]　2・複： مشسكز(ای) ‐ -(i)mişsiniz[4]
3・単： مش(ای) ‐ -(i)miş[4]　　　3・複： مشلر(ای) ‐ -(i)mişler

用例

1． دون چوق سرخوش ایمشم.　　دون چوق سرخوشمشم.
　　Dün çok sarhoş imişim.（独立形）Dün çok sarhoşmuşum.（接尾形）

2． هوا چوق گوزل ایمش.　　هوا چوق گوزلمش.
　　Hava çok güzel imiş.（独立形）Hava çok güzelmiş.（接尾形）

3． بوراده بر او وار ایمش.　　بوراده بر او وارمش.
　　Bunada bir ev var imiş.（独立形）Bunada bir ev varmış.（接尾形）

6.3.　連辞の -se 条件・仮定形　＜人称語尾は ❶＞

1・単： سهم(ای) ‐ -(i)sem[2]　1・複： سهك(ای) ‐ -(i)sek[2]
2・単： سهك(ای) ‐ -(i)sen[2]　2・複： سهكز(ای) ‐ -(i)seniz[2]
3・単： سه(ای) ‐ -(i)se[2]　　3・複： سهلر(ای) ‐ -(i)seler[2]

用例

1． بز دها زنكین ایسهك، ..　　بز دها زنكینسهك، ..
　　Biz daha zengin isek, ..（独立形）Biz daha zenginsek, ..（接尾形）

2． سزده حاضر ایسهكز، ..　　سزده حاضرسهكز، ..
　　Siz de hazır iseniz, ..（独立形）Siz de hazırsanız, ..（接尾形）

3． محمد اویندە ایسه، ..　　محمد اویندەیسه، ..
　　Mehmet evinde ise, ..（独立形）Mehmet evindeyse, ..（接尾形）

【練習問題6】

次の文章を読んで訳しなさい。

١. ― دون نه‌دن بزه کلمدك؟
― خسته‌یدم (ایدم)، چوق آتشم‌ده واردی (وار ایدی).

٢. ― علینك باباسی چوق زنکینمش دکلمی؟
― اوت اویله ایمش، اونك ایکی اوی وارمش. بری آنقره‌ده، اوبری استانبول‌ده ایمش. کندیسی یالکز باشنه آنقره‌ده ایمش. قاریسی حیات‌ده دکلمش، اون سنه اول اولمش.

٣. ― یارین‌ده هوا کوزلسه (کوزل ایسه)، برابر دکزه کیده‌لم می؟
― ایی فکر! علینك عرابه‌سی وارسه عرابه‌سیله کیده‌لم.

٤. ― استانبول‌ده چوق مشهور جامعلر وارمش. بن کچن یاز تعطیلنده کیتمك نیتنده‌یدم، اما تورلو نه‌دنلرله ممکن اولمدی. بو یاز قسمت‌سه کیده‌جکم.

٥. ― دون آقشام نه‌ره ده‌یدك؟
― سینه‌ماده‌یدم، کوزل بر فیلم واردی.

٦. ― ژاپونیاده کچن یاز هوالر ناصل‌دی؟
― چوق صوجاقدی و قرق درجه‌یی کچن کون بله واردی.

第7課　動詞複合形

7.1. 動詞複合形（概略一覧）

　動詞単純形（第5課）は、連辞基本3形と組んで複合形を形成する。以下、そのうちでもよく用いられる複合形について簡単な例文を示し、個々の形態を検討する。なお、単純形は以下の順序（①〜⑨）で説明したが、複合形は使用頻度の高いもの（②④〜）から、使用頻度の低いものや拡張形を欠くもの（①⑦；ただし⑧命令形は除く）へと説明の順序を変えた。

① کلدی　　(‑دی)　　geldi (-di[4] / -ti[4])
② کلیور　　(‑یور)　　geliyor (-iyor[4])
③ کلمش　　(‑مش)　　gelmiş (-miş[4])
④ کلیر　　(‑یر)　　gelir (-ir[4] / -er[2])
⑤ کله‌جك　　(‑ه‌جك)　　gelecek (-ecek[2])
⑥ کلملی　　(‑ملی)　　gelmeli (-meli[2])
⑦ کلسه　　(‑سه)　　gelse (-se[2])
⑨ کله　　(‑ه)　　gele (-e[2])

7.2. -iyor 複合形

1)　(46)❶‑یوردی　 -iyordu-❶　（接尾形）
　　　❶‑یور ایدی　 -iyor idi-❶　（分離形）

用例　دون بوتون کون یاغمور یاغیوردی (یاغیور ایدی)
　　　Dün bütün gün yağmur yağıyordu (yağıyor idi).

2)　❶‑یورسه　 -iyorsa-❶　（接尾形）
　　　❶‑یور ایسه　 -iyor ise-❶　（分離形）

用例　تورکجه بیلیورسه‌کز (بیلیور ایسه‌کز) تورکجه قونشك.
　　　Türkçe biliyorsanız (biliyor iseniz) Türkçe konuşun.

(46) ❶ および次ページの ❷ は人称語尾。(← cf. pp. 25-26)

3）　يورمش ـ❷ ‐ iyormuş-❷ （接尾形）
　　يور ايمش ـ❷ ‐ iyor imiş-❷ （分離形）

用例　احمدك باباسى شيمدى آلمانيهده چاليشيورمش (چاليشيور ايمش).
　　　Ahmed'in babası şimdi Almanya'da çalışıyormuş (çalışıyor imiş).

7.3. -ir / -er 複合形

1）　(يـ)ردى ـ❶ ‐ -(i)rdi-❶ （接尾形）
　　(يـ)ر ايدى ـ❶ ‐ -(i)r idi-❶ （分離形）

> *以下の用例では紙面の都合で必要な場合を除き分離形を省略する。

用例　اسكيدن توركچهيى عرب حرفلريله يازاردق.
　　　Eskiden Türkçeyi Arap harfleriyle yazardık.

2）　(يـ)رسه ـ❶ ‐ -(i)rse-❶ （接尾形）
　　(يـ)ر ايسه ـ❶ ‐ -(i)r ise-❶ （分離形）

用例　بكا جواب ويريرسهكز چوق ممنون اولورم.
　　　Bana cevap verirseniz çok memnun olurum.

3）　(يـ)رمش ـ❷ ‐ -(i)rmiş-❷ （接尾形）
　　(يـ)ر ايمش ـ❷ ‐ -(i)r imiş-❷ （分離形）

用例　بابامده چوق سيغاره ايچرمش.
　　　Babam da çok sigara içermiş.

7.4. -ecek 複合形

1）　ـﻪجكدى ـ❶ ‐ -ecekti-❶ （接尾形）
　　ـﻪجك ايدى ـ❶ ‐ -ecek idi-❶ （分離形）

用例　بز كويه كيدهجكدك لكن يوللر ياغموردن بوزولدى.
　　　Biz köye gidecektik lâkin yollar yağmurdan bozuldu.

2）　ـﻪجكسه ـ❶ ‐ -ecekse-❶ （接尾形）
　　ـﻪجك ايسه ـ❶ ‐ -ecek ise-❶ （分離形）

第7課 動詞複合形

用例　احمد بزه كلميه‌جكسه، اوينده قالسين.
Ahmet bize gelmeyecekse, evinde kalsın.

3)　❷ـجكمش ـ -ecekmiş-❷ （接尾形）
　　　❷ـ ه‌جك ايمش ـ -ecek imiş-❷ （分離形）

用例　آرقاداشم نورپرى كله‌جك سنه اغوز ايله اولنه‌جكمش.
Arkadaşım Nurperi gelecek sene Oğuz ile evlenecekmiş.

7.5.　-miş 複合形

1)　❶ـمشدى ـ -mişti-❶ （接尾形）
　　　❶ـ مش ايدى ـ -miş idi-❶ （分離形）

用例　بن بونى قاچ كره سكا ديمشدم؟
Ben bunu kaç kere sana demiştim?

2)　❶ـمشسه ـ -mişse-❶ （接尾形）
　　　❶ـ مش ايسه ـ -miş ise-❶ （分離形）

用例　كندى ايشكى بيتيرمشسه‌ك، اوه كيده‌بيليرسك.
Kendi işini bitirmişsen, eve gidebilirsin.

3)　❷ـمشمش(47) ـ -mişmiş-❷ （接尾形）
　　　❷ـ مش ايمش ـ -miş imiş-❷ （分離形）

用例　بن كنديسندن پاره آلمش ايمشم!
Ben kendisinden para almış imişim!（分離形）

---

(47) miş が連続する接尾形 -mişmiş よりは、分離形が好まれる。[Elöve 1941: 402, dipnot [1]]
(48) ملى ايدى (meli idi, 分離形) から考えると、meli が母音終わりであるため、meli-idi を接合させるためには、-idi → -ydi から、meliydi となり、これは ملى يدى と表記されるはずである。しかし、実際には、つなぎの ـيـ (-y-) の文字表記は省略されている。[Deny 1971: 439, §675]、[Elöve 1941: 405, §675]。おそらく母音 i が半母音的な y と融合して長母音「i」となったためであろう。なお、[Németh 1962: 79, §139] では、接尾形の記述はなく、سوملى ايدم sevmeli idim (分離形) だけが記されている。また、Deny [同一ページ] の用例も分離形でのみ示されている。

第 7 課　動詞複合形

7.6. -meli 複合形

1) ملیدی ـ ❶[(48)] -meliydi-❶ (接尾形)
   ❶ـ ملی ایدی -meli idi-❶ (分離形)

   用例　بو ایشی دون بیترملی ایدم فقط وقت بولهمادم.
   Bu işi dün bitirmeli idim fakat vakit bulamadım. (分離形)

2) ❶ـ ملیسه -meliyse-❶ (接尾形)
   ❶ـ ملی ایسه -meli ise-❶ (分離形)

   用例　باباکه یاردیم ایتملیسهك، همان شیمدی كیت.
   Babana yardım etmeliysen hemen şimdi git.

3) ❷ـ ملیمش -meliymiş-❷ (接尾形)
   ❷ـ ملی ایمش -meli imiş-❷ (分離形)

   用例　احمد کونده اون ساعت درس چالیشملی ایمش.
   Ahmet günde on saat ders çalışmalı imiş. (分離形)

7.7. -e 複合形

❶[(49)]ـ هیدی -eydi-❶ (接尾形)
❶ـ ه ایدی -e idi-❶ (分離形)

用例　کاشکه بنده او فیلمی کورهیدم!
Keşke ben de o filmi göreydim!

7.8. -di 複合形　人称語尾 ❶ の位置によって 2 通りのパターンが生じる。

1) ❶ـ دیدی -diydi-❶ (接尾形)
   ❶ـ دی ایدی -di idi-❶ (分離形) または

---

(49)　ه ایدی ـ (-e idi, 分離形) から考えると、その接尾形は -eydi となり、先の meliydi の場合と異なり、つなぎの ـيـ (-y-) がきちんと文字表記されて、هیدی (-eydi) となっている。

第7課　動詞複合形

دى ❶ـ دى -di-❶-di（接尾形）

❶ ایدی ـ دى -di-❶ idi（分離形）

用例　بن کندیسنه سویلدیدم، اوده اینانمادی.
Ben kendisine söylediydim, o da inanmadı. または

بن کندیسنه سویلدیمدی، اوده اینانمادی.
Ben kendisine söyledimdi, o da inanmadı.

2)　❶ـ دیسه ـ -diyse-❶（接尾形）

❶ـ ایسه ❶ دى ـ -di ise-❶（分離形）または

❶ـ سه ـ دى ـ -di-❶-se（接尾形）

❶ ایسه ـ دى ـ -di-❶ ise（分離形）

用例　کیتدیسه‌م ده اونی کوره‌مدم.
Gittiysem de onu göremedim. または

کیتدمسه ده اونی کوره‌مدم.
Gittimse de onu göremedim.

7.9. -se 複合形

1)　❶ ⁽⁵⁰⁾ـ سه‌یدی ـ -seydi-❶（接尾形）

❶ـ سه ایدی ـ -se idi-❶（分離形）

用例　آدرسکزی بیلسه‌یدم، سزه ده یازاردم.
Adresinizi bilseydim size de yazardım.

2)　❷ـ سه‌یمش ـ -seymiş-❷（接尾形）

❷ـ سه ایمش ـ -se imiş-❷（分離形）

用例　علی دها چالیشسه‌یمش، امتحانی قازانیرمش.
Ali daha çalışsaymış, imtihanı kazanırmış.

---

(50) [Németh 1962: 81] では、接尾形として ـه の脱落した ❶ـ سید ـ 形のみが記されている。سوسیدم sevseydim, سوسیدك sevseydin.

第 7 課　動詞複合形

【練習問題 7】

次の文章を読んで訳しなさい。

١.　— دون نره ده‌يدكز (نره ده ايدكز)؟
— خسته‌يدم (خسته ايدم)، بتون كون يتاقده ديكلنيوردم. ايشيرندن تلفون كلدى.

٢.　جانك صيقليورسه برآز طيشاريده طولاش.

٣.　عائله‌سى اونى درت كوزله بكليورمش (بكليور ايمش).

٤.　بو اوده اسكيدن بر آرقداشم اوتوروردى. بز صيق صيق اونلرك باغچه‌سنده اويناردق.

٥.　اسكيدن بوراده بر باغچه وارمش. آننه‌م بزى بورايه كتيررمش.

٦.　چارشى‌يه اوغرايه‌جقسه‌ك، بكا ياريم كيلو پينر آليرميسك؟

٧.　— ياقينده توركيه‌يه كيده‌جكمشسكز. — اوت كيده‌جكدم، اما استانبولده غره‌و وارمش، بو يوزدن كيتميه‌جكم.

٨.　احمد بوكونكى قونشمه‌سنده دها آچيق قونشملى ايدى.

٩.　اويله بيله‌يدم (بيلسه‌يدم) سزه سويلمزدم.

١٠.　ايشكزى بيتردكزسه همان كيده‌لم.

١١.　آرقداشمه قاچ مكتوب يازدى ايسه‌م هپ بنى جوابسز براقدى.

١٢.　دون ياغمور ياغمسه‌يدى (ياغمسه ايدى)، پارقه قدر كيده‌جكدك.

— 43 —

第 8 課　動詞拡張 5 形

動詞語幹に以下の接尾辞（①～⑤）を付加することによって、それぞれの意味的要素が加わった新たな動詞語幹ができる。以下、(y) は動詞語幹末が母音の場合の介入子音を表す。

8.1. -ebil 可能形

① بيل‎ه(يـ)- -(y)ebil² ； كيت → كيده‌بيلير gidebilir
-ebil 可能形は、主として、能力＜～できる＞、可能性＜～ありうる＞を表す。

▲否定形：否定の م me の位置によって次の 2 通りの意味が生じる。
　1）＜～できない＞［不可能］； هم‎(يـ)- -(y)eme² → كيده‌مدى gidemedi
　　*-ebilir＜可能の超越形＞の否定＜＝不可能超越形＞は、基本的には همز‎(يـ)- -(y)emez²、場合によっては اماز‎(يـ)- -(y)amaz となる。
　2）＜～でないかもしれない＞［否定の推量］；

　　ميه‌بيل - meyebil² → كيتميه‌بيلير gitmeyebilir*
　　* gitmeyebilir は、gitme-y-ebilir とみなし、否定語幹＜gitme＝行かないこと＞が＜ebilir＝ありうる＞と考えればよいだろう。さらに、少し複雑になるが、不可能形語幹＜gideme＝行けないこと＞を ebil で受けた كيده‌ميه‌بيلير gidemeyebilir「行けないかも知れない」もみられる。

8.2. -il 受動形

②　動詞語幹末の音によって次の 2 通り 1）、2）の接尾辞をとる。
　1）＜ل 以外の子音＞：(51) ل - -(i⁴)1 ； ياز - → يازل yazıl-

---

(51) 原則的には接尾辞 ل で、母音を含んだ -il⁴ を表す。しかし、母音 i⁴ が ى で表記される場合もみられる。cf. اچ - iç- 飲む → اچيل - içil- 飲まれる。例えば、Kúnos は、اوكمزده بر قاپو آچيلدى Önümüzde bir kapı açıldı. で見られるように、母音字を伴った接尾辞 يل - 形で表記している［Kúnos 1925: 45］。しかし、代表的なオスマン語辞書では、آچلمق açılmak の見出し項目で記載されている［Sâmî 1900: 22］。

— 44 —

2) <ل ـ または、母音>：| ـن - -(i⁴)n | ； ـ بيل ـ → ـ بيلن bilin-
اوقو ـ → اوقون okun-

8.3. -dir 使役形

③ 動詞語幹末の音によって以下の3パターンの接尾辞が付く。

1) <子音>：(52) | ـ در -dir⁴ | ； ـ ياز ـ → ـ يازدر yazdır-
ـ آچ ـ → ـ آچدر açtır-, ـ قازاندر ← ـ قازان kazandır-

2) <子音>：| ـ ار، ـ ر، ـ ير، ـ ور -ar, -er², -ir⁴, -ur² | ；
ـ چيق ـ → ـ چيقار çıkar-, ـ كچ ـ → ـ كچير geçir-
ـ طوى ـ → ـ طويور duyur-

3) <母音、または ـ ر>：| ـ ت -t | ； ـ اوقو ـ → ـ اوقوت okut-
ـ آكلا ـ → ـ آكلات alat-, ـ اوتور ـ → ـ اوتورت oturt-

8.4. -(i)n 再帰形

④ 基本的には動詞語幹末の音に関係なく次の接尾辞を付す。

| ـ ن -(i)n⁴ | ： ـ كى ـ → ـ كين giyin-, ـ ييقا ـ → ـ ييقان yıkan-

8.5. -(i)ş 相互形

⑤ 基本的には動詞語幹末の音に関係なく次の接尾辞を付す。

| ـ ش -(i)ş⁴ | ： ـ كور ـ → كورش görüş, ـ آكلا ـ → آكلاش anlaş-

---

(52) 母音字 و، ى を伴った ـ دير، ـ دور ـ 形で表記される場合もあるとの記述がみられるが、いかなる場合にそうなるのかの説明はない。[Deny 1971: 368, §577]、[Elöve 1941: 348, §577]。

第8課　動詞拡張5形

【練習問題8】

　動詞の拡張形語尾の接尾した次の動詞グループ（②～⑤）の語義として、適切なものを下の（１～８）から選びなさい。拡張語の定義は、代表的なオスマン語辞書（Sâmî : *Kâmûs-ı Türkî*, 1900）による。なお、同辞書では、動詞は不定形（前舌母音形 ; مك ‐, 後舌母音形 ; مق ‐）で記載されているので、ここではそれにしたがった。

② ;　1）بيلنمك　　2）ييقانمق

③ ;　3）چيقارمق　　4）قالديرمق

④ ;　5）سويلنمك　　6）صوينمق

⑤ ;　7）دوكشمك　　8）بولشمق

١. بربريله غاوغا ويا كورش ايتمك

٢. كندى اثوابنى چيقارمق

٣. يوقارى چيقارمق

٤. معلوم (معروف) اولمق، طانلمق

٥. صو ايله تميز ايدلمك

٦. طيشارى آتمق

٧. كندى كندينه سويلمك

٨. بربرينى بولمق، بر آرەيه كلمك

— 46 —

第9課　後置詞

ここでは各後置詞の文法説明は省き、オスマン語でどのように表記されるか、また類語表現について触れることにする。

9.1. ايله ＜独立形＞ ايله (الن/ايلن) [53] → ile (ilen)
　　　＜接尾形＞ a) ـله ‐ 語末子音 → -le²
　　　　　　　　b) ـيله ‐ 語末母音 → -yle²

عرابه ايله (عرابهيله) كلدى. Araba ile (Arabayla) geldi.

سنك ايله* (سنكله) پازاره كيدهجكز. Senin ile (Seninle) pazara gideceğiz.

احمد باباسيله بزه كلدى. Ahmet babasıyla (babasıyle) bize geldi.

*「共に」を強調するために、上の第2、第3例文において、برابر beraber, برلكده birlikte, بيله bile が ile に後置されることがある。

9.2. ايچون ＜独立形＞ (ايچين) ; içün (için)
　　　＜接尾形＞ چون ‐ ; -çün

سنك اچون (سنكچون) Senin için (Seninçün)

آق آقچه قره كون ايچوندر. Ak akçe kara gün içindir.「ことわざ」

خسته اولديغى ايچون* (اولديغيچون) hasta olduğu için (olduğuçün)

* = اولديغى سببدن/اولديغندن olduğundan / olduğu sebepten

9.3. كبى gibi

سزك كبى sizin gibi, قار كبى بياض kar gibi beyaz

---

(53) 同接尾形は、لن ‐ -len²。いずれも主に口語表現であるが、古くは Dede Korkut 物語や Karagöz 影絵芝居のセリフで以下の例が見られる。
　دلىى دومرول قرق يكيدالن ييوب ايچوب... Deli Dumrul kırk yiğit ilen yiyip içip...
　＜デリ・ドゥムルルは40人の若武者と一緒に飲み食いして...＞
　cf. [Ergin 1958: 178, Dresden nüshası, sayfa: 157].
　–Karagöz, gel senlen bir sermaye düzelim.＜カラギョズよ、さあ、お前と一緒に一儲けしよう＞ cf. [Cevdet Kudret: *Karagöz III*, 1970: 535].

第9課　後置詞

كلير كلمز = كلديكى آنده = كلديىى كبى
geldiği gibi = geldiği anda = gelir gelmez「彼が来てすぐ」

Ahmet gibi Mehmet te gelecek. احمد كبى محمد ده كلهجك.⁽⁵⁴⁾

9.4. قدر kadar/ دك = دكين dek = değin（←与格）

يكرمى سنه قدر yirmi sene kadar, سنك قدر senin kadar

ايستديكى مقدار و درجه ده = ايستديكى قدر
istediği kadar = istediği miktar ve derecede「彼の望むだけ」

صباحه دك (دكين) = صباحه قدر sabaha kadar = sabaha dek (değin)

9.5. كوره göre

بكا قاليرسه = بنجه = بكا كوره
bana göre = bence = bana kalırsa「私の考えでは」

9.6. طوغرى /طوغرو doğru

ساعت اوچه طوغرى pazara doğru, پازاره طوغرو s. üçe doğru

9.7. رغما rağmen

بوكا رغما buna rağmen

كلديكى حلده = كلمه‌سنه رغما ⁽⁵⁵⁾
gelmesine rağmen = geldiği halde「彼は来たけれども」

9.8. قارشى /قارشو karşı

اوم ميدانه قارشيدر. Evim meydana karşıdır.

اقشامه طوغرى = اقشامه قارشى akşama karşı = akşama doğru

---

(54) 「A同様Bも」では、しばしば كبى の後に ده で受けることがある。
(55) rağmen は、me-動名詞与格を受けるが、dik-動名詞の与格は受けない。つまり、
　×geldiğine rağmen とはならないのである。日本人のよくする誤りである。

— 48 —

第9課　後置詞

9.9. اول evvel / اوكجه önce

هر شيدن اول (اوكجه) her şeyden evvel (önce)

9.10. صوكره /[56] صكره sonra

سزدن صوكره sizden sonra

بن كلدكدن صوكره سز درسه باشلاديكز.[57]

Ben geldikten sonra siz derse başladınız.

9.11. برو / برى beri

دوندن برى dünden beri, اوچ سنه‌دن برى üç seneden beri

9.12. بشقه / باشقه başka

بندن بشقه benden başka, بوندن باشقه bundan başka

9.13. طولايى dolayı

① 「〜のせいで」 (= اوتورى ötürü)

بوندن طولايى (اوتورى) bundan dolayı (ötürü)

② 「〜に関して」 (= دائر -e dair, حقنده -hakkında[58])

سزدن طولايى بعضى شيلر صورديلر Sizden dolayı bazı şeyler sordular

= سزه دائر بعضى شيلر... Size dair bazı şeyler...

= سزك حقكزده بعضى شيلر... Sizin hakkınızda bazı şeyler...

---

(56) صوك son からの派生語であるため、صكره ではなく、صوكره と表記すべきだとの主張もある。cf. [Sâmî 1900: 840].

(57) この例文は *Kâmûs-ı Türkî* [Sâmî 1900: 841] からの引用である。di- 過去形（2・複）は、本書第5課の di- 過去形のパラダイムとは異なり、ى を伴った باشلاديكز という表記になっている。

(58) A hakk-ında「A に関して」における先行語 A は必ず語尾ゼロ。1・2人称に限り、その属格形による強調形となる。cf. [Lewis 1975: 93].

第9課　後置詞

【練習問題9】

次の文章を読んで訳しなさい。

١. یارین سنکله پازاره کیده جکز.

٢. بر طاش ایله ایکی قوش *اورولماز. (*اور ـ، [動詞語幹 vur-])

٣. سنك ایچون بر دها بورایه کلمیه جکم.

٤. بکا باقکز و بنم کبی یاپکز!

٥. آرتیق یاز تعطیلمز بیتدی کبی.

٦. آنقره سینه ماسی بورادن اوزاق. اورایه قدر یورویه مزسکز.

٧. اوکا کوره بز هیچ چالیشمیورمشز.

٨. اویله ایسه ساعت بشه طوغری آنقره سینه ماسنده کورشه لیم.

٩. بتون زورلقلرینه رغما ایشمی سویییورم.

١٠. آرقاداشم کامل (Kâmil) دکزه قارشی اوتوردی و راقی ایچدی.

١١. بو صباح سزدن اول کیم کلدی؟

١٢. دون *اوگله دن صوکره حیوانات باغچه سنه کیتدك. (*اوگله، öğle)

١٣. محمدی اوچ آیدن بری کورمدم.

١٤. عایشه نك النده چانطه سندن باشقه بر شی یوقدی.

١٥. آننه مز خسته ایدی. اوندن طولایی بز کیده مدك.

— 50 —

第 10 課　動名詞・分詞

動名詞と分詞は統語的には異なるが、形態的には多くの共通点があるので、この課ではまとめて扱うことにする。

10.1. ‌مق ـ ، ‌مك ـ ‌ -mek²

-mek² の語尾をもつ動名詞は、مك ـ (-mek；前舌母音)、مق ـ (-mak；後舌母音) で表される。一般名詞同様、格語尾が接尾するが、属格語尾[59]は接尾しない。

▲否定形は基本的には مه ـ (-me²) を、動詞語幹に付す。しかし、م ـ (-me²) や、とくに後舌母音では ما ـ (-ma) で表記される場合もみられる。この否定辞は以下の動名詞・分詞すべてに共通であるので、以下においてはその説明を省略する。

用例　بيلمه‌مك عيب دكل، صورمامق عيبدر.
　　　Bilmemek ayıp değil, sormamak ayıptır.

10.2. ‌مه ـ ‌ -me²

-me² の語尾をもつ動名詞は、基本的には مه ـ (-me²；前舌／後舌母音) で表される。ただ、後舌母音形の -ma は、ما で表記されることもある。

-me² 動名詞は、-mek² 動名詞と異なり、全ての格語尾、所有接尾辞が付き、拡張性および利用度は極めて高い。動名詞の意味上の主語との関係上、所有接尾辞の接尾した各人称の形態を動詞 كل ـ (gel-, 来る) で一覧しておく。3 人称と格語尾の間の介入子音 ‌ن‌ n に要注意。

---

[59] 動名詞 -mek² (مق ـ ، مك ـ) の属格形 ×-meğin / -mağın (مغك ـ ، مغين ـ) は存在しない。したがって、属格形は次項の動名詞 -me² の属格形 -menin² で表される。
　なお、Lewis はオスマン語における -meğin / -mağın 形に言及しているが、これは属格形ではなく、具格であるとし、以下の例を示している。cf. [Lewis 1975: 173].
　　olmağın → 'by being, because of being, with being, when being'.
　また、Németh は副動詞 (gerund) として、-mağın, -meğin, مغين ـ مكين ـ 形に言及し、用例として、سومكين sevmeğin 'because I etc. love' をあげているが、内容的には Lewis のいう具格と同じである。cf. [Németh 1962: 87, §156].

第 10 課　動名詞・分詞

　　　　単　数　　　　　複　数
1.　كلمەم gelmem　　كلمەمز gelmemiz
2.　كلمەك gelmen　　كلمەكز gelmeniz　　　　→ 格語尾
3.　كلمەسى gelmesi　كلمەلرى gelmeleri　— ن n

用例　ياشار كمالك كتابنى اوقومەكزى توصيە ايدرم.
　　　Yaşar Kemal'in kitabını okumanızı tavsiye ederim.

　　　چوجوقلر كوپكك هاولامەسندن چوق قورقيورلردى.
　　　Çocuklar köpeğin havlamasından çok korkuyorlardı.

10.3.　ـدق(ـى)، * ـدك(ـى)ـ　-dik[4]

-dik 動名詞・分詞は、基本的には、前舌母音 ديكـ -dik², 後舌母音 ديقـ -dık²
となる。(ـى) の伴った ديكـ になるか、(ـى) のない دكـ になるかは、かなり恣
意的である。また、動詞語幹に円唇母音 (ü, u, ö, o) があると、(ـى) が (ـوـ) に
変化した دوكـ (-dük), دوقـ (-duk) となることがある。
* ق ـ → غ ـ の変化にも要注意。

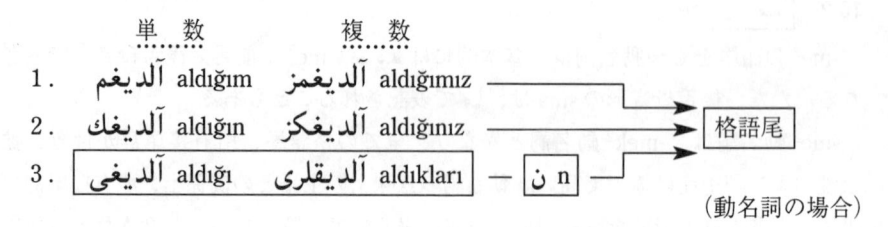

　　　　単　数　　　　　複　数
1.　آلديغم aldığım　　آلديغمز aldığımız
2.　آلديغك aldığın　　آلديغكز aldığınız　　→ 格語尾
3.　آلديغى aldığı　　آلديقلرى aldıkları　— ن n
　　　　　　　　　　　　　　　　　　　　（動名詞の場合）

用例　سليمك او كتابى نەرەدن آلديغنى بيلميورز. (←動名詞)
　　　Selim'in o kitabı nereden aldığını bilmiyoruz.

　　　پارەسنى كوندرمش اولديغم كتابلر هنوز المە كچمدى. (←分詞)
　　　Parasını göndermiş olduğum kitaplar henüz elime geçmedi.

10.4.　ـەجق * ، ـەجكـ　-ecek²

-ecek² 動名詞・分詞は、基本的には、前舌母音 ـەجكـ -ecek, 後舌母音 ـەجقـ

— 52 —

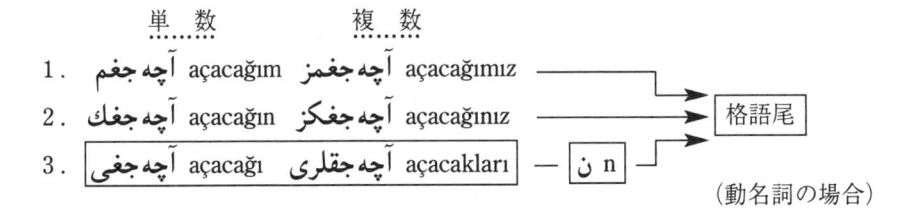

-acak となる。動詞語幹末が母音のときは、介入子音 ی が入り、それぞれ يه‌جك ‍-
-yecek, يه‌جق ‍- -yacak となる。後舌母音語幹の場合、ه の代わりに ا で表記され
た اجق(یـ) ‍- -(y)acak となることもある。
* ق ‍- → غ ‍- の変化にも要注意。

```
         単 数              複 数
1. آچه‌جغم açacağım       آچه‌جغمز açacağımız ┐
2. آچه‌جغك açacağın       آچه‌جغكز açacağınız ├──→ 格語尾
3. آچه‌جغی açacağı        آچه‌جقلری açacakları — ن n ┘
                                           (動名詞の場合)
```

用例 . او چوجوغك صنفده قاله‌جغی شیمدیدن بللی (←動名詞)
O çocuğun sınıfta kalacağı şimdiden belli.

بكا ساته‌جغكز عرابه بومی؟ (←分詞)
Bana satacağınız araba bu mu?

10.5. ان ‍- ، ن ‍- -en²

-en² 動名詞・分詞は、前舌母音 ن ‍- (-en)、後舌母音 ان ‍- (-an) となる。動詞
語幹が母音の場合、介入子音 ی が入り、それぞれ ین ‍- -yen, یان ‍- -yan となる。

用例 . آز ویرن جاندن ویرر چوق ویرن مالدن (←動名詞)
Az veren candan verir çok veren maldan. （ことわざ）

. آغلامیان چوجوغه ممه ویرمزلر (←分詞)
Ağlamıyan çocuğa meme vermezler. （ことわざ）

10.6. その他の分詞

1）یانار طاغ yanar dağ
2）یانمش او yanmış ev

第10課 動名詞・分詞

【練習問題 10】

次の文章を読んで訳しなさい。

١. عايشه ژاپونجه اوكرنمك ايچون (= اوكرنمكه) ژاپونيايه كلدى.

٢. كله‌جك ياز تعطيلنده توركيه‌يه كيتمك نيتنده‌يم.

٣. دوندن برى ديشم آغرييور، ديشجى‌يه كيتمه‌م لازم.

٤. على قيزينك ساعت طوقوزدن اول اوه دونمه‌سنى سويلمش.

٥. سز ايلك دفعه نه زمان راقى ايچديككزى خاطرلايور ميسكز؟

٦. آرقاداشم چوق مشغول اولديغى حالده بكا ياردم ايتدى.

٧. دنياده اولميه‌جق شئ يوقدر.

٨. سز نه ييه‌جككزه قرار ويردكزمى؟

٩. اوجوز آلان بهالى آلير. (ことわざ)

١٠. باباسى توركيه‌ده چاليشان ژاپون قيز توركجه اوكرنمكه باشلادى.

١١. بيوك فلاكتده يانمش اولن او اوك صاحبى كيم؟

١٢. دوكونه كله‌جك اولانلرك چوغى اقربامزدر.

— 54 —

第 11 課　副動詞

現代トルコ語では母音調和、子音同化等により接尾辞の文字が書き分けられるが、オスマン語では、以下のように一本化されたものが多い。

11.1. ‍‍‍ــوب ‍ (ـ يوب) -(y)ip⁴

動詞語幹末が子音のとき、接尾辞 ـوب -ip⁴ となる。母音のときは、介入子音 ى の入った ـ يوب -yip⁴ となる。

用例

بقاله كيدوب بكا سيغاره آليرميسك؟
Bakkala gidip bana sigara alır mısın?

سليمك او كتابى آرايوب آراميه‌جغنى (آرامياجغنى) بيلميورز.
Selim'in o kitabı arayıp aramayacağını bilmiyoruz.

11.2. ‍ـهرق، ـهرك ‍ (ـ يـهرق، ـ يـهرك) -(y)erek²

動詞語幹末が子音のとき、ـهرك (前舌 -erek)、ـهرق (後舌 -arak) となる。動詞語幹末が母音のとき、ـ يـهرك (前舌 -yerek)、ـ يـهرق (後舌 -yarak) となる。また、後舌母音の語幹に対しては、ه が ا で表記され、ـ(يـ)ارق となる場合もみられる (cf. اولارق → اوله‌رق olarak)。

用例

چوجوق بكا باقه‌رق كوليوردى.
Çocuk bana bakarak gülüyordu.

بز او كيجه‌يى قونشه‌رق كچيردك.
Biz o geceyi konuşarak geçirdik.

11.3. ‍ه ـ ه ـ ‍ (ـ يه ـ يه) -(y)e² -(y)e²

動詞語幹末が子音のとき、前舌／後舌の区別なく、ه ـ ه ـ (-e² -e²) で記される。

— 55 —

第11課　副動詞

動詞語幹末が母音のとき、介入子音 ی の入った يه ‐ ‐يه (-ye² -ye²) となる。

用例

چوجوق آغلايه آغلايه اوه كيتدى.
Çocuk ağlaya ağlaya eve gitti.

كوله كوله كيت كوله كوله كل، يولك آچيق اولسون!
Güle güle git güle güle gel, yolun açık olsun!

11.4. ‐نجه (‐ ‐ينجه) -(y)ince⁴

動詞語幹末が子音のとき、前舌／後舌の区別なく、‐نجه (-ince⁴) が接尾する。
動詞語幹末が母音のとき、介入子音 ی の入った ‐ينجه (-yince⁴) となる。

用例

امتحاندن چيقنجه راحت بر نفس آلدم.
İmtihandan çıkınca rahat bir nefes aldım.

درس چاليشمايجنه كيريش امتحاننى قزانه‌ميه‌جقسك.
Ders çalışmayınca giriş imtihanını kazanamayacaksın.

＜拡張形＞

‐نجه‌يه قدر (دك، دكين) -inceye⁴ kadar (dek, değin)

بن سزى اولنجه‌يه قدر (دك، دكين) سوه‌جكم.
Ben sizi ölünceye kadar (dek, değin) seveceğim.

11.5. ‐مه‌دن، ‐مدن -meden²

動詞語幹の前舌／後舌母音の区別なく、原則的には、‐مه‌دن، ‐مدن (←共に -meden²) の接尾辞が付く。ただ、後舌母音の動詞語幹の場合、ا が入った ‐مادن (-madan) と表記されることもある。さらに -meden² の部分が、-mezden² (前舌／後舌ともに ‐مزدن)、(後舌のみ ‐مازدن) と表記される場合もある。

— 56 —

用例

بن بو صباح قهوه‌آلتی یاپمدن ایش یرمه کلدم.

Ben bu sabah kahvaltı yapmadan iş yerime geldim.

<拡張形>

ـ مەدن، ـ مدن اول (اوكجه) -meden² evvel (önce)

عایشه ژاپونیایه کلمدن اول استانبولدەکی بانقەدە چالیشیورمش.

Ayşe Japonya'ya gelmeden evvel İstanbul'daki bankada çalışıyormuş.

11.6. ـ دقجه، ـ دكجه -dikçe⁴

動詞語幹の前舌／後舌母音に応じて、それぞれ ـ دكجه (前舌 -dikçe²)、ـ دقجه (後舌 -dıkça²) の接尾辞となる。

用例

کونلر کچدکجه خسته ایپلشیور.

Günler geçtikçe hasta iyileşiyor.

<イディオム>

کیتدکجه gittikçe 徐々に、اولدقجه oldukça かなり

11.7. ـ ەلی (ـ یەلی) -(y)eli²

動詞語幹末が子音のとき、前舌／後舌の区別なく、ـ ەلی (-eli²) が接尾する。動詞語幹末が母音のとき、介入子音 ی の伴った ـ یەلی (-yeli²) となる。

用例

سز ژاپونیایه کلەلی قاچ سنه اولدی؟

Siz Japonya'ya geleli kaç sene oldu?

第11課　副動詞

<拡張形>

(برو) بری دن — ه‌لی‎[60] -eliden² beri

بابامز تورکیه‌یه کیده‌لیدن بری هیچ بر خبر آلمیورز.
Babamız Türkiye'ye gideliden beri hiç bir haber almıyoruz.

11.8. کن - （独立形 ایکن）-ken, iken
連辞、動詞単純形の3人称（単・複）に接尾する。

用例

بن کوچوککن (کوچوک ایکن) اومز اوساقاده ایمش.
Ben küçükken (küçük iken) evimiz Osaka'da imiş.

بو صباح اوتوبوس بکلرکن (بکلر ایکن) سنی کوردم.
Bu sabah otobüs beklerken (bekler iken) seni gördüm.

بو صباح سنی اوتوبوس بکلرکن (بکلر ایکن) کوردم. cf.
Bu sabah seni otobüs beklerken (bekler iken) gördüm.

---

(60)　古オスマン語 (Osmanli ancien / Eski Osmanlıca) では、-(y)eli の語末の i が脱落した、-elden beri 形がみられる。以下の実例を含めた7例が示されている。
اکی یاشمه کرلدن برو بنی کمسه‌یه کسترمدی iki yaşuma girelden berü beni kimseye göstermedi.＜私が2歳になって以来、私を誰にも見せなかった＞[Elöve 1941: 981, §1411]。
　なお、オリジナルの Deny 本では、母音符号の記された次のような表記になっている。
اِکی یَاشُمه کِرَلْدَنْ بَرُو بنی کمسه‌یه کسترمدی [Deny 1971: 1030, §1411]。

第 11 課　副動詞

【練習問題 11】

次の文章を読んで訳しなさい。

١. دون اوتوبوسله‌می توکیویه کیدوب کلدك؟

٢. اویله بر کتابك اولوب اولمدیغنی بیلمم.

٣. کچن پازاری رومان اوقویه‌رق کچیردم.

٤. بورسلی اوگرنجی اوله‌رق تورکیه‌یه کیتدم.

٥. نیچون اویله دوشنه دوشنه اوتوریپورسك؟

٦. آرقاداشم بکا تشکر ایده ایده چیقوب کیتدی.

٧. چوجوق دوقتوری کورنجه قورقوب آغلامغه باشلادی.

٨. کونش باتنجه‌یه قدر آق دکزده یوزدك.

٩. دون آقشام خسته‌یدم. اونك ایچون یمك یمدن یاتدم.

١٠. سزه کلمدن اول خبر ویره‌جکز.

١١. قیز کولدکجه کللر آچیلوب، آغلادقجه اینجولر دوکلیورمش.　(トルコ昔話)

١٢. سز تورکجه اوکرنمه‌یه باشلایه‌لی قاچ سنه اولدی؟

١٣. تورکیه‌یه کله‌لی أو آرایوب‌ده حالا بولامیورم.

١٤. بو صباح ایشه کیدرکن یولده آیاقده آغلایوب طوران بر چوجوق کوردم.

١٥. احمد بر شئ سویلیه‌جککن بردن‌بره اونوتدی.

— 59 —

第 12 課　主な接尾辞

　オスマン語では現代トルコ語と異なり、接尾辞が母音や子音よって細かく書き分けられない場合が多い。ここでは、転写は現代トルコ語に準じて表記することにした。

12.1.　$\boxed{\text{جى}_{-}}$ [(61)] -ci^4, -çi^4　（名詞→名詞）

　قهوه‌جى kahveci コーヒー店主　　باليقجى balıkçı 漁師
　صوجى sucu 水売り　　يالانجى yalancı うそつき

12.2.　$\boxed{\text{يجى}_{-}}$ -(y)ici^4　（動詞→名詞、動詞→形容詞）

　صاتيجى satıcı 販売人　　كچيجى geçici 一時的な

12.3.　$\boxed{\text{جه}_{-}}$ -ce^2 / -çe^2　（名詞→名詞、副詞、形容詞→形容詞・副詞）

　توركجه Türkçe トルコ語、トルコ人風に　　بنجه bence 私としては
　كوزلجه güzelce みごとに　　قيصه‌جه kısaca 短め（に）

12.4.　$\boxed{\text{جق، ـ جك}_{-}}$ *-c^{2}ik^4 / -c^{2}ek^2　（名詞→名詞）

　كديجك kedicik 子猫　　اوغلانجق oğlancık 愛しの息子
　*拡張形として $\boxed{\text{جغز، ـ جكز}_{-}}$ -c^{2}e^{2}ğiz もみられる。
　قيزجغز kızcağız 哀れな娘　　آدمجغز adamcağız 哀れな男

12.5.　$\boxed{\text{ـ لو)، ـ لى}_{-})}$ -li^4, (-lü^2*)　（名詞→形容詞、名詞）

　بولوتلى bulutlu 曇った　　كويلى köylü 村人（の）
　* ü^2 は円唇狭母音「ü, u」を表すものとする。

---

(61) جى_ (-ci^4, -çi^4) には、原則的には چى_ (-çi^4) や جو_ (-cü^2) の書き分けはない。

— 60 —

第 12 課　主な接尾辞

12.6.　لك ، ـ لِق ـ　-lik², -lık²（形容詞→名詞、名詞→名詞・形容詞）
　　ایبلك iyilik 善　　آقلق aklık 白さ　　یکیتلك yiğitlik 勇気
　　چوجوقلق çocukluk 幼少期　　زیتونلك zeytinlik オリーブ園
　　کرالق kiralık 賃貸（の）　　کرالق او kiralık ev 貸家
　　عثمانلی ایمپراطورلغی Osmanlı İmparatorluğu オスマン帝国

12.7.　سز ، ـ سوز (ـ) ـ　-siz⁴, (-süz²)（名詞→形容詞、副詞）
　　صوسز susuz 水無しの　　ایشسز işsiz 無職の
　　سنسز sensiz 君なしでは　　سببسز sebepsiz 理由もなく

12.8.　داش ـ　-daş, (-deş)（名詞→名詞）
　　وطنداش vatandaş 同胞　　قارنداش karındaş (kardeş) きょうだい

12.9.　لامق ، ـ لەمك* ـ　-lemek²（名詞・形容詞→動詞）
　　*لەمك ـ には ه のない لمك ـ -lemek 形もみられる。
　　ایشلەمك işlemek 加工する　　آولامق avlamak 狩猟する
　　تمیزلەمك temizlemek 清掃する　　حاضرلامق hazırlamak 準備する

12.10.　لانمق ، ـ لنمك ـ　-lenmek²（名詞・形容詞→動詞）
　　اولنمك⁽⁶²⁾ evlenmek 結婚する　　تماملنمق tamamlanmak 完了する

12.11.　لشمق ، ـ لشمك ـ　-leşmek²（名詞・形容詞→動詞）
　　برلشمك birleşmek 一体化する　　ایبیلشمك iyileşmek よくなる

───────────────────────────

(62)　古オスマン語には、同義語として次の2表現がある。
　　نكاحلانمق nikâhlanmak, چیفتلنمك çiftlenmek. cf. [Deny 1971: 530, §839], [Elöve 1941: 482, §839]. いずれの表現も「再帰」要素を帯びた -lenmek（自分を／自分のために）となっているのが興味深い。

— 61 —

第 12 課　主な接尾辞

【練習問題 12】

次の文章を読んで訳しなさい。

١.　يالانجينڭ اوى يانمش كيمسه اينانمامش. (ことわざ)

٢.　درەيه كچيجى بر كوپرى ياپلدى.

٣.　صوڭ اولەرق قيصەجه شونى سويلمك ايستيورم.

٤.　قيزجغز بتون كيجه اوكسورىيوردى.

٥.　هوا بو صباحدن برى بولوتلى ايدى و صوكنده ياغمور ياغدى.

٦.　صاچمدەكى آقلق هر كچن كون آرتيور كبى.

٧.　انسان اون اوچ اون درت ياشنده چوجوقلقدن چيقارمش.

٨.　چيچكلر صوسز قالمش، صولايەلم.

٩.　— قاچ قارداشكز وار؟　— اوچ قارداشم وار.

١٠.　چاى ياپراغنى ايشلەمك ايچون يكى فابريقه كركيور.

١١.　ايشمز بتنجه همان سينەمايه كدەلم.

١٢.　ايكى يولك برلشديكى يرده بر قضا اولمش.

— 62 —

第13課　アラビア語要素

ここでは、アラビア語の文法規則のうち、オスマン語を理解する上で最低限必要な項目に限って説明する。

13.1. 長・短母音

(1) 長母音；アラビア語には文字表記される3種類の長母音があり、その音価はオスマン語においてもほぼそのまま維持される[63]。

アラビア文字	アラビア語転写		オスマン語転写
آ	ā	→	â
و	ū	→	û
ى	ī	→	î

(2) 短母音；これは文字表記される長母音と異なり、母音符号で識別され、アラビア語では音価が確定しているが、オスマン語においては8個ある母音のどれに対応するのかが大きな問題となる。オスマン語を読む場合、第1課で述べたように、以下のような一応の目安が考えられる。なお、この目安はペルシア語の場合にも適用される。

			アラビア語音価	オスマン語音価[64]
①	́	fetha (üstün)	a	e, a
②	̀	kesre (esre)	i	i, ı
③	ʾ	zamme (ötre)	u	ü, u, ö, o

---

(63) 子音で終わる閉音節では短母音化する傾向がある。例えば、كتاب kitāb → kitap 本、مكتوب maktūb → mektup 手紙、など。

(64) オスマン語では、母音符号の前後に後舌化する音声環境がない限り、基本的には前舌化されて、a→e, i→i, u→ü となることが多い。アラビア語、ペルシア語の既修者にとっては最初のうちはとまどうところである。ちなみに、各母音符号のアラビア語名称は فتحة fatḥa→(fetha), كسرة kasra→(kesre), ضمة ḍamma→(zamme) とカッコ内のようにオスマン語式に呼ばれることがある。cf. p.4. 第1課-注(1)。

第13課　アラビア語要素

13.2. 定冠詞 ال

オスマン語では、アラビア語の定冠詞 ال は、単語に付されて単独で出現するよりは、もっぱら名詞＋名詞、名詞＋形容詞の修飾表現で使用される。修飾表現の説明に入る前に、ここでは基本事項として、定冠詞 と後続語との同化現象について確認しておく。

(1) 太陽文字 ; (←) (ت、ث、د、ذ、ر、ز、س、ش、ص、ض、ط、ظ、ل、ن)
定冠詞 ال が、太陽文字で始まる語に付されると、ل は太陽文字に子音同化する。なお、定冠詞 ال の ا は、オスマン語においては、ほとんど e-, (まれに a-) となる。

ال + شمس ← الشمس eş-şems 太陽　　　ال + نهر ← النهر en-nehr 河

(2) 月文字 ; (←) (ا、ب、ج、ح、خ、ع، غ、ف、ق、ك、م、و、ه、ى)
定冠詞 ال が、月文字で始まる語に付されると、ل は同化しない。

ال + قمر ← القمر el-kamer 月　　　ال + بحر ← البحر el-bahr 海

13.3. 文法性

アラビア語には文法性（男性／女性）があるが、これは文法性をもたないオスマン語への借用においては通常無視される。しかし、アラビア語式修飾法およびペルシア語式修飾法においては、名詞の性に応じた名詞・形容詞語尾が要求される。以下、ここでは女性形の特徴を概観する。

(1) ة ـ 男性形 (←)：オスマン語では、ه ـ < e, a >を付加することになる[65]。

معلمه mu'allime 女教師　 < 　معلم mu'allim 男教師
شاعره şâ'ire 女流詩人　 < 　شاعر şâ'ir 詩人 (m.)
عسكريه askeriyye (askeriye) 軍の (f.) 　 < 　عسكرى askerî 軍の (m.)
مشهوره meşhûre 有名な (f.) 　 < 　مشهور meşhûr 有名な (m.)

---

(65) 現代トルコ語でも、語尾 -e の女性名詞が若干ではあるが使用されている。
memur → memure 女性公務員・事務員、rahip → rahibe 修道女。

— 64 —

عاليه âliyye (âliye)[66] 崇高な (f.) ＜ عالى âlî 崇高な (m.)

(2) アラビア語の語末 ‎ة (ta marbūta) は、オスマン語では多くの場合 ت (-t) となり、わずかながら ه (-e / -a ←ほとんどが -e) となる。

① 「ة → ت (-t)」 ； رحمة raḥma → رحمت rahmet 慈愛
② 「ة → ه (-e / -a)」 ； حملة ḥamla → حمله hamle 攻撃
　　　　　　　　　　　غبطة ġibṭa → غبطه gıpta 羨望

(3) 語末に ‎ا (ā)、ى (a) をもつ語。

دنيا dünya 世界　　دعوى da'va 訴え　　فتوى fetva フェトヴァ

(4) 本来的に女性を表す名詞。

ام umm → ümm 母　　بنت bint → bint 娘

(5) 国、都市、部族を表す名詞。

مصر miṣr → Mısır エジプト　　قريش ḳurais → Kureyş クライシュ族

(6) 対をなす器官を表す名詞。

عين 'ain → ayn 目　　يد yad → yed 手

(7) 男性規則複数名詞以外の複数形名詞。

شعرا şu'arā → şüarâ 詩人たち　　كتب kutub → kütüp[67] 本 (pl.)

13.4. 単・双・複数形

単数形は取り立てて問題にすることがないので、ここでは (1) 双数形と (2) 複数形について触れることにする。

---

(66) アラビア語の正式転写では -yye となるが、オスマン語では簡略形 -ye も可。実際には両形ともみられる。[Deny 1971: 87, §104]、[Elöve 1941: 76, §104]。
(67) 現代トルコ語では、「本」kitap の複数形はトルコ語の複数語尾 -lar の付いた kitaplar となる。ただ、この kütüp 複数形は、「図書館」を表す kütüphane の形で現代トルコ語では常用語である。

第13課 アラビア語要素

(1) 双数形；単数形に ان ‐ (-ân), ين ‐ (-eyn) の語尾[68]を付すと、双数形（2つの）を表す。オスマン語では双数形自体はあまり使用されないが、用いられる場合は ين ‐ (-eyn) 形のほうが好んで用いられる。実際、以下の実例は、辞書 [Tietze: Redhouse 1968] において見出語としても記載されている。

طرف taraf → طرفين tarafeyn 両側

حرم Harem → حرمين Haremeyn 聖なる2都市（メッカ・メディナ）

(2) 複数形

2-1) 語尾複数（規則複数）：単数形に ين ‐ (-în), ون ‐ (-ûn) を接尾させる[69]。これは、それぞれ男性語尾複数の属・対格および主格に相当するものである。ただ、オスマン語ではこの複数語尾が用いられるのは極めてすくなく、用いられる場合はもっぱら ين ‐ (-în) 形のほうが用いられる。

مامور → مامورين me'murîn 公務員 (pl.)

مسلم → مسلمين müslimîn ムスリム (pl.)

2-2) 語幹複数（不規則複数）：アラビア語の単語は多くが基本となる3子音から構成されており、通常それは、(1) ف ‐ (ʻ) ع ‐ (f) ف の3文字からなる فعل (←) で示される。語形変化はこの فعل に付される母音符号や添加文字で示される[70]。語幹複数（不規則複数）の語形パターンは、40余りある[71]。ここでは、オスマン語もしくは現代トルコ語に借用されたアラビア語という観点から語彙を取り扱い、それが本来どの語幹複数（不

---

(68) ان ‐ (-ân), ين ‐ (-eyn) は、それぞれ双数の主格形、属・対格形に相当する。cf. [池田 1976: 27]。しかし、オスマン語文法書には、この両形の格の違いには言及がなく、ただ後者の ين ‐ (-eyn) 形のほうがより好まれると説明しているだけである。cf. [Timürtaş 1979: 215]。なお、Deny したがって Elöve は、アラビア語の複数形については触れているが、双数については言及していない。cf. [Deny 1971: 153, §214], [Elöve 1941: 156, §214]。
(69) この語尾複数は、職業や習慣的行為を表す分詞や名詞に限られている。cf. [Cowan 1975: 18]。

— 66 —

第 13 課　アラビア語要素

規則複数）のパターンで成り立っているのかを確認することによってオスマン語理解に役立てたい。以下、単語（複・単）とも、オスマン語転写を示した。

① اَفْعَال ef'āl (72)

افكار efkâr 考え＜ فكر fikr　اخبار ahbâr ニュース＜ خبر haber

② فَعَلة fa'ale

طلبه talebe(73) 学生＜ طالب tâlib　عمله amele 労働者＜ عامل âmil

③ فُعَلَا fu'alā

علما ulemâ ウレマー＜ عالم âlim　فقرا fukarâ 貧者＜ فقير fakir

(70) 慣れないうちは、第2番目の文字 ع の転写が（ʻ）であるため、ややもすると普通のアルファベットの文字（例えば k, l）と同列にとらえにくい点がある。また、第1課の注(1)で述べたように、オスマン語では伝統的に、母音符号の ﹷ üstün は前後の音声環境により（e, a）、ﹻ -esre は（i, ı）、ﹹ ötre は（ü, u, ö, o）に発音、転写される。だいたい、前舌母音で転写されることが多い。例えば、كتب（彼は書いた）は、ヨーロッパや日本のアラビア語教本では、kataba と転写されているが、トルコのオスマン語教本では ketebe と前舌母音（e）で転写される。これは、アラビア語、ペルシア語→オスマン語への借用語を見た場合、(a) での定着より (e) での定着のほうが多いことからも、合理的である。本書においてもそれに従うことにした。しかしアラビア語やペルシア語の既修者にはこの前舌化は違和感があるだろう。このように、3種類の母音符号がアラビア語では3種類（a, i, u）で確定されるのに対して、オスマン語ではそれぞれ少なくとも2通り、都合2×2×2＝8通りの読み方の可能性が生じ、判読をより一層困難なものにしている。
(71) ［池田 1976: 32-4］。なお、Cowan は代表的な10パターンについて言及している［Cowan 1975: 23-6］。Deny は、語形パターン افعال に触れ、実例 طرف taraf→ اطراف etrâf のみを示すにとどめている。［Deny 1971: 155, §217］、［Elöve 1941: 158, §217］。
(72) افعال の転写は、アラビア語転写では af'āl と確定しているが、オスマン語では頭音は、前舌の (e) もしくは後舌の (a) となる点に要注意。
(73) talebe「学生」、amele「労働者」とも、現代トルコ語でも使用されているが、複数はなく、単数として扱われており、複数形はトルコ語複数語尾 -ler のついた talebeler, ameleler となる。なお原語アラビア語の単数形 talip, amil は、「学生」、「労働者」という限定的な意味では用いられない。

第13課　アラビア語要素

④ فُعَّال fü''āl

حاكم hâkim >حكّام hükkâm 裁判官< تاجر tâcir 商人< تجار tüccar

⑤ فَوَاعِل fevā'il

حادثه hâdise 情報< حوادث havâdis ＞قاعده kāide 規則< قواعد kavâid

⑥ فَعَالِل fe'ālil

درهم dirhem 銀貨< دراهم derâhim ＞جوهر cevher 宝石< جواهر cevâhir

⑦ أَفْعِلَا ef'ilā

شقى şaki 山賊＜ اشقيا eşkiyâ ＞ولى veli 聖者＜ اوليا evliyâ

⑧ その他
　i) فُعُل fu'ul   كتاب kitâb ＞ كتب kütüb 本
　ii) أَفْعِله ef'ile   لباس libâs ＞ البسه elbise 服
　iii) فُعُول fu'ūl   فن fen 科学＞ فنون fünûn
　iv) فَوَاعِيل fevā'īl   تاريخ târîh 歴史＞ تواريخ tevârîh

13.5. AのB（アラビア語式修飾法）(74)

　アラビア語では、オスマン［トルコ］語の場合とは全く逆で、修飾語Aは、被修飾語Bのあとに置かれる。いま、(1)Aが名詞の場合、(2)Aが形容詞の場合、(3)注意すべき場合、この3通りについて考えてみる。

(1) A＝名詞、B＝名詞の場合；パターン化すると次のようになる。

　　A ال B （←）：オスマン語転写は次の①〜④の手順に従う。

　① BとAとの「つなぎ」にｕ̈ötre (zamme)→「ü, u」で転写(75)。

---
(74) オスマン語においては、アラビア語式修飾法は、次の第14課のペルシア語式修飾法ほど一般的には使用されない。しかし、定冠詞 ال の伴った、定型表現においてみられる。
(75) ötre（zamme）が前舌の「ü」になるか、後舌の「u」になるかは、原則的には先行語、つまり被修飾語Bの語末音の前舌性／後舌性による。

— 68 —

第13課　アラビア語要素

② 定冠詞 ال の l は、無音化して、「'」で転写[76]。

③ 定冠詞 ال の ل は、A の頭文字が 1）「太陽文字」[77]、2）「月文字」によ
り次のようになる。

　　1）「太陽文字」： ل は、A の頭文字に同化。

　　2）「月文字」：　 ل は、同化しないでそのまま「l」で転写。

④ 以上の転写を B に接尾させ、−で A につなぐ。
　例
　　1）「太陽文字」： نور الشمس nûrü'ş-şems 太陽の光
　　　　　　　　　　　 تذكرة الشعرا tezkiretü'ş-şuarâ 詩人伝記
　　2）「月文字」：　 نور القمر nûrü'l-kamer 月の光
　　　　　　　　　　　 شيخ الاسلام Şeyhü'l-İslâm イスラム長官
　　　　　　　　　　　 دار الفنون Dârü'l-fünûn 学問の府（大学校）[78]

(2) A＝形容詞、B＝名詞の場合；パターン化すると次のようになる。

　|A ال B|（←）：転写に関しては、基本的には(1)の場合と変わらないが、形
容詞である A が名詞 B と性数一致する点が異なる。

　例
رمضان المبارك Ramazânü'l-mübârek 聖なるラマザーン（断食月）
* رمضان は（男・単）、それに応じて مبارك も（男・単）で一致。

اعصار السالفه a'sârü's-sâlife 過去の数世紀
* اعصار はパターン ① |أَفْعَال| ef'âl（cf. p.67）による語幹（不規則）複数名詞。同
単数形は عصر 'sr（asır）。また、سالفه は、سالف sâlif「過ぎ去った」の女性形。

---

(76) Devellioğlu のオスマン語辞書では、単語 A, B を「−」でつなぎ、その間に ال の転写
　　表記を介入させる方法をとっている。例えば、cebel–ün–nûr 光の山、Şeyh–ül–İslâm な
　　ど。[Devellioğlu 1970: 157, 1191]。
(77)「太陽文字」「月文字」cf. p.64. 第 13 課 13.2-(1), (2)。
(78) 1933 年 8 月 1 日、İstanbul Darülfünûnu（イスタンブル旧制大学校）は üniversite に改
　　組・改称された [Devellioğlu 1970: 200]。

— 69 —

第13課　アラビア語要素

(3) 注意すべき場合；

① دين (-dîn) による修飾。

人名等でよく見られる دين (-dîn) によって修飾された場合は、先行語との「つなぎ」は、「ü, u」ではなく一般に「e」となる。

نورالدين Nûre'd-dîn （←× Nûrü'd-dîn）「宗教の光」
نصرالدين Nasre'd-dîn （←× Nasrü'd-dîn）「宗教の助力」
شمس الدين Şemse'd-dîn （←× Şemsü'd-dîn）「宗教の陽光」

＊ただし、固有名詞化していないものは、本来通り「ü, u」でつなぐ。

علوم الدين 'ulûmu'd-dîn「宗教学、神学」

② 定冠詞 ال の付された語が、前置詞として用いられる語に支配された場合は、前置詞との「つなぎ」は、「ü, u」ではなく ـَ üstün「e / a」となる。

بين (beyn, 間)； بين الملل beyne'l-milel 国際的な
قبل (kabl, 前)； قبل التاريخ kable't-târîh 有史以前の
فوق (fevk, 上)； فوق العاده fevka'l-'âde 並外れた、見事な

③ 被修飾語が前置詞に支配された場合は、2つの名詞の「つなぎ」は、「ü, u」ではなく ـِ esre「i」となる。

ب (bi, ～により)； بامر الله bi-emri'l-lâh 神のお告げで
فى (fî, ～の中)； فى نفس الامر fî nefsi'l-emr 実際には
من (min, ～から)； من طرف الله min tarafi'l-lâh 神の側から
الى (ilâ, ～まで)； الى يوم القيامه ilâ yevmi'l kıyâme 復活の日まで

④ ب (bi) が定冠詞付きの単独語 (←他の語で修飾されていない) にかかる場合、「つなぎ」の母音は消滅する。

بالعكس bi'l-'aks「反対に」　　بالذات bi'z-zât「本人自身が」

— 70 —

13.6. 代名詞

アラビア語では、代名詞は接尾形と独立形の2種類があり、それぞれ格により形態が異なる。オスマン語では接尾形のみが用いられ、しかも格はたいてい無視される。主として、3人称が用いられる。ただ、2人称、1人称の代名詞は若干の定型表現でみられる。

	単 数	双 数	複 数
3人称	ه ـ (-hu, 男)	هما ـ (-hümâ)	هم ـ (-hüm)
	ها ـ (-hâ, 女)	同上	هن ـ (-hünne)
2人称	ك ـ (-ke, 男)	كما ـ (-kümâ)	كم ـ (-küm)
	ك ـ (-ki, 女)	同上	كن ـ (-künne)
1人称	ى ـ (-î, 男・女)	—	نا ـ (-nâ)

接尾形代名詞は、「既述された、すでに指摘された人物や物」の反復を避けるために以下のような定型表現で用いられた。

例; مشاراليه müşârün-ileyh[79] 既述の男 (*-ileyhu とはならない)

مشاراليها müşârün-ileyhâ 既述の女

مشاراليهما müşârün-ileyhümâ 既述の二名

一般の人間に対しては、[80] مرقوم merkûn「既述の（男）」に、女性形語尾 ه ـ (-e)、双数形語尾 ان ـ (-ân)、複数形語尾 ين ـ (-în) 等が付される。

مرقومه merkûme 既述の（女）

---

(79) この表現の文法的分析は以下の通り。مشار müşâr「指摘された、示された」< شور「指摘する、述べる」。 ه ＋ الى (前置詞 الى ilâ → iley)。この表現は Tanzîmat 期（1839-76）以降、最も身分の高い地位の者に対して用いられた [Devellioğlu 1970: 899]。پاشای مشاراليه Paşa-yı müşârün-ileyh「既述のパシャ」, خانم مشار اليها hanım-ı müşârün-ileyhâ「既述の貴婦人」cf. [Sâmî 1900: 1348 見出語 مشاراليه]。
(80) مرقوم merkûn の他に、مذكور mezkûr, مزبور mezbûr, مسفور mesfûr, مبحوث mebhûs 等がある。これらは全て、受動分詞の語形パターン مَفْعُول me'fûl (cf. p.74.) である。

مرقومان merkûmân 既述の（二人）

مرقومون merkûmûn 既述の（男たち）

　2人称、1人称の人称代名詞接尾形は、オスマン語での使用は一般的ではない。さしあたり現代トルコ語でも用いられている次の定型表現を確認しておきたい。

سلام عليكم Selâmün aley-küm[81] あなた方の上に平安がありますように

مولانا Mevlâ-nâ メヴラーナー「我々の主」

（ジェラーレッディーン・ルーミー）

13.7. 主な派生語パターン

　オスマン語でみられるアラビア語は、品詞的には、名詞、形容詞が大半で、動詞そのものは用いられない。しかし、動詞から派生した派生語は、名詞、動名詞、分詞（能動、受動）等として広く用いられる。アラビア語の語幹複数（不規則複数）は、فعل に付された母音符号や添加文字で示されることをすでに複数形の項（13.4.-(2)）でみた。ここでは、それと同じようにして多くの派生語が作られることを確認する。以下、主な派生語パターンとその実例を示すことにする。

---

(81) ムスリム共通の挨拶。今日のトルコ共和国では、信仰心の厚い若者は別として、若者一般の口からこの挨拶を耳にすることはない。しかし、年配者からはごく普通に聞く。
　なお、この挨拶表現は文法的には次のようになっている。
سلام selâm 平安、على 'alâ は前置詞「上に」を意味する。この على 'alâ は代名詞接尾形と結びつくと、末尾が -ey となり、'aley となる。2人称複数の代名詞 كم (-küm) と組むと عليكم 'aleyküm「あなた（方）の上に」となる。なお、selâmün の語尾 -ün はアラビア語文法での非限定主格を示すものであり、トルコ語の属格語尾、2人称単数所有接尾辞ではない。念のため。
　現代トルコ語で常用の aleyh- 「～に反対の、反した」は、この على にアラビア語3人称代名詞が接尾した عليه に他ならない。現代トルコ語では、3人称に限定されずに使用される。Aleyh-inizde konuştu. (He spoke against you.) この aleyh- の対立語 leh- も同様の成り立ちを帯びている。アラビア語前置詞 ل (-li ～のために) は代名詞接尾形と結びつくと、-le となる。アラビア語3人称代名詞接尾形と結合すると、له leh「彼のために」となり、現代トルコ語では人称に関係なく所有接尾辞や格語尾 -te / -de で拡張される。Leh-imizde konuştu. (He spoke for us.) cf. [Lewis 1975: 94-5].

第13課 アラビア語要素

13.8. 動名詞（マスダル）

以下、現代トルコ語でも常用語のものを選んだ[82]。

(1) فَعْل[83] fa'l　أَمر emr 命令　قطع kat' 切断
(2) فِعْل fi'l　فكر fikr 思考　حفظ hıfz 保護
(3) فُعْل fu'l　شكر şükr 感謝　ظلم zulm 虐待
(4) فَعَل fa'al　سفر sefer 航海　ضرر zarar 被害
(5) فَعْلَة fa'let　دعوت da'vet 招待　رحمت rahmet 恩恵
(6) فِعْلَة fi'let (fi'le)　خدمت hidmet[84] 奉仕　فرقه fırka 政党
(7) فُعْلَة fu'let　شهرت şöfret 名声　قدرت kudret 権力
(8) فَعَال fa'āl　قرار karâr 決定　خراب harâb 崩壊した
(9) فُعَال fu'āl　سؤال suâl 質問　دعاء duâ 祈り
(10) فُعُول fu'ūl　وجود vücûd 体　حضور huzûr 御前
(11) فَعَالَة[85] fa'ālet　سياحت seyâhat 旅　صداقت sadâkat 忠誠
(12) فِعَالَة fi'ālet　شكايت şikâyet 苦情　قرائت kırâat 読書

13.9. 能動分詞

فَاعِل fā'il ; (← فعل fa'il の ف の後に ا を入れる)
オスマン語ではもっぱら行為者名詞を表すのに用いられる。

---

(82) アラビア語自体で比較的よく用いられるパターンは、فعل fa'l, فعل fa'al, فعول fu'ûl, فعالة fa'âle(t), فعولة fu'ûle(t) の5種 [池田 1976: 157]。
　また、次の4種がもっともよく用いられるとの指摘もある。فعل fa'l, فعال fa'âl, فعول fu'ûl, فعالة fi'âle(t) [Cowan 1975: 77]。なお、転写はオスマン語転写に改めた。両者を比較すると、最初の2パターンは共通である。
　本書との対応では [池田 ; (1), (4), (10), (11), ＿]、[Cowan; (1), (8), (10), (11)] となる。
(83) فَعْل fa'l の第1母音 ﹷ üstün は、オスマン語では「e, a」となる。念のため。
(84) hidmet →現代トルコ語では hizmet。
(85) فعالة は、オスマン語では فعالت fa'âlet で定着。

كاتب kâtib 書記官 ＜ كتب ketebe 彼は書いた
عالم âlim 学者 ＜ علم ilm 知識
عاشق âşık 恋人 ＜ عشق aşk 愛

13.10. 受動分詞

مَفْعُول mefʿûl ；(← فعل の語頭に مـ を添加、ـعـ の後に و を入れる)
オスマン語では、名詞、分詞で用いられる。

مكتوب mektûb 手紙、成文化された ＜ كتب ketebe 彼は書いた
　　cf. حقوق مكتوبه Hukuk-ı mektûbe[86] 成文法
مأمور meʾmûr 公務員、義務を帯びた ＜ امر emr 命令
　　cf. خدمت مأموره hidmet-i meʾmûre 任務
مأذون meʾzûn 許可を得た、卒業した ＜ اذن izn 許可
مذكور mezkûr 既述の ＜ ذكر zikr 言及

13.11. 場所・時を表す名詞

アラビア語では場所と時を表す語は同じ派生語パターンで表される。オスマン語でもそれを引き継いでいる。ただ、次の (3) は「場所」を表す。

مفعل (ـعـ に付される母音符号により次の2通りのパターン)

(1) مَفْعَل mefʿal
　　مكتب mekteb 学校 ＜ كتب ketebe 彼は書いた
(2) مَفْعِل mefʿil
　　مجلس meclis 会議場 ＜ جلوس cülûs 座る ＜ جلس
　　موسم mevsim 季節 ＜ وسم vesm 烙印をおす

---

(86) -i (-ı) はペルシア語の修飾法 (izâfe) cf.→ p.78.第14課 14.1.。なお、مكتوبه mektûbe, مأموره meʾmûre の語末 -e は複数名詞、女性名詞を修飾する女性形語尾。

(3) مَفْعَلَة mef'alet → オスマン語では maf'ala / mef'ale

مطبعه matba'a (→ matba'a) 印刷所 ＜ طبع tab' 印刷

محكمه mahkeme 裁判所 ＜ حكم hükm 判決

13.12. 関係形容詞

　ある名詞に接尾辞 ى (-ye) が付されると、その名詞に対する所属、関連を表す名詞・形容詞、あるいはその名詞の属性を表す形容詞となる。アラビア語では、接尾辞 ى (-ye) は、şedde（二重子音符号）と tanwîn（語末母音鼻音化現象）により、-iyyun と発音されるが、オスマン語では長母音 (-î)[87] となる。この ى (-î) は、オスマン語で多用されるアラビア語要素の一つである。以下、主な実例を示す。

(1) 語末子音の単語には直接 ى (-î) が接尾する。

عسكرى askerî 軍の ＜ عسكر asker 軍人

مالى mâlî 財政の ＜ مال mâl 財産

علمى ilmî 学問的な ＜ علم ilm 学問

(2) 語末が ة（オスマン語では、ت、ه となる）の場合は、ة (→ ت、ه) を取り除き、ى (-î) を接尾する。

سياسى siyâsî 政治的な ＜ سياست siyâset ← سياسة siyāsa

طبيعى tabîî 自然の ＜ طبيعت tabîât ← طبيعة ṭabī'a

تجربى tecrübî 経験豊かな ＜ تجربه tecrübe ← تجربة tacriba

ادارى idârî 行政・管理の ＜ اداره idâre ← ادارة idāra

(3) 語末が ا、ى で終わる語の場合は、その語末母音 (ا、ى) を取り除き、ـوى (-evî, -avî) を付す。

دنيوى dünyevî 世俗的な ＜ دنيا dünya

معنوى ma'nevî 精神的な ＜ معنى/معنا ma'nâ (→ ma'nâ)

---

[87] オスマン［トルコ］語では nisbet î（関連の -î）とも呼ばれる。

第13課　アラビア語要素

*なお、この種の形容詞の女性形は、ى の後に ه を付けた ـيه (-iye, -iye, -iyye)。

عسكريه askerîye 軍の ＜ عسكرى askerî
طبيعيه tabîîye 自然の ＜ طبيعى tabîî
دنيويه dünyevîye 世俗的な ＜ دنيوى dünyevî

(4) 語末が ه (-e, -a) で終わる語の場合は、その ه を取り除き、وى (-vî) 付す。

آنقروى Ankaravî アンカラ出身者 (の) ＜ آنقره Ankara
cf. رومى Rûmî ルーム（アナトリア）出身者 (の) ＜ روم Rûm

(5) ى (-î) の名詞用法として言語を表すことがある。

تركى Türkî トルコ語　　عربى Arabî アラビア語
فارسى Farsî ペルシア語

第13課　アラビア語要素

【練習問題13】

(A) 次の3 (もしくは4) 文字からなるアラビア語単語を [　] の指示にしたがって派生させなさい。

1) ولد veled 子供　　[① اَفْعَال efʻāl：複数形]
2) ورق varak 文書　　[① اَفْعَال efʻāl：複数形]
3) شاعر şâir 詩人 (cf. شعر şiʻr 詩)　　[③ فُعَلَا fuʻalā：複数形]
4) حرف harf 文字　　[⑧-(iii) فُعُول fuʻūl：複数形]
5) قتل katala (←彼は殺した A)　　[فَاعِل fāʻil：能動分詞] → (人殺し)
6) نظر nazara (←彼は見た A)　　[فَاعِل fāʻil：能動分詞] → (大臣)
7) خلق halk 創造　　[مَفْعُول mefʻūl：受動分詞] → (被造物)
8) رحم rahm 慈悲　　[مَفْعُول mefʻūl：受動分詞] → (故人)

(B) 次のアラビア語の定冠詞 ال を伴った修飾表現を転写しなさい。

1) بيت المال　国庫 (← '財産の家')
2) بين الملل　国際的な (← '国々の間で')
3) بين الناس　人々の間で
4) بين النهرين　メソポタミア (← '2つの河の間' نهرين nehreyn <双数>)
5) يوم القيامة　最後の審判の日 (قيامة →オスマン語では قيامت kıyâmet)
6) تاج الدين　タージェッディーン (人名)
7) دار البدايع　芸術の館 (→旧イスタンブル市劇場、بدايع bedâyi 新奇さ)
8) دار المعلمين　旧師範学校 (معلمين ←معلم muallim の規則的複数形)

— 77 —

第14課　ペルシア語要素

　オスマン語で用いられる名詞修飾、形容詞修飾は、その大半がペルシア語式修飾法 (izâfe)[88]で表現され、これはオスマン語理解には不可欠要素である。

14.1. ＡのＢ（ペルシア語式修飾法）

　ペルシア語修飾法は、アラビア語式修飾法でみたような定冠詞や性数一致による制約もなく、修飾語と被修飾語は izâfe (اضافه) と呼ばれる「つなぎ」で結ばれる。修飾語Ａと被修飾語Ｂとの語順は、アラビア語の場合と同様、ＢのあとにＡが置かれる。

　　　Ａ　Ｂ　（←）　；「ＡのＢ」

「つなぎ」の izâfe は被修飾語Ｂの語末音により、以下のようになる。

(1) Ｂの語末；子音 → 「-i, -ı」（原則的には母音調和にしたがう）[89]

　　　　چشم سياه　çeşm-i siyâh　黒い瞳
　　　　آب حيات　âb-ı hayât　不老不死の水、生命の水

---

(88) ペルシア語では ezâfe と呼ばれるが、オスマン語では izâfe (اضافت < اضافة) と呼ばれる。本書ではオスマン語の izâfe を用いることにする。この izâfe は、先行する被修飾語の末尾に母音符号 ُ kasre (→オスマン語：esre 「i, ı」) で示されることもあるが、ペルシア語同様、オスマン語でも通常省略される。

(89) -esre を「i」、「ı」のいずれで転写するかは、だいたい先行語との前舌／後舌の母音調和にしたがう。本書では基本的には前舌／後舌の母音調和にしたがう形「i, ı」で転写する。しかし、実際には、「i」で一本化されることが多く、後舌環境の場合でも「i」で転写されていることがよくある。
　例えば、حقوق ملل hukuk-i milel「国際法」、حقوق مدنيه hukuk-i medeniyye「民法」でみられる حقوق hukuk は、オスマン語表記をみる限り、母音は後舌、子音も後舌性を帯びた ق (ḳ) であるにもかかわらず、「つなぎ」の izâfe は「i」で示されている [Devellioğlu 1970: 453]。
　[Tietze. et al. *Redhouse* 1968: 491-2] では、「～法」は全て hukuk-i ～ と表記されている。
　オスマン語表記ではないが、Deny は「国際法」として、huquq-u-düel "droit international" と完全母音調和した表記をあげている [Deny 1971: 775, §1132]。

— 78 —

第14課 ペルシア語要素

(2) Bの語末；ه（短母音の e, a），ى（長母音の ī）→ hemze（ء）：「-i, -ı」

خانهٔ پدر hâne-i peder 父の家

اهالیئ مملکت ehâlî-i memleket 国の住民

(3) Bの語末；ا，و（長母音の ā, ū）→ ى 挿入：「-yi, -yı」

دریای نور deryâ-yı nûr 光の海

اوردوی همایون ordu-yı[90] hümâyûn 皇軍

14.2. 連鎖修飾（AのBのC...）

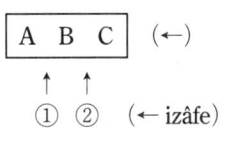

```
| A  B  C |  (←)
  ↑  ↑
  ①  ②   (← izâfe)
```

شعرای دیار روم şu'arâ-yı diyâr-ı Rûm ルームの国の詩人たち

14.3. 混合修飾；「AのBのC」において、「AのB」はアラビア語式、「AのB」と「C」はペルシア語式に修飾される修飾形式を便宜的に混合修飾と呼ぶ。次の実例では、①の「つなぎ」は「ü」ではなくて「i」、②の「つなぎ」izâfe は「ı」ではなくて「ü」となっている[91]。

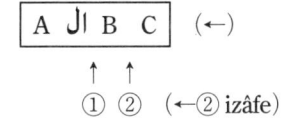

```
| A ال B  C |  (←)
  ↑    ↑
  ①    ②   (←② izâfe)
```

例 دیوان لغات الترك

Dîvânü-Lügāti't-Türk

(Dîvânü-Lügāt-it-Türk)

「チュルク諸語辞典」

---

(90) 母音調和にしたがえば、ordu-yu となる。[Deny 1971: 783 §1144] では ordu-i, [Elöve 1941: 758 §1144] では ordu-yu, [Lewis 1975: 51] では ordu-yu と表記されている。しかし、[Kurt 1996: 43] は同書 [注2] でこの転写に触れ、「読むときには母音調和にしたがって ordu-yu と読むが、表記では ordu-yı と記さなければならない」と述べ、別の例として umur-u devlet ではなく、umûr-ı devlet「国事」をあげている。筆者としては、「つなぎ」である izâfe にそれほど神経を使わなくてすむ簡潔な「i, ı」「語末母音：yi, yı」（前舌／後舌）の区別で十分だと思う。

(91) 原則的には、Dîvân-ı-Lügātü't-Türk となると考えられるが、通常 Dîvânü-Lügāt-it-Türk（← Dîvânü-Lügāti't-Türk）と表記される。その根拠は不明。

第14課 ペルシア語要素

14.4. 形容詞修飾の注意点

　ペルシア語修飾では性数一致の原則はないが、オスマン語では形容詞と名詞の間に性数一致の原則が適用される。アラビア語では複数形は女性扱いにされるので、複数名詞を修飾する形容詞は女性形にする。形容詞でよく用いられるタイプは、第13課 13.12. でみた関係形容詞である。

　　عبدالحميد ثانى 'Abdü'l-hamîd-i sânî　アブドュルハミド2世

　　مادهٔ ثانيه madde-i sâniye　第2条

　　　* ماده madde は女性名詞。← ثانيه sâniye は ثانى sâni の女性形。

　　حرمين محترمين Haremeyn-i muhteremeyn　二聖都（メッカ・メディナ）

　　　*Harem, muhterem それぞれの双数形（-eyn）による一致。

　　دولت عثمانيه Devlet-i Osmâniyye[92]　オスマン国家

　　كتب قديمه kütüb-i kadîme　古書（pl.）

14.5. ペルシア語の複数形

　ペルシア語の複数形は、単数名詞に接尾辞① ان (-ân), ② ها (-hâ) を接尾させて作られる。本来ペルシア語では、① ان (-ân)は人間の複数形に、② ها (-hâ) は人間以外の複数形に用いられていたが、口語的には② ها (-hâ) が両方の場合に用いられる傾向がある[93]。

　オスマン語では、上記①、②のうち① ان (-ân) が用いられる。

　　زنان zenân 女たち ＜ زن zen　　مردان merdân 男たち ＜ مرد merd

　　اسبان esbân 馬（pl.）＜ اسب esb

---

(92) دولت devlet 帝国＜ A. دولة は女性名詞。عثمانى Osmânî は عثمان の関係形容詞（→ p.75. 第13課 13.12.）。その女性形は عثمانية Osmâniyye [Devellioğlu 1970: 1017 見出語 Osmânî]。ただし、Osmâniye とする転写もあり [Deny 1971: 780, §1140]、[Lewis 1975: 51]。なお、Lewis は、2つの izâfe による連鎖修飾パターンの Devlet-i aliye-i Osmaniye (The High Ottoman State) を同ページであげている。

　*文法性をもたないペルシア語ではあるが、語末が ه であるため女性名詞とみなされ、女性形の形容詞が付されたオスマン語誤用表現 (galat) もみられる。چارهٔ عاجله çâre-i 'âcile 緊急措置 [Deny 1971: 780, §1139]、[Elöve 1941: 755, §1139]。

(93) [Lambton 1963: 8]。

— 80 —

بنده bende > 下僕たち bendegân بندگان (بندکان)(94)
یکیچری Yeniçeri > イェニチェリたち Yeniçeriyân یکیچریان

14.6. ペルシア語の注意すべき発音

ペルシア語単語において語頭の ـ خوا での第2文字 و は発音されない。この و は厳密には (ʷ) で翻字されるが、通常無視される。

خواجه ـ hʷâce → hâce (→ hoca) ホジャ、先生
خواجه نصرالدین افندی Hʷâce → Hâce (→ Hoca) Nasreddîn Efendi
　　　　　　　　　　　　　　　　　　　　　　ナスレッディーン・ホジャ師
خواب hʷâb (→ hâb) 眠り　خواهش hʷâhiş (→ hâhiş) 願い
خوان ـ -hʷân (→ -hân) 〜読み　دعاخوان dua-hân 祈りを唱える人

14.7. 動詞とその派生形

オスマン語におけるペルシア語要素は、品詞的には、アラビア語の場合と同様、名詞、形容詞が大半である。ペルシア語の動詞が直接用いられることはまずない。しかし、動詞から派生した過去分詞や現在分詞が形容詞や名詞として用いられる場合がみられる。以下、手順として、ペルシア語の動詞の基本事項を概観し、過去分詞、現在分詞の説明に入ることにする。

(1) 動詞の不定形

ペルシア語の動詞の不定形（便宜的には、辞書の見出項目に記載されている形）は、語末が تن ـ (-tan), دن ـ (-dan), یدن ـ (-îdan) の3形となる。

---

(94) 語末の ه が（短母音 e）の場合、ه → گ (→ ك で表記される)。ただし、語末の ه （子音 h）の場合は、そのまま ان が付く。cf. شاهان şâhân 王たち < شاه şâh.
また、語末が長母音 ا、و、ی (â, û, î) の場合、介入子音 ی が入る。
cf. گدایان gedâyân 乞食たち < گدا gedâ، راستگویان râstgûyân 正直者たち < راستگو râstgû،
なお、本文での یکیچریان Yeniçerîyân は、オスマン語であり、単数形の語末の ی (-i) は短母音であるため、介入子音 ی の入った ×یکیچرییان Yeniçerîyân とならないと考えられる。

第14課　ペルシア語要素

① گفتن goftan 言う
② دادن dâdan 与える
③ خریدن harîdan 買う

(2) 過去形と過去分詞

　過去形：過去形（3・単）は、不定形の語末の ن (-an) を取り除くことにより、規則的に作られる。オスマン語で、ペルシア語の過去形が動詞として用いられることはない。したがって、ここでは、過去分詞形を求める手順として、確認するにとどめる。以下、(＿P) はペルシア語転写。

① گفت güft(95) (goftP) 彼は言った　＜　گفتن goftan
② داد dâd 彼は与えた　＜　دادن dâdan
③ خرید harîd 彼は買った　＜　خریدن harîdan

　過去分詞：過去分詞はこの過去形（3・単）に ه (-e / -a) を接尾させることにより作られる。このペルシア語の過去分詞は、オスマン語においては、アラビア語の受動分詞同様、おもに形容詞として用いられる。

①' گفته güfte (gofteP) 言われた　＜　گفت＜گفتن
②' داده dâde 与えられた　＜　داد＜دادن
③' خریده harîde 買われた　＜　خرید＜خریدن

　شکسته şikeste (şekasteP) 壊れた　＜　شکستن şekastan 壊す
　گذشته güzeşte (gozaşteP) 過ぎた　＜　گذشتن gozaştan 過ぎ去る

　なお、次の2語は現代トルコ語では常用語となっている。

　خسته hasta 病気の、病人　＜　خسته hasteP 疲労した

---

(95) オスマン語転写とペルシア語転写の相違を示すために、必要に応じてペルシア語転写を右肩文字 (P) で表示した。何度か述べたが、オスマン語におけるアラビア語、ペルシア語は後舌化環境がない限り、前舌化傾向がある。گفت の第1母音符号 ＿ ötre (zamme) は、ペルシア語では「o」（→ goft）、オスマン語では「ö, ü, o, u」の4通りから「ü」が選ばれ（→ güft）となる。4つのうちのどの母音になるかは、正確には辞書で確認しなければならない。

第 14 課　ペルシア語要素

* خسته haste^P は、動詞 خستن hastan「疲れさす」の過去分詞。

كوفته köfte ミニハンバーグ ＜ كوفتن kûftan = كوبيدن kûbîdan 砕く

(3) 現在語幹と現在分詞

現在語幹：ペルシア語の動詞現在形のベースとなる現在語幹は、不定形から語末の ـتن (-tan), ـدن (-dan), ـيدن (-îdan) を取り除いてできる規則的なものと、そうでない不規則的なものとがある。多くの基本動詞の現在語幹は不規則的であり、個々に辞書で確認して覚えなければならない。オスマン語において、ペルシア語の動詞の現在形が用いられることはない。したがって、ここでは現在分詞を導くためのベースとしての現在形の説明にとどめておく。

　　＜規則的＞　① كش koş ＜ كشتن koştan 殺す
　　　　　　　② خوان hân ＜ خواندن hândan 読む
　　　　　　　③ خر har ＜ خريدن harîdan 買う
　　＜不規則的＞④ گو gû ＜ گفتن goftan 言う
　　　　　　　⑤ ده dih (deh^P) ＜ دادن dâdan 与える

現在分詞：上記の現在語幹に、1) ـان (-ân), 2) ـنده (-ende ＜ -ande^P) を接尾させると、現在分詞ができる。1) ـان (-ân) は行為者名詞、形容詞、副詞として、2) ـنده (-ende) は行為者名詞、形容詞として機能する。ただし、過去分詞の場合とは異なり、全ての動詞に対して意味を持った現在分詞が存在するわけではない。また、オスマン語では、過去分詞ほど多用されない。

　1) خندان handân 微笑んだ（人）[96] ＜ خند hand ＜ خنديدن 微笑む
　　 افتان uftân (oftân^P) 落ちて ＜ افت oft ＜ افتادن 落ちる
　2) نويسنده nüvisende (nevîsande^P) 著者 ＜ نويس nevîs ＜ نوشتن 書く
　　 بخشنده bahşende = بخشاينده bahşâyende 与える（人）、
　　 情け深い（人）＜ بخش bahş ＜ بخشيدن 与える

[96] 現代トルコ語においても、少し古風だが Handan という女性名がみられる。

— 83 —

第14課　ペルシア語要素

14.8. 主な接尾辞・接頭辞

(1) 接尾辞

① ى ‐ (-î) ;

i) アラビア語の関係形容詞と同様、所属・出身を表す。

شیرازی Şîrâzî シーラーズ出身者（の）＜ شیراز Şîrâz

فرانسوی* Fransevî フランス人（の）＜ فرانسه Fransa

＊語末の語形については、p.76. 第13課の13.12.-(4)を参照。

ii) 形容詞を抽象名詞化する。

خوبی hûbî 良さ、美しさ ＜ خوب hûb 良い

شکستگی şikestegî(97) (şekasteg îᴾ) 破損 ＜ شکسته şikeste 壊れた

② چه ‐ (-çe) ; 指小辞

باغچه bâhçe (< bâġçeᴾ) 庭　　تاریخچه târîhçe 小史

③ کار ‐ (-kâr, -gâr) ; 行為者名詞（形容詞）を表す。

حیله‌کار hîle-kâr ペテン師（の）　　گناه‌کار günâh-kâr 罪人（の）

④ کر ‐ (گرᴾ ‐) (-ger) ; 職業従事者を表す。

آهنگر âhen-ger 鍛冶屋　　زرگر zer-ger 金細工師

⑤ بان ‐ /وان ‐ (-bân)/(-vân) ; 保護する人（もの）を表す。

باغبان bâğ-bân 庭番　　سایبان sâye-bân 日よけ、テント

شتروان şütür-vân ラクダ使い

⑥ دار ‐ (-dâr/-târ) ; 所持者、形容詞として関連を表す。

حکمدار hüküm-dâr 統治者、王　　بیراقدار bayrak-dâr 旗手

علاقه دار alâka-dâr 関係ある

---

(97) 語末 ه (-e, -a) の語に対しては、接尾辞 ى は、گی となる。なお、オスマン語では、گ は通常 ك で表されるために گی→کی となる。

— 84 —

第14課　ペルシア語要素

⑦ دان ـ (-dân)；器具、容器を表す。
　　چای‌دان çây-dân⁽⁹⁸⁾ ティーポット　　شمدان şemdân 燭台

⑧ کاه ـ (گاه ـ^P) (-gâh)／ستان ـ (-istân)；場所を表す。
　　اقامتکاه ikâmet-gâh 居住地　　درگاه der-gâh デルヴィッシュ修道場
　　کلستان gülistân バラ園　　ترکستان Türkistân トルキスタン

⑨ انه ـ (-âne)；〜のような、〜のように。
　　شاهانه şâhâne 威厳のある　　متعجبانه müteaccibâne 驚いて

(2) 接頭辞
　① بی ـ (bî-)；「〜を欠いた、〜のない」を表す。
　　بیچاره bî-çâre 無力な、哀れな　　بیگناه bî-günâh 罪のない
　　بیوفا bî-vefa 不誠実な、不義理な

　② نا ـ (nâ-)；「〜のない、〜でない」
　　ناامید nâ-ümid 絶望的な　　نامرد nâ-merd 卑怯な、臆病な
　　ناپیدا nâ-peydâ 明白でない　　*نادیده nâ-dîde 稀な、貴重な
　　*نادیده nâ-dîde の دیده は、دیدن dîdan「見る」の過去分詞。

　③ هم (hem)；「同じ〜、仲間の」
　　هم عصر hem-'asr 同時代の、同世紀の
　　هم درد hem-dert 同じ苦しみをもった
　　هم شهری hem-şehrî 同郷者　　هم فکر hem-fikr 同じ考えの

---

(98) 現代トルコ語では、この çaydân は、トルコ語固有の接尾辞 -lik（←容器等を表す）がさらに接尾し、çaydanlık「ティーポット」として常用語となっている。

第14課　ペルシア語要素

14.9. 主な前置詞

① از ez (< az)「～から、～のせいで」

　　از قديم ez-kadîm 昔から　　از قضا ez-kazâ 偶然、間違って

　　از جان و دل ez-cân ü dil⁽⁹⁹⁾ 衷心から

② با bâ「～と共に、～を帯びた、～でもって」

　　باخبر bâ-haber 知った　　با امر عالى bâ-emr-i âlî 大宰相の命で

③ به (ب) be「～に、～へ」⁽¹⁰⁰⁾

　　دست بدست dest be-dest 手に手をとって

　　تا بصباح tâ be-sabâh ずっと朝まで

④ بر ber (< bar)「～の上に、～の上へ」

　　بر باد berbâd 空中へ、みじめな、ひどい

　　بر جا bercâ その場に合った、適切な

⑤ در der (< dar)「～の中で」

　　در دست der-dest 手中で　　در حال der-hâl その時、すぐさま

---

(99) 類義、対立語等からなる成句表現「AとB」における接続詞 و のオスマン語転写は、だいたい以下のようになる。cf. [Timurtaş 1979: 311].
　　子音終わりの語：ü, u → عزت و اقبال izzet ü ikbâl 名誉と幸運
　　　　　　　　　　　روز و شب rûz u şeb 日夜　　*rûz ü seb の転写もあり
　　母音終わりの語：vü → دريا و دشت deryâ vü deşt 海と砂漠　*دشت daşt[P]「平原」
　　ただし、普通の接続詞の場合は、現代トルコ語同様 ve となる。
(100) 各例からわかるように、こういった前置詞は本来アラビア語、ペルシア語と共に用いられていたが、كون بكون gün begün「日ごとに」のようにトルコ語語源の単語に接尾したものもわずかながらみられる。cf. [Sâmî 1900: 256 ب 見出語].

— 86 —

第 14 課　ペルシア語要素

【練習問題 14】

次の文章はオスマン語辞書 قاموس تركى (*Kāmûs-ı Türkî,* 1900) の فارسى
(fârsî, p.976) に関する記述である。読んで訳しなさい。

فارسى : صـ. عر. ثـ.* : فارسيه. فارس اقليمنه ويا بتون ايران مملكتنه و بو
مملكتك لسان و قومنه منسوب و متعلق : لسان فارسى ؛ ادبيات فارسيه.

= ايرانده سويلنيلن لسان كه عربيدن صكره السنۀ ادبيۀ اسلاميهنك اك
مقدميدر. : فارسى شعر ايچون ياراديلمش طاتلى بر لساندر؛ فارسى پك قولايدر.

= ايران لساننده : فارسى سويلر ميسكز؟ فارسى اوقويوب يازمغه مقتدر.

　　* صـ. عر. ثـ. → صِفت (sıfat ＝形容詞)、عَرَبى (arabî ＝アラビア語)、
　　مؤنث (müennes ＝女性形).

[語句の解説 14]

فارسيه fârsîye (fârsiyye) فارسى の女性形　اقليم iklim 土地　ايران İrân イラン
مملكت memleket 国　لسان lisân 言語　قوم kavm(-mi) 民族　منسوب mensûb 関係
する　متعلق müteallik 関係する　ادبيات edebiyât 文学　سويلمك söylemek 話す
كه ki 「関係代名詞、接続詞＝that」　عربى arabî アラビア語、アラブの　صكره
sonra あと　السنه elsine ＜ لسان lisân の語幹複数形、cf. p.68. 第 13 課 13.4.(2)-⑧-ii)
ادبى edebî 文学の　اسلامى İslâmî イスラムの　اك en 最も　مقدم mukaddem 古
い、重要な　شعر şiir 詩　ايچون için ために　ياراد ＿ ياراتمق yaratmak 創造す
る　طاتلى tatlı 甘い、美しい　پك pek 大変　قولاى kolay 容易な　اوقومق okumak
読む　يازمق yazmak 書く　مقتدر muktedir できる、能力がある(-e)

— 87 —

第15課　数詞・月名・曜日名

15.1. 数詞：

(1) 基数詞

	オスマン語		アラビア語		ペルシア語	
١	بر	bir	احد، واحد	vâhid, ahad	يك	yek
٢	ايكى	iki	اثنين	isneyn	دو	dü
٣	اوچ	üç	ثلاثه	selâse	سه	se
٤/۴	درت	dört	اربعه	erba'a	چار، چهار	çehâr, çar
٥/۵	بش	beş	خمسه	hamse	پنج	penç
۶	آلتى	altı	سته	sitte	شش	şeş
٧	يدى	yedi	سبعه	seb'a	هفت	heft
٨	سكز	sekiz	ثمانيه	semâniye	هشت	heşt
٩	طقوز	dokuz	تسعه	tis'a	نه	nüh
١٠	اون	on	عشر(ه)	'aşer(e)	ده	deh
٢٠	يكرمى	yirmi	عشرين	'ışrîn	بيست	bîst
٣٠	اوتوز	otuz	ثلاثين	selâsîn	سى	sî
٤٠/۴٠	قرق	kırk	اربعين	erba'în	چل، چهل	çihil, çil
٥٠/۵٠	اللى	elli	خمسين	hamsîn	پنجاه	pencâh
۶٠	آلتمش	altmış	ستين	sittîn	شست، شصت	şast, şest
٧٠	يتمش	yetmiş	سبعين	seb'în	هفتاد	heftâd
٨٠	سكسان	seksen	ثمانين	semânîn	هشتاد	heştâd
٩٠	طقسان	doksan	تسعين	tis'în	نود	neved
١٠٠	يوز	yüz	مائه/مئه	mi'e	صد	sad
١٠٠٠	بيك	bin	الف	elf	هزار	hezâr

*百万 مليون milyon　**0（ゼロ）صفر sıfır(-frı)（←*/** O.A.P.語共通）

第15課　数詞・月名・曜日名

(2) 序数詞

①オスマン語の序数詞；

基数詞に نجى ‐ (-inci[4]) を接尾させる。ただし、基数詞の語末が母音 ى (-î) で終わっているものは、その ى (-î) を取り除き接尾辞を付す。

برنجى birinci 第1　<　بر ‐ نجى

ايكنجى ikinci 第2　<　ايك(ى) ‐ نجى

دردنجى، دوردنجى dördüncü 第4　<　درت ‐ نجى

* درت dört 語末 ت → د の有声化。また、و を伴った دوردنجى となることが多い。

آلتنجى altıncı 第6　<　آلت(ى) ‐ نجى

يدنجى yedinci 第7　<　يد(ى) ‐ نجى

②アラビア語の序数詞；

اول evvel 第1 (اولى ulâ)*　　ثانى sânî 第2 (ثانيه sâniye)

ثالث sâlis 第3　　رابع râbi' 第4　　خامس hâmis 第5

سادس sâdis 第6　　سابع sâbi' 第7　　ثامن sâmin 第8

تاسع tâsi' 第9　　عاشر âşir 第10

*「第1」以外の (　) 内は語末 ه による女性形であり、「第3」以降も上の男性形に ه を接尾させれば同女性形が得られる。アラビア語の序数詞は、「第1」以外は、能動分詞の語形パターン فَاعِل fâ'il で成立っている。

③ペルシア語の序数詞；

ペルシア語の序数詞は、オスマン語ではあまり使用されない。同序数詞は、基本的には、基数詞に م ‐ (-üm) を接尾させる。なお、同形容詞形は مين ‐ (-mîn)。

يكم yeküm 第1、他に نخست nuhust　نخستين nuhustîn

دوم düvüm 第2、他に ديم düyüm　دومين düvümîn

سوم sivüm 第3、他に سيم siyüm　سومين sivümîn

— 89 —

15.2. 月名：

月名としては、ペルシア語は使用されず、オスマン語、ヒジュラ暦のものが使用された。

	オスマン語 (101)			ヒジュラ暦	
1月	كانون ثانى	Kânûn-ı sânî		محرم	Muharrem
2月	شباط	Şubat		صفر	Safer
3月	مارت	Mart		ربيع الاول	Rebî'-ül-evvel
4月	نيسان	Nîsân		ربيع الآخر	Rebî'-ül-âhır
5月	مايس	Mayıs	(102)	جمادى الاولى	Cümâd-el-ûlâ
6月	حزيران	Hazîrân	(102)	جمادى الآخره	Cümâd-el-âhire
7月	تموز	Temmuz		رجب	Receb
8月	آغستوس	Ağustos		شعبان	Şa'bân
9月	ايلول	Eylûl		رمضان	Ramazân
10月	تشرين اول	Teşrîn-i evvel		شوال	Şevvâl
11月	تشرين ثانى	Teşrîn-i sânî		ذى القعده	Zi-l-ka'de
12月	كانون اول	Kânûn-ı evvel		ذى الحجه	Zi-l-hicce

15.3. 曜日名：

オスマン語、ペルシア語、アラビア語の金曜日は、イスラム教徒にとっての集団礼拝日であり、アラビア語動詞 جمع cama'a「集める、集う」の派生語 جمعه が共

---

(101) オスマン語の月名は、シリア、イラク等で用いられている呼称とほぼ一致する。ただし、3月、5月、8月は、エジプト方言での呼称と重なる。cf.［池田 1976: 217-9］。おそらくヨーロッパからの借用であろう。

(102) アラビア語表現の転訛として、5月 جماذى الاول Cemâzi-yel-evvel, 6月 جماذى الآخر Cemâzi-yel-âhir もみられる［Timurtaş 1979: 103］。一般的には、【練習問題 15-2】本文最終行で見られるように、こちらの呼称が常用されていたようである。cf. Unat, F.R: *Hicrî Tarihleri Milâdî Tarihe Çevirme Kılavuzu,* Ankara, 1974.

— 90 —

第15課　数詞・月名・曜日名

通して用いられている。オスマン語では、ペルシア語、アラビア語の曜日名がそのまま用いられることはまれであるが、ペルシア語の曜日名との共通点は多い。以下、各曜日名を並記しておく(103)。

	オスマン語	ペルシア語	アラビア語
金曜日	جمعه cum'a	جمعه com'e	يوم الجمعه yevmü'l-cum'a
土曜日	جمعه ايرتسى cum'artesi	شنبه şambe	يوم السبت yevmü's-sebt
日曜日	پازار pâzâr	يكشنبه yek şambe	يوم الأحد yevmü'l-'ahad
月曜日	پازار ايرتسى pâzârtesi	دو شنبه do şambe	يوم الاثنين yevmü'l-isneyn
火曜日	صالى salı	سه شنبه se şambe	يوم الثلاثاء yevmü's-selâsâ'
水曜日	چارشنبه çarşamba	چهارشنبه çahar şambe	يوم الاربعاء yevmü'l-erbaâ'
木曜日	پرشنبه perşembe	پنج شنبه panc şambe	يوم الخميس yevmü'l-hamîs

(103) ペルシア語、アラビア語の曜日名はそれぞれ、[Lambton 1963: 48]、[池田 1976: 217]、[Cowan 1979] を参考に、オスマン語転写した。ただ、アラビア語の曜日名は、オスマン語の代表的辞書 [Sâmî: *Kāmûs-ı Türkî*, 1900] で見る限り、火曜日、水曜日が収録されていないところからしても、それほど用いられていなかったようである。
　なお、ペルシア語、アラビア語の曜日名では、それぞれ日曜日〜木曜日の名称に数詞の1〜5が用いられ、1曜日〜5曜日といった表現になっている。それに対して、オスマン語では、水・木曜日は、明らかにペルシア語からの借用である。土・月曜日の-(e)rte(si) は、「(その) 次」を表す語であり、日曜日 pâzâr はペルシア語 بازار bâzâr「市 (いち)」の転訛で「定期市」に由来する「特定日」と関係しているのは明らかである。

— 91 —

第15課 数詞・月名・曜日名

【練習問題 15-1】

次の文（1、2）は、オスマン帝国およびトルコ共和国においてグレゴリー暦および国際標準時＊を導入したときの法律の一部である(104)。読んで訳しなさい。
＜＊国際標準時の法律文は省略＞

١. مملكتمزده رسمى تقويمك اصلاحنه و بين الملل ساعتك قبولنه دائر قانونلر

ماده .1 ― تاريخ هجرئ قمرى كماكان استعمال ايدلمك شرطيله دولت عثمانيه معاملاتنده مبدأ تقويم مستثنا اولمق اوزره تقويم غربى يى قبول ايتمشدر. بناءً عليه 1332 سنهسى شباطنك اون آلتنجى كونى 1333 سنهسى مارتنك برنجى كونى اعتبار ايديله‌جكدر.

28 ربيع الآخر 1335، 8 شباط 1332

[語句の解説 15-1]
مملكت memleket 国、رسمى resmî 公式の、تقويم takvîm 暦、اصلاح ıslâh 改正、改革、بين الملل beyn-el-milel(beynelmilel) 国際的な、ساعت sâ'at 時、時刻、قبول kabûl(-lü) 導入、受入れ、دائر dâ'ir ～に関する、قانون kānûn 法律、ماده mâdde 条項、تاريخ târîh 日付、歴史、هجرى Hicrî ヒジュラ暦の、قمرى kamerî 太陰暦の、كماكان kemâkân 従来通り、استعمال isti'mâl 利用、使用、شرط şart 条件、دولت devlet 国家、帝国、عثمانيه Osmâniy(y)e [f.] オスマンの、معاملات mu'âmelât [pl.] 手続き、معامله mu'âmele [sig.]、مبدأ mebde' 始まり、最初、مستثنا müstesnâ 例外、除外、اوزره üzere ～として、غربى garbî 西欧の、بناءً عليه binâenaleyh これ故に、従って、سنه sene 年、شباط Şubat 2月、اون آلتى on altı 16、كون gün 日、ربيع الآخر Rebî'-ül-âhır ヒジュラ暦4月、مارت Mart 3月、اعتبار ايتمك i'tibâr etmek みなす

(104) 出典: [Yûsuf 1928: 10]

— 92 —

第 15 課　数詞・月名・曜日名

【練習問題 15-2】

۲. تقويم افرنجى (غرهغوار) نك قبولى

قانون نومروسى : 698

ماده ۱. ― توركيه جمهوريتى داخلنده رسمى دولت تقويمنده تاريخ مبدئى اوله‌رق بين الملل تقويم مبدئى قبول ايدلمشدر.

ماده ۲. ― 1341 سنه‌سى كانون اولنك اوتوز برنجى كوننى تعقيب ايدن كون 1926 سنه‌سى كانون ثانيسنك برنجى كونيدر.

ماده ۳. ― هجرئ قمرى تقويمى اوته‌دنبرى اولديغى اوزره احوال مخصوصه‌ده قوللانيلير. هجرئ قمرى آيلرك مبدئنى رصدخانه رسماً تثبيت ايده‌ر.

26 كانون اول 1341، 9 جماذى الاخر 1344

[語句の解説 15-2]

افرنجى efrencî 西欧の　غره‌غوار Gregvâr? ←仏語 Grégoire の転写？= Gregor グレゴリー * نك (غره‌غوار) の نك (-nin⁴)＜属格語尾＞は、( ) の前の語 افرنجى を受けている。もし (غره‌غوار) に接尾するのであれば、ك (-in⁴) となる　نومرو = نومره numara 号、No.　جمهوريت Cumhuriyet 共和国　داخل dâlil 内　مبدء = مبدأ mebde' 最初、始まり　اوله‌رق olarak ～として (→ cf. p.55. 第 11 課 11.2.)　كانون اول Kânûn-ı evvel 12 月　بر اوتوز otuz bir 31　تعقيب ايتمك ta'akip etmek 続く、追う　كانون ثانى Kânûn-ı sânî 1 月　اوته‌دنبرى ötedenberi 従来から　احوال ahvâl (-li) 状態、状況 [pl.]＜ حال hâl [sig.]　مخصوصه mahsûse 特別な (f.)＜ مخصوص mahsûs　قوللانمق kullanmak 用いる、利用する　آى ay 月　رصدخانه rasadhâne 気象台、測候所　رسماً resmen 公式に、正式に　تثبيت ايتمك tesbit etmek 確定する

— 93 —

黒海地方の緑豊かな山里のモスク（トラブゾン）

応用編

応 用 編

応用編テキストについて

　応用編では、基礎編で学習したオスマン語の文法知識を実際のオスマン語テキストを読むことよって確認しつつ定着させることをねらいとする。オスマン語は、主として書き言葉であり、我々としてはオスマン語で発信された内容を読み解ければ、一応の目的は果たすことができよう。ただ、その内容を読み解くのが、実はかなり大変な作業なのである。

　オスマン語を読み解くのを妨げている第一要因は正書法の不確定さおよび未知なるアラビア語、ペルシア語語彙にあるだろう。そこから生じるもどかしさ、あるいはストレスは、近代化の旗手ナームク・ケマル（Nâmık Kemal 1840-88）をしてかつて次のようにいわしめた。「トルコ民族の最も有名な詩人ネルギスィー（Nergisî）[104]の作品を理解するのは、我々にとって外国語で書かれた『ギュリスターン』[105]を理解するより困難である」とか「2 ページの文章を読むのに 80 回もアラビア語辞典（Kāmûs）やペルシア語辞典（Burhân）の参照を強いられることがどうして知的な営み（ma'rifet）とみなされようか？」[106]と。

　本書で引用したテキストは、かつてナームク・ケマルを嘆かせたような難解な内容のものではない。オスマン帝国の再編成がスタートしたタンズィマート期（1839-）以降の散文から選んだ。テキストの構成は以下のようになっている。

　第 16 課～第 19 課では、Bahâî（بهائی）の『ホジャ・ナスレッディーンの逸話』（لطائف خواجه نصرالدین، درسعادت، ١٣٢٧/١٣٢٥）から笑話を 10 編抜粋した。基礎編でみた表記に較べ、母音表記がかなり多用されており、また ك (k), گ (g), ڭ (ñ) の区別が単語によって部分的になされているので、文字の判読には多少救われる思いがするだろう。あるいは、かえって「まのび」した感じ

---

(104) Nergisî (1592-1635) は、Veysî (1561-1628) とともにオスマン古典文学（Dîvân Edebiyatı）における代表的散文作家。アラビア語、ペルシア語の語彙、表現形式等を多用したため、タンズィマート期以来、その作品の難解さゆえによく引き合いに出される。
(105) 『ギュリスターン』گلستان Gülistân とは、13 世紀のペルシア詩人サアディーによって 1258 年にペルシア語で書かれた散文主体の逸話・物語形式による実践道徳書。
(106) [Levend 1972: 113, 115]。

応 用 編

がするかも知れない。笑話を選ぶにあたり、分量と話の面白さを十分考慮して精選
したつもりである。ホジャの世界観、そしてトルコ民族の価値観の一端が紹介でき
ていれば幸いである。

第20課～第22課では、オスマン帝国末期からトルコ共和国期にかけてトルコ・
フォルクロー（昔話、説話、諺、民謡等）研究で多くの業績を残したハンガリーの
トルコ学研究者 Ignácz Kúnos（ايغناتس قونوش 1862-1945）が、新生トルコ共和
国の首都アンカラにおいて行った講演『トルコ民衆文学』（تورك خلق ادبیاتی、
١٣٤٣/١٩٢٥ ،استانبول）からの抜粋をおさめた。内容について少しコメントし
ておく。

第20課では、オスマン帝国末期における著名なオスマン知識人たちとの交友関
係およびトルコ昔話の語り部との感動的な出合いが回想されている。

第21課では、その折りに彼が語り部 Nigâr 婦人の母親から直接採話した数編の
トルコ昔話から内容的に興味深い「木こりと王」（仮称）を読んでみたい。

第22課においては、第一次世界大戦時、タタールのフォルクロー採集のため捕
虜収容所のタタール人の元へ通ったクーノシュの情熱、そしてオスマン語表記には
アラビア文字よりラテン文字のほうが有効であるとの彼の見識を読みとってもらい
たい。とくに、後半はトルコ文字改革（1928）以前の発信であるだけに、興味をそ
そられる。

第23課～第24課では、Ebüzziya Tevfik（ابوالضیا توفق 1848-1913）の『オス
マン文学アンソロジー』（نمونهٔ ادبیات عثمانیه، قسطنطینیه، ١٣٢٩）からタン
ズィマート期の代表的作家 Ziya Paşa（1825-80）の論文「詩と散文」（شعر و انشا
"Şiir ü İnşa", 1868）の一部抜粋を読んでみたい。オスマン帝国の官僚機構を支える
書記官たちが正書法の不安定なオスマン語の修得のためにいかに辛酸をなめさせら
れていたかが訴えられている。

最終の第25課では、オスマン帝国末期の有名な辞書編纂者 Şemseddîn Sâmî
（شمس الدین سامی 1850-1904）の古典的名辞書 Kāmûs-ı Türkî（قاموس ترکی،
درسعادت، ١٣١٧）の序文の最初の部分を読む。思想を表現するための手段として
の言語の重要性に触れ、その言語を支えるものとして辞書と文法書の不可欠性を力
説している。

— 97 —

応　用　編

　応用編では、各課ごとに新出オスマン語の単語が直接調べられるように「語句の解説」で説明を加えた。そこで見当たらない単語があれば、巻末の語彙集を利用してもらいたい。語彙集では、できる限り学習者の便宜を図るつもりで、代名詞の変化形や接尾辞の異形も個別の見出し語として収録することにした。いささか煩雑な語彙集となったかもしれないが、この編纂方針はオスマン語教育を実践した筆者の現場経験に基づく「老婆心」によるものと解していただければ幸いである。

第16課　Nasreddin Hoca'dan (1)（N. ホジャ-1.）

1. そんなはずはない　(p.87 ←原著ページ、以下同様)

١. خواجه مرحومه «سزك خانم چوق گزييور.» ديمشلر.

«اصلى اولماسه كرك. اويله اولسه‌يدى برده بزم أوه گليردى.» ديمش.

[語句の解説 1]

مرحوم merhûm 故、故人（←神に召された）*なお、merhûm は人名の前後に付される2用法がある。ただ、後置される場合でも izâfe を介さないで用いられる点に要注意。cf. Hoca merhûm = Merhûm Hoca　گزمك gezmek 出歩く（←「g」がつねに、文字گで表記されるわけではない。かなり恣意的である。cf. 2行目 كرك gerek) ديمك demek 言う　اصل asıl(-lı)根拠　اولمق olmak ある　كرك gerek(-se 仮定ととも に「当然の推量」～にちがいない）اولسه‌يدى olsaydı ～であったなら　برده bir de さらに、ついでに　گليردى gelirdi 来ただろうに（仮定法）

2. 棺の中でなければ　(p.69)

٢. خواجه‌يه «جنازه‌يى گوتوررکن تابوتك اوگنده‌می بولونمه‌لى، آردينده‌می؟» ديمشلر.

«ايچنده بولونمايكده نره‌سنده بولونورسه‌كز بولونك.» ديمش.

[語句の解説 2]

جنازه cenâze 遺体　گوتورمك götürmek 運ぶ　تابوت tâbût(-tu) 棺　اوك ön 前 بولونمق bulunmak いる、ある　آرد art うしろ　ايچ iç 中　نره nere どこ

第17課　Nasreddin Hoca'dan (2)　(N. ホジャ-2.)

3. ロバのことばを信じる愚か者　(p.29)

٣. بر كون قومشوسى خواجەدن اشك ايستر. خواجه «يوقدر.» دير. او اثناده اشك ايچريدن آگيزمغه باشلار. حريف «افندى. سن 'اشك يوق' دييورسين. حال بوكه باق اشك ظيرلايور.» ديمكله خواجه باشينى صاللايەرق «الله الله. ياهو، سن نه عجايب آدمسك. اشكك سوزينه اينانييورسينده آق صاقالمله بنم سوزيمه اينانمايورسين.» ديمشدر.

[語句の解説 3]

بر كون bir gün ある日　قومشو komşu 隣人　اشك eşek ロバ　ايستمك istemek 望む、求める　يوق yok ない　او اثناده o esnada その時　آگيزمق anırmak いななく　باشلامق başlamak 始まる (-e b.〜し始める)　حريف herîf 奴、男　افندى efendi 旦那 (←ホジャへの呼びかけ)　دييورسين diyorsun 2人称単数人称語尾は-sin[4] 本来 ـسن/ـسك で表記される (→ cf. p.26. 第5課-注(33))。しかし、ここでは-sin[4] の母音 -i- が文字表記された ـسين となっている。 حال بوكه halbuki しかしながら باق bak ほら (←باقمق bakmak 見る)　ظيرلامق zırlamak (ロバが)鳴く *語幹末が母音で終わる動詞に ـيور (-yor)が直接尾接している点に要注意。転写では、母音狭化され以下のようになる。 zırlayor → zırlıyor (→ cf. p.26. 第5課-注(32))。 باش baş 頭 *3人称の所有接尾辞をともなった باشى に対格語尾が後接すると、所有接尾辞 ـى が脱落した باشنى となる (→ cf. p.21. 第4課-4.2.)。しかしここでは ـى の残った باشينى başını となっている　صاللامق sallamak ふる　الله الله Allah Allah おやおや　ياهو yâhu おいおい　عجايب acâip 変わった　آدم adam 男　سوز söz こと ば　اينانمق inanmak 信じる　آق ak 白い　صاقال sakal (ほお・あご)ひげ→ ak sakal「白ひげ」は人生経験を積んだ「長老」を象徴する表現である。

第17課　N. ホジャ-2.

4. わしも引っ越しじゃ　(p.21)

٤. بر كيجه خواجه‌نك أوينه خيرسز كيروب بر چوق اشياسنى يوكلنه‌رك كيدركن خواجه‌ده كندى ياتدغى اوطه‌نك اشياسنى اوموزلايوب خيرسزى تعقيب ايدر. خيرسز اوينه كيرنجه خواجه‌ده آردنجه دخول ايتمك ايستر. خيرسز «بنم اومده نه ايشك وار؟» ديدكده خواجه «يا بز بو أوه كوچ ايتمه‌دكمى؟» ديمشدر.

[語句の解説4]
كيجه gece 夜　أوينه evine このオスマン語表記において、3人称単数所有接尾辞 ى ـ が脱落しないのは أو ev の و が後接を許さない文字であるから (→ cf. p.21. 第4課-4.2.)。 خيرسز hırsız 泥棒　كيروب girip 入って (副動詞) < كيرمك girmek 入る اشيا eşya 品物　يوكلنه‌رك yüklenerek 担いで (副動詞) < يوكلنمك yüklenmek 担ぐ (← yük 荷)　كيدركن giderken 行くときに (副動詞)　كندى kendi 自身　ياتدغى yattığı 彼が寝ていた～ (分詞→ cf. p.52. 第10課-10.3.)　ياتمق yatmak 寝る　اوطه oda 部屋 اوموزلامق omuzlamak 背負う (← omuz 肩)　تعقيب تأكيب tâkîbet 追跡→ ايتمك t.et- (← تأكيبتمك tâkibetmek) と略。 *以下、～ etmek 複合動詞は、. ا. ت t.et- (← tâkibetmek) と略。
كيرنجه girince 入ったとき (副動詞)　آردنجه ardınca (その)後から (← art 後ろ) دخول duhul(-lü) 入場→ . ا. د d.et- 入る　او ev 家　ايش iş 仕事　ديدكده dedikte 言ったとき (←-dikte ～したとき、～したところ)　يا yâ ～だろ　كوچ göç 引っ越し、移住→ . ا. ك g.et- 引っ越す

第18課　Nasreddin Hoca'dan (3) （N. ホジャ-3.）

5. わしの思いは見すかされておったのか！　(pp.179-180)

۵. خواجه‌نك جانی چوربا ایسته‌دی. «شیمدی اوستی نانه‌لی نازلی بر چوربا اولسه‌ده ییسه‌م.» دییه تخیل ایدوب طوروركن قاپو چالینه‌رق قومشو چوجوغی النده طاس ایله ایچری كیروب «آنام خسته‌در، بر پارچه چوربا ویره‌جكسیكز.» دیینجه خواجه «بزم قومشولرده مالیخولیادن قوقو آلیيورلر.» دیمشدر.

[語句の解説5]

نانه‌لی üst 上　اوست şimdi 今　شیمدی çorba スープ　چوربا 心　cân (→ can) جان
nâneli はっか入りの(← نانه nâne はっか)　نازلی nâzlı 砕いた米入りの？[آش نازلو A pudding or blanc-mange of coarsely pounded rice. cf. Redhouse *Lexicon*: p.2062]
اولسه ده ييسه‌م olsa da yesem ～があって食べられれば（願望）。なお、ここで使用されている接続詞 da は譲歩・逆接用法ではなく、順接を示している。تخیل tahayyül イメージ、空想→ ت.ا. t.et- 想像する、空想する　طورمق durmak ～し続ける (-ip durmak)　قاپو kapı ドア　چالینمق çalınmak ノックされる (← چالمق çalmak)　چوجوق çocuk 子供　ال el 手　ایله ~ ilе その手に～をもって　طاس tas 椀、器　آنا ana 母　خسته hasta 病気の　بر پارچه bir parça 少し　مالیخولیا mâlîhûlyâ 空想、想像　قوقو koku におい　آلیيورلر alıyorlar このオスマン語表記は、-iyor を動詞語幹末の文字表記に関係なく一律に يیور で示したものである(→ cf. p.26. 第5課-注(31))。

第18課　N. ホジャ-3.

6. レバーを盗む猫ならやりかねない　(pp.43-44)

٦. خواجه افندى بر ایکى دفعه أوینه جكر كتیرر. قاریسى دوستنه یدیرر. آقشام طعامنده خواجهنك اوكینه خمور مانجهسى قویارمش. بر كون خواجه « آ قارى. بن آره صیره جكر آلییورم. یمك قسمت اولمایور. نرهیه كیدییور؟ » دییه صورماسنه قادین « هپ كدى قاپیور ». دییه جواب ویرنجه خواجه همان قالقوب بالطهیى صاندیق ایچینه كیلیدلر. قادینك « بالطهیى كیمدن صاقلایورسین؟ » دیمهسنه خواجه « كدیدن ... » دییوب تكرار قادین « كدى بالطهیى نه یاپسین؟ » دییه متعجبانه صورنجه خواجه رحمة اللّٰه علیه « به قادین. ایكى آقجهلق جكرى قاپان قرق آقجهلق بالطهیى آلمزمى؟ » دیمشدر.

[語句の解説 6]

دفعه defa 度　جكر ciğer レバー　كتیرمك getirmek 持ってくる　قارى karı 妻　دوست dost 愛人 (← سویلن آدم sevilen adam: *Kāmûs-ı Türkî* p.626.)　یدیرمك yedirmek 食べさせる＜یمك yemek　آقشام akşam 晩、夕方　طعام taâm 食事　اوكینه önüne オスマン語表記は ى の脱落した اوكنه önüne で OK なのだが…。خمور hamûr ねり粉(パン生地)　مانجه manca 食物(←イタリア語 mangiare 食べる；食事)　خمور مانجهسى hamur mancası 生焼けのパンだけの粗末な食事？　قویمق koymak 置く　آ â おい、なあ　آره صیره ara sıra ときどき　آلمق almak 買う → آلییورم alıyorum -iyor 現在形が、ى の連続した ییور で表記されているのに注意。1番目の ى を -i, 2番目の ى を y に対応させている。この表記は、本来、動詞語幹末が後接を許さない文字の場合にみられる形であるのだが…。(→ cf. p.26 第5課-注(31))　قسمت kısmet 幸運、めぐりあわせ　دییه diye ～と＜دیمك demek 言う

— 103 —

第18課　N. ホジャ-3.

صورماسنه sormasına 彼が尋ねたことに対して (→ cf. p.51. 第 10 課-10.2.) < صورمق
sormak 尋ねる　قادين kadın 妻、女　هپ hep いつも　كدى kedi 猫　قاپمق kapmak
奪う　جواب cevap 返事　ويرمك vermek 与える　همان hemen すぐさま　قالقمق kalk-
mak 立ち上がる　بالطه balta おの　صانديق sandık 箱、金庫　كيليدلمك kilitlemek し
まい込む (← kilit 錠)　كيم kim 誰　صاقلامق saklamak 隠す　تكرار tekrar ふたたび
ياپمق yapmak する　متعجبانه müteaccibâne 驚いて　語末接尾辞 -âne (→ cf. p.85. 第
14 課 -14.8.(1).⑨) < متعجّب müteaccib 驚いた　رحمة اللّه عليه rahmetullahi aleyh
「その人の上に神の慈愛がありますように！」(←故人に言及するときに唱えられる
文句の一種)　به be おい、いいかい　آقچه akçe/akça 銀貨 (アクチェ= 1/3 パラ)
آقچه‌لق akçalık ～アクチェの (価値がある)　قرق kırk 40　آلمزمى؟ almaz mı? 取らな
いだろうか？→きっと取る＜修辞疑問＞

第18課　N. ホジャ-3.

7. それ、これが返済じゃ！　(p.123)

٧. خواجه‌نك قاضیلكی هنكامنده بر حریف خصمنی یاقه‌سندن طوته‌رق حضورینه كتیروب «افندم! بو آدم بندن رؤیاده شیقیر شیقیر ییكیرمی آقچه آلدی. شیمدی ایسته‌یورم. پاره‌لریمی ویرمه‌یور.» دیر. خواجه مرحوم ابرام ایدوب مدّعی علیهدن ییكیمی آقچه‌یی تحصیل ایدر. اوگنده‌كی چكمه‌جه‌یه شیقیر شیقیر پاره‌لری صایدیقدن صوكره مدعی‌یه «آل شو شیقیرتیلری!» مدعی علیهه «آل سن ده پاره‌لریكی! هایدی بربریكزك حقنه تجاوز ایتمه‌یك!» دییوپ حریفلری صاومش و بو حكمیله حضاری حیران ایله‌مشدر.

[語句の解説7]

هنگام hengâm 時期　قاضیلك kādılık(→ قاضیلق kādılık) ママ (→ kādılık)法官職　قاضی kādı 法官　خصم hasm(hasım) 敵対者　یاقه yaka えり　حضور huzûr 前、御前　رؤیا rüyâ 夢　پاره pâre お金　ییكیرمی (یكرمی) yirmi 20　شیقیر شیقیر şıkır şıkır ジャラジャラ(音を立てて)　ابرام ibrâm 固執 → .ا.ا i.et- しつこくせまる　مدّعی müddeâ 告訴(人)→ م.علیه müddeâ aleyh 被告人(←その身に告訴が向けられた)　تحصیل tahsîl 獲得 → .ا.ا t.et- 徴収する、入手する　چكمه‌جه çekmece 引き出し　صایمق saymak 数え → .ا.ا t.et-　شیقیرتی şıkırtı ジャラジャラという音　صوكره sonra あと　هایدی haydi それ　بربر birbir お互い　حق hak(-kkı) 権利　تجاوز tecâvüz 侵害 → .ا.ا t.et- 侵害する　صاومق savmak 追い払う　حكم hüküm(→ hüküm) 判決、裁き　حضار huzzâr その場の人々　حیران hayrân 感心した　ایله‌مك eylemek する(= ایتمك etmek) → ح.ایله‌مك hayrân eylemek 感心させる

— 105 —

第19課　Nasreddin Hoca'dan (4)（N. ホジャ-4.）

8. この世はままならん！　（pp.145-146）

٨. خواجه مرحوم بر مجلسده قونوشورکن سوز حلوا صحبتنه مُنْجَر اولمش. خواجه «برقاچ سنه‌دن بری جانم بر 'لوزینه' حلواسی ایستر. بر تورلو پیشیروبده ییه‌مه‌دیم.» دیمش. «بو او قدر مشکل بر شی دگلدی. نه‌یه پیشیرمه‌دڭ؟» دیدیکلرینده زواللی خواجه «اون بولوندیسه یاغ بولونمه‌دی، یاغ بولوندیسه اون بولونمه‌دی.» دیمش. «ای آ جانم! بونجه زماندر بونلری بر آرایه گتیره‌مه‌دیگمی؟» دییه صورمه‌لرینه جواباً دخی «واقعا هپیسی بر آرایه گلدیکی‌ده اولدی اما، قدر بو یا، او وقت‌ده بن بولونمادیم.» دیمش.

[語句の解説 8]

صحبت sohbet 歓談 → صحبتی sohbeti حلوا helvâ sohbeti 冬場ヘルヴァを食べながら楽しむ歓談　حلوا helvâ ヘルヴァ (菓子)　قونوشمق konuşmak 話す　مجلس meclis 集会
منجر müncer (-rri) 帰結　م.اولمق m. olmak 至る、〜となる　برقاچ birkaç 2〜3
سنه sene 年　لوزینه levzîne 砕いたアーモンド　بر تورلو bir türlü 全く〜ない (←否定文)
پیشیرمك pişirmek 料理する、作る　ییمك yemek 食べる　او قدر o kadar それほど
مشکل müşkül 困難な　دگلدی değildi 〜ではなかった　نه‌یه niye なぜ (← neye)
زواللی zavallı 哀れな　اون un 小麦粉　بولوندیسه bulunduysa あっても、あったとしても (→ cf. p.42. 第7課-7.8.2))　یاغ yağ 油　ای ey やあ　جانم canım 君は！(非難)　بونجه bunca これほど　آرا ara 空間 → بر آرا bir ara 一ヵ所　جواباً cevâben 答えて　دخی dahi さらに、〜も　واقعا vakıa 実際　گلمك gelmek 来る　قدر kader 運命 → قدر بو یا kader bu ya 運命とは所詮こんなもの、皮肉なことに

第19課　N.ホジャ-4.

9. | 雄鶏がいてもおかしくないじゃろ |　(pp.24-25)

۹. بر كون آقشهر چوجوقلری خواجه یی حمامه كوتورورلر، یانلرینه كزلیجه برر یومورطه آلیرلر. هپسی صویونوب حمامه كیروپ كوبك طاشی اوزرینه اوتوردقلرنده بربرلرینه « كلیكز سزكله یومورطلایه لم هر كیم یومورطلایه مزسه حمامك مصارفنی او ویرسین. » دییوب قول و قرار ایتمشلر.

بعده طاووق كبی صیقینوب « غید غید غیداق ... غید غید غیداق ... » دییه رك فریاد ایدرك برابرجه كتیردكلری یومورطه لری یواشجه ال چابوقلغیله مرمرك اوزرینه بیراقیرلر. خواجه افندی بونلری كورنجه همان خروس كبی چیرپینوب اوتمكه باشلار. چوجوقلر « خواجه افندی نه یاپییورسین؟ » دیدكلرنده « بو قدر طاووغه بر خروس لازم دكلمی؟ » دیمشدر.

[語句の解説 9]
آقشهر Akşehir アクシェヒル（コンヤ北西部の町で、N.ホジャゆかりの地）　حمام hamam (←hammam) ハマム（公衆浴場）　كوتورمك götürmek つれて行く　یان yan そば　كزلیجه gizlice ひそかに　برر birer 一つずつ　یومورطه yumurta 卵　صیونمق soyunmak 服を脱ぐ、裸になる　كوبك göbek へそ→تاشی.g taşı トルコ風呂での大理石製の垢すり台、「直訳：へそ石」とは、おそらく、へそをだしてその上で寝そべって身体をふやけさせるためであろう　اوزر üzer 上　اوتورمق oturmak 座る　یومورطلامق yumurtlamak 卵を産む　هر كیم her kim ～な者は誰でも　مصارف masârif 費用 (pl.) < مصرف masraf(sig.)　قول kavl(kavil, -vli) 約束　قرار karâr 決定→قول و قرار kavl ü karâr et- 取り決める　بعده ba'dehu (→ba'dehu) そのあと　طاووق

第19課　N. ホジャ-4.

tavuk 雌鶏　کبی gibi ～のように　صیقینمق sıkınmak 力む、ふんばる　غید غید
غیداق gıt gıt gıdak コーコーコー（←雌鶏の鳴き声）　فریاد feriyât さけび声、鳴き声
→ ف.ا. f.et- 鳴く　ەرك ‐ erek の1番 (ایدەرك ←) ایدرك) ederek ～しながら（副動詞）
目の -e- がオスマン文字 ه で表記されていない。　برابرجه berâberce 一緒に　یواشجه
yavâşça ゆっくりと　ال چابوقلغی el çabukluğu 手際よく　مرمر mermer 大理石
بیراقمق bırakmak 残す、置く　خروس horoz(← horûs[P]) 雄鶏　چیرپینمق çırpınmak 羽
根をばたつかせる　اوتمك ötmek 鳴く　لازم lâzım 必要な　دکلمی değil mi ～でしょ
う(付加疑問)

10. | お産する鍋は死にもする |　(p.21)

۱۰. بر كون خواجه قومشوسندن بر قازان ایستر. ایشنی بیتیردكدن صوكره
قازانك ایچنه بر كوچوك تنجره قویوب كوتورور، صاحبنه ویرر. صاحبی
قازانك ایچنده تنجره یی كورونجه «بو نه در؟» دییه خواجه دن صورار.
خواجه «قازانكز طوغوردی.» دیمكله قومشو «پك اعلا.» دییوب
تنجره یی قبوللانیر. ینه بر كون خواجه قازانی ایستر، آلیر كوتورور.
صاحبی بر خیلی مدت بكلر. باقاركه قازان كلمز. خواجه نك أوینه كلیر.
قاپویی چالار. خواجه قاپویه كلوب «نه ایسترسین؟» دییه صورار. قومشو
«قازانی ایسترم.» دیر. خواجه «سن صاغ اول قازان مرحوم اولدی.»
جوابنی ویرر. قومشو كمال حیرتله «خواجه افندی. هیچ قازان مرحوم
اولورمی؟» دیدكده خواجه «یا طوغوردیغنه اینانیرسین ده اولدیكنه
اینانمزمسین؟» دیمشدر.

— 108 —

第19課　N. ホジャ-4.

[語句の解説10]

قازان kazan 大鍋　　بيتيرمك bitirmek 終える　　صوكره sonra ～の後（後置詞）　　كوچوك küçük 小さい　　تنجره tencere 鍋　　قويمق koymak 入れる　　صاحب sâhip 持ち主　　طوغورمق doğurmak 産む、生む　　ديكله demekle 言ったところ（←言うと共に）　　پك اعلا pekâlâ よろしい、わかった　　قبوللنمك（→قبوللنمك）kabûllenmek 受け入れる　　يينه yine ふたたび　　بر خيلى bir hayli かなり　　مدت müddet 期間　　بكلمك beklemek 待つ　　باقمق bakmak 見る→باقاركه bakar ki... ～だと気づく、見たところ～だった　　صاغ sağ 健全な→سن صاغ اول Sen sağ ol 気をおとすな「直訳：元気であれ」（←お悔やみ）　　مرحوم merhûm 故→م.اولمق merhûm olmak 死ぬ　　كمال kemâl (-li)完全、最高→كمال حيرتله kemâl-i hayretle この上なく驚いて「直訳：驚きの頂点で」kemâl-i hayretle の -i はペルシア語修飾法の izâfe（→ cf. p.78. 第14課-14.1.)　　يا yâ そうだよ、いいかい　　اينانمق inanmak 信じる

第20課　Türk Halk Edebiyatı'ndan (1)

11. Mübârek Ramazân「聖なるラマザン」[107]

① ۱۱. مبارك رمضانك آيك اون دردى كبى آيلى ييلديزلى بر كيجه‌سى ايدى. كروان قيران ييلديزى بر پرلانطه طاشى كبى پارلايوردى. پويراز يلى سرين سرين اسييوردى. توركلرك اقامت ايتديكى محله‌نك دكزه ناظر بر أونده، نكار خانمك صالونده بولونيوردق.

[語句の解説 11-①]

مبارك mübârek 聖なる　رمضان ramazân ラマザン（ヒジュラ暦9月、断食月）　آی ay 月　اون درد on dört → 14　آيك اون دردى ayın on dördü 満月（← 14夜）　ييلديز yıldız 星　كروان قيران Kervânkıran 金星（明けの明星）　پرلانطه pırlanta ダイヤモンド（ブリリアンカット）　پارلامق parlamak 輝く　پويراز poyraz 北東の寒風、ポイラズ　يل yel 風　سرين serin 涼しい、涼しく　اسمك esmek 吹く　تورك Türk トルコ人　اقامت ikāmet 居住 → ا.ل.ى i.et- 居住する　محله mahalle 地区、街区　دكز deniz 海　ناظر nâzar 〜に面した(e)　أونده evinde その家で *原則的には3人称単数の所有接尾辞 ى をともなった表記 أوينده evinde となるはずだが、そう表記されていない。(→ cf. p.21. 第4課-4.2.)　نكار Nigâr ニギャール（名・女）　خانم hânım 婦人　صالون salon サロン、客間　بولونيوردق bulunuyorduk 私たちはいた＜ bulunmak いる、存在する。-iyor 形は يور (もしくは ييور) が動詞語幹に接尾するのが普通であり、ここも بولونيوردق bulunuyorduk となるべきところが、Kúnos は円唇母音を意識したのか و でつないだ表記にしている。

---

(107) 出典　[Kúnos 1925: 98–101]

第 20 課 「聖なるラマザン」

١١. ② ماجار بابا ايله تورك آنادن دنيايه كلمش بو شاعرهٔ مشهوره، يارالانمش كوكلنك غمنى، ازيلمش قلبنك فريادينى، درين فكرلى شعرينك پياله‌سنه دولدورارق بيتلر اوقومش و تغنى ايدهرك پيانو چالمش ايدى. بو مبارك آقشام، دوستلرينى، احبابلرينى دعوت ايلمشدى. ادبياته دائر بحثلر آچيلدى ...

[語句の解説 11-②]

ماجار Macar ハンガリー人　بابا baba 父　دنيا dünyâ 世界 → دنيايه كلمك dünyâya gelmek 生まれる　شاعره şâ'ire(→ şâir) 女性詩人 < شاعر şâ'ir(→ şâir) 詩人 (男) *本文の شاعرهٔ مشهوره şâire-i meşhûre「有名な女性詩人」の表現にはペルシア語式修飾法 izâfe およびアラビア語式修飾法の女性形が用いられている。とくに مشهوره meşhûre をオスマン語の与格形 (〜に) ととりちがえてはいけない。 مشهور meşhûr 有名な　يارالانمق yaralanmak 傷つく　كوكل gönül(-nlü) 心　غم gam 悲しみ、痛手　ازيلمك ezilmek 踏みにじられる　قلب kalp(-bi) 心　درين derin 深い　فكر fikir(← fikr) 考え、思考　شعر şiir 詩　پياله piyâle 酒杯　دولدورمق doldurmak 満たす、注ぐ　بيت beyit 詩 (2行連句)　تغنى taganni 歌うこと → ت.ا. t.et- 歌う　پيانو piyano ピアノ　چالمق çalmak 演奏する　احباب ahbâb 知人　دعوت dâvet 招待 → ايلمك د. d.eylemek 招待する　ادبيات edebiyât 文学　دائر dair 関する (後置詞)　بحث bahis(← bahs) 話題　آچمق açmak 開ける、持ち出す

第20課 「聖なるラマザン」

١١.③ يكى آچيلمش كللره بكزەين بعض شعرلرينى اوقودى. اهل ادبدن معارف ناظرى اولان منيف پاشا، مشهور اكرم بك، برابرنده بر قاچ ذات دها بولونوب افطاره باشلاندى.

طعامدن صوكرا، نكار خانم:

ـــ باق بر كره شو شرقينك كوزەللكنه! دييه اكرم بكك بر سوزناك شرقيسنى هم اوقودى، هم پيانو ايله چالدى.

شرقينك ختامنده:

[語句の解説 11-③]
يكى yeni 新たに、〜したばかり　آچيلمق açılmak (花が)開く、咲く　كل gül バラ
بكزەمك benzemek 似る　بعض bâz-ı (← ba'z-ı; -ı はペルシア語式修飾法 izâfe) 若干の　اهل ehl 人々　ادب edep 教養 → اهل ادب ehl-i edep 教養人　معارف ma'arif 教育
ناظر nâzır 大臣 → معارف ناظرى M. Nâzırı 文部大臣　Münif Paşa ミュニフ・パシャ
(1830?–1910)　پاشا Paşa パシャ (←高官に対する称号、将軍)　اكرم بك Ekrem Bey エクレム・ベイ → Recaizade Mahmut Ekrem (1847–1914)　ذات zât 人物　دها daha さらに　افطار iftâr 断食あけの夕食　صوكرا=صوكره sonra 〜のあと (-den)　كره kere 回、度　شرقى şarkı 歌　كوزەل güzel 美しい　سوزناك sûznâk せつない(調べの)
ختام hatem (← خاتم) 終わり

— 112 —

第20課 「聖なるラマザン」

شاعر اكرم بك، بنم تورك لساننه اولان هوسمى آكلايوب شيمدىيه قدر جمع ايتديكم ادبياتك برقاچنى ايستدى. آرزوسنى يرينه كتيروب هم استانبولده، هم آيدين ولايتنك بعض كويلرنده طوپلادىغم بيتلرى اوقودم، كوكلنى قازاندم.

اكرم بك :

ــ عوام شعرينك ساده‌لكى، ديلنك كوزه‌للكى شبهه‌سزدر، فقط كلمه‌لرى آز ... ايشته بوندن دولايى فكرلرى‌ده او قدر چوق اولاماز ... ديدى.

[語句の解説 11-④]
مسافر misâfir 客 زياده ziyâde 〜以上に、〜よりはむしろ(-den) عوام avâm 民衆
ترجيح tercîh より好むこと→ ت.ا. t.et- より好む مقصد maksat 目的、意図 لسان lisân 言語 هوس heves 情熱 آكلاتمق anlatmak 説明する بنم benim 「私の」は4つあとの هوسمى hevesimi にかかる。 جمع cem'(→ cem') 収集 ج.ا. c.et- 収集する آيدين Aydın アイドゥン(地名:アナトリア西部の県) ولايت vilâyet(-ti) 県 كوى köy 村 طوپلامق toplamak 収集する كوكل gönül(-nlü) 心→ كوكلنى قازانمق gönlünü kazanmak 歓心を買う ساده‌لك sâdelik 素朴さ< ساده sâde 素朴な ديل dil 言語 شبهه‌سز şuphesiz 疑いのない فقط fakat しかし كلمه kelime 単語、語彙 ايشته işte まさに دولايى dolayı 〜ゆえに(-den)

第20課 「聖なるラマザン」

١١. ⑤ بن ــ فكرلریده وار، كلمه‌لریده بول … آما، بونلر ألآن مجهول …

صوكرا، احمد وفيق پاشا، احمد مدحت افندی، ابوالضیا توفیق بك ایله چوق كوروشدیكمی، اونلرك بو مسئله‌یه دائر بیان ایتدكلری مطالعه‌لری، آچیق تورك لساننك علم السنه نقطهٔ نظرندن اهمیتنی آكلاتدقدن صوكرا، منیف پاشا :

[語句の解説 11-⑤]
بول bol 豊富な　ألآن el'ân 現在、今のところ　مجهول meçhûl 不明な　احمد وفيق
Ahmet Vefik アフメト・ヴェフィク→(1823-91：オスマン語辞書 لهجه عثمانى
Lehçe-i Osmânî, 1293 H.(1876)＜初版＞の編纂で有名)　احمد مدحت افندى Ahmet
Midhat Efendi アフメト・ミドハト・エフェンディ(1844-1912：オスマン帝国
期の代表的作家)　ابوالضیا توفیق بك Ebüzziya Tevfik Bey エビュッズィヤ・テヴ
フィク・ベイ(1848-1913：本書の応用編＜第23-24課＞で一部抜粋した
مونهٔ ادبیات عثمانیه Nümune-i Edebiyât-ı Osmâniye『オスマン文学アンソロジー』
の編者)　كوروشمك görüşmek 出会う(-ile)　مسئله mesele 問題　بیان beyân 公言
→ ب.ا. b.et- 公表する　مطالعه mütâlaa 意見、見解　علم السنه ilm-i elsine 言語学
* ilm-i elsine でみるように、ilim(-lmi)のような母音の接尾により第2母音が脱落
する語は、ペルシア語修飾法 izâfe で修飾された場合でも、つなぎの「-i, -ı」によ
り第2母音が脱落する。　نقطهٔ نظر nokta-i nazar 観点　اهمیت ehemiyet 重要性

— 114 —

⑥.۱۱ ― او حالده تورکی مورکیلردن ماصاللرك دها زیاده قیمتی اولملی دیدی. ...

بن ― واقعا اویله آما، ماصاللری توحید ایدهبیلمك ایچین وقت و صبردن باشقه لسانك تکمیل بیلنمسیده لازم. بوندن ماعدا، ماصالی هرکس بیلمز و بیلسه بیله سویلیهمز، سویلسه بیله یازدیراماز. ماصال ادبی حکایهلره بکزهر، حکایهیی بیلن چوق، سویلینده چوق، آما ادبی شکلنده قلمه آلانلر نادر بولونور. بر ادیبك مهارتی لازم.

[語句の解説 11-⑥]

او حالده o halde その場合　تورکی türkü 民謡 (トルコ風)　مورکی mürkü (←türkü) 民謡に類するもの (←おもに口語で見られる表現で、先行語の頭文字を m に置き換え、「それに類するもの、〜など」を示す。(→ cf. 拙著『トルコ語文法読本』大学書林、1986, p.152)　ماصال masal 昔話　قیمت kıymet(-ti) 価値　اولملی olmalı あるはずだ　واقعا vâkıa 実際には　اویله öyle そのよう　توحید tevhît 統一 → تـ.ا.ت tevhît et- 一つにまとめる　صبر sabır 忍耐力　باشقه başka 〜以外 (-den)　تکمیل tekmîl 完全に　ماعدا mâadâ 〜の他に (-den)　هرکس herkes 誰でも (←否定表現で部分否定)　بیله bile たとえ〜であっても (←仮定・条件表現で)　یازدیرمق yazdırmak 書き取らせる　حکایه hikâye 物語、説話　سویلین söyleyen 話せる人　شکل şekil(-kli) 形　قلم kalem ペン→ قلمه آلمق kaleme almak 書き留める　نادر nâdir めったに〜ない　ادیب edip 作家　مهارت mahâret(-ti) 技量、熟達、堪能

第20課 「聖なるラマザン」

١١.⑦ اكرم بك ــ بنم ايشيتديكمه كوره، ماصاللرى اك زياده بيلن، اك چوق سويلين، قوجه قاريلردر. و اونلرك تانديرى ياننده اولور. چوجوق ايكن ماصاللرى آنجق آننه‌مدن و ياننده اولان جاريه‌لردن، قونو قومشو ديشى اهلندن ايشيتدم.

منيف پاشا ــ هپمز اويله ... ماصاللره، خانملرك و چوجوقلرك مراقى اولور.

بعضيلرى ــ اويله يا ... ديديلر. بونك اوزرينه نكار خانمك اختيار والده‌سى ــ ايشته قوجه قارى بن ايم، ماصاللرى بيلنده بن ايم ... ديدى.

خانم ننه‌نك ألنى ئوپوب:

ــ اويله ايسه بر تاندير قورالم ... ديدم.

بوتون مسافرلرك آرزولرى اوزرينه، همده رمضان شرفنه، والده‌جكزك كوكلنى آلدق.

[語句の解説 11-⑦]
ايشيتمك işitmek 聴く、聞く　　كوره göre ～によれば(後置詞)　　قوجه قارى kocakarı 老婆　　تاندير tandır 堀りごたつ　　آنجق ancak ただ　　جاريه câriye 女奴隷、女使用人　　ديشى dişi 女、雌　　اهل ehil(← ehl)人びと　　قونو قومشو konu komşu 隣人　　مراق merâk 興味、関心事　　بعضيلرى bâzıları そのうちの(その場にいた)数人　　اختيار ihtiyâr 年老いた　　والده vâlide 母君、母堂　　ننه خانم hânım nine お婆さま　　ئوپمك öpmek キスをする　　قورمق kurmak 組み立てる　　تاندير قورمق tandır kurmak 堀りごたつを囲んで昔話を語り聞く　　همده hem de さらに、しかも　　شرف şeref 名誉、祝い　　جكز -ceğiz[2] ～さん、～ちゃん(→ cf. p.60. 第12課-12.4.)

— 116 —

١١.⑧ خانم ننه ــ أیی آما، ماصال سویلمزدن اول، برده تکرلمه‌سی وار. ایلك اوكجه اونی دیكلملیسكز.

مسافرلر ــ نه اعلی، جانمزه منت! دیدیلر.

بن ــ بو تكرله‌مه دیدیككز نه كبی اولور؟ دییه صوردم.

اكرم بك ــ ماصاللرك ایلك قسمی، مقدمه كبی اكلنجه‌لی سوزلردن عبارت بر باشلانغیچ ... دیدی.

بونك اوزرینه، خانم افندی كندیسنی طوپلایارق :

ــ ایشته تاندیر بوراسی اولسون ... دیدی.

[語句の解説 11-⑧]

أیی iyi よろしい سویلمدن اول söylemezden evvel＝سویلمدن اول söylemeden evvel 語る前に（→ cf. p.56. 第 11 課-<副動詞> 11.5.）تكرله‌مه/تكرلمه tekerleme テケルレメ（←昔話の決まり文句<発端・終結部など>）。とくに発端部の tekerleme は、奇想天外で支離滅裂な内容を語ることにより、現実の世界から昔話の世界へと聞き手を誘う機能を果たす。（→ cf. 竹内・勝田（訳註）『トルコ民話選』大学書林、1981）ایلك اوكجه ilk önce まず最初に ديكلمك dinlemek 聴く、聞く نه اعلی ne alâ 素晴らしい منت minnet 恩義、感謝 دیدیككز dediğiniz あなたがおっしゃったもの（→ cf. p.52. 第 10 課-<動名詞> 10.3.）نه كبی ne gibi どんな قسم kısım (-smı) 部分 مقدمه mukaddeme 序、導入 اكلنجه‌لی eğlenceli 楽しい、面白い عبارت ibâret 成り立つ (den) باشلانغیچ başlangıç 始まり طوپلامق toplamak 集める → kendini toplamak 精神を集中する、気合いを入れる اولسون olsun 〜にしましょう（とり決め）

第20課 「聖なるラマザン」

١١.⑨ بزده یانی باشنه اوطوردق، دوداقلرینه باقدق. سوینجمدن آز قالدی بایىلاجقدم. والده خانم، كولومسیەرك باشلادی :
بر وارمش، بر یوقمش، آللهك قولی چوقمش، اول زمان ایچنده، قالبور قزغان ایچنده، دوه تلال ایكن، صیچان بربر ایكن، بن اون بش یاشنده ایكن، آنامك بابامك بشیكنی طینغیر مینغیر صاللاركن، وار وارانك، سور سورەنك، دستورسز باغه كیرەنك حالی بودر هی ...

[語句の解説 11-⑨]

بزده biz de「私たちは」(← de は先行語の対比強調) ＊現代トルコ語では先行語と分離させて書かれる るが (de / da)はオスマン語では先行語と非分離で書かれる。そのため بزده は上記の意味以外に bizde「私たちのところで」(←代名詞＋位格)を表すこともある。 یانی باشی yanıbaşı(彼女の)すぐそば اوطورمق oturmak 座る دوداق dudak 唇 سوینج sevinç 喜び آز قالدی az kaldı あわや～するところだった بایىلمق bayılmak 気絶する كولومسیەرَك gülümseyerek 微笑みながら(副動詞)＜ كولومسمك gülümsemek 微笑む بر وارمش، بر یوقمش bir varmış, bir yokmuş「直訳：そんなことあったそうな、なかったそうな」以下、このページの終わりの ...هی までは、トルコ昔話の発端部でみられる典型的なテケルレメ。 آلله Allah 神 قول kûl 下僕、奴隷 قالبور kalbur ふるい قزغان kazan 大鍋 دوه deve ラクダ تلال tellâl 触れ込み人 صیچان sıçan ネズミ بربر berber 床屋 یاش yaş 年齢 بشیك beşik ゆりかご مینغیر طینغیر tıngır mıngır ギーギー صاللامق sallamak 揺する وارمق varmak 行く سورمك sürmek (家畜などを)追う دستورسز destûrsuz 無許可で (← دستور destûr 許可) حال hâl(-li)状態 هی hey それ！(←非難)

第 21 課 *Türk Halk Edebiyatı*'ndan (2)

12. Masallar「昔話」(108)

①.١٢ خانم ننه ــ ایشته، ماصالك بری خاطرمه كلدی ... كلدی آما،
قیصه‌جق ... دیدی. برده نه پریسی وار، نه‌ده جینلری ... آنجق بر اودون یاریجیسی ...

بن ــ ضرر یوق، ذاتاً ایچنده دیولر، پریلر بولونمایان ماصاللر غرب ملتلرنده‌ده وار.

قلممی چیقاروب، بر قلمده نكار خانمه ویروب اشتیاقله دیكلمكه باشلادق.

ایشیتدیكم اك برنجی ماصال شو ایدی :
وقتك برنده، بر اودون یاریجیسی وارمش، بونك برده قاریسی وارمش ...

[語句の解説 12-①]
خاطر hatır 記憶 → hatırıma gelmek 思い浮かぶ、私の記憶によみがえる قیصه kısa 短い پری peri 妖精 جین cin ジン、霊 (超自然的存在の一種) نه‌ده B نه A → ne A ne de B A も B も ~でない (否定構文) اودون odun 薪 یاریجی yarıcı 割く人 → یاریجیسی.ا odun yarıcısı (= اودونجی oduncu) 木こり ضرر zarar 害 → ضرر یوق zarar yok 構わない、OK だ ذاتاً zâten とにかく、所詮 دیو dev 巨人、鬼 غرب garp ヨーロッパ ملت millet 民族、国民 اشتیاق iştiyâk 情熱 دیكلمكه dinlemeğe (与格形) < دیكلمك dinlemek 聴く、聞く وقتك برنده vaktin birinde ある時 (副詞)

---

(108) 出典 [Kúnos 1925: 102-105]

第21課 「昔話」

②.١٢ بو اودون یاریجی، کوندوزلری داغه کیدوب اودون کسرمش، آقشام اوستی‌ده کسدیکی اودونلری کوتوروب صاتارمش ...
آلدیغی پارالرله بقالدن اکمك یمك الوب اوینه کتیرر، قاریسی‌ده اونلری پیشیریر، یرلر ایچرلر. اوندن صوکرا، «پیش پوف ده پیش پوف» دییه‌رك تورکی، چالغی، اویون ایله جنبش ایدوب وقتلرینی کچیررلرمش. ینه ایرتسی کونی، اودون یاریجی داغه کیدوب اودونلری کسر، آقشام اوستی صاتوب پاراسیله اوینه یمك آلوب یرلر ایچرلر، ینه اوینایوب جنبش ایده‌رلر ... هر کون هر کیجه بویله یاپوب کونلرینی ذوق ایله کچیررلرمش ...

[語句の解説 12-②]

اودون یاریجیسی / اودون یاریجی odun yarıcı 木こり（←文法的には、前ページの odun yarıcısı が正しい） کوندوز gündüz 昼間 داغ dağ 山 کسمك kesmek 切る کسدیکی kestiği 彼が切った~（分詞→ cf. p.52. 第10課-10.3.) آقشام اوستی akşam üstü 夕方近く صاتمق satmak 売る پارا para お金（← پاره) بقال bakkal バッカル（食料・雑貨店） اکمك ekmek パン یمك yemek 食べ物 پیشیرمك pişirmek 料理する、調理する ایچمك içmek 飲む پیش پوف pîş pûf ピーシュプーフ（歌えや踊れ？） چالغی çalgı 楽器 اویون oyun 踊り جنبش cünbiş (→ cümbüş) 宴→ ج.ب.١. c.et- 大騒ぎして楽しむ ＊外来語における -nb- はオスマン［トルコ］語では -mb- と表記される。cf. تنبل tanbal 怠け者の P → tembel تنبیه tanbih 忠告 A → tembih ただし、استانبول İstanbul イスタンブル G は× İstambul とならずにそのまま İstanbul. کچیرمك geçirmek (時を) 過ごす ＊本ページ最後にも同一動詞 geçirmek が用いられているが、そのオスマン語表記は ی を欠いた کچرمك geçirmek と記されている。ذوق zevk 喜び、楽しみ کچرمك geçirmek 過ごす

第21課 「昔話」

١٢. ③ كونلرده بر كون، پادشاه كيجەلرى موم ياقمغى ياساق ايدەر. هيچ بر كيمسە، كيجە موم ياقماز ايدى. بو اودون ياريجىدە ينە اولكىكبى هر كيجە اوينايوب جنبشدن كرى قالماز ...

بر كيجە پادشاه چيقوب هر يرى كزە كزە بردە بو اودون ياريجينك اوينە كلوب باقار كە اوك ايچرسندە بر كورولتو، بر حاريلتى، بر چالمە اوينامە كە ديمە كيتسين ...

[語句の解説 12-③]
پادشاه pâdişâh 王　كيجەلرى geceleri 夜間（副詞）　موم mum ロウソク　ياقمق yakmak 灯す、燃やす　ياساق yasak 禁止→ يـ. y.et- 禁じる　ياقماز ايدى yakmaz idi 灯していなかった（動詞複合形→ cf. p.39. 第 7 課-7.3.1)）　اولكىكبى evvelki gibi 以前と同じように　كرى قالمق geri kalmak さしひかえる (-den)　كزمك gezmek 見て回る → كزە كزە geze geze 見て回っているうちに（副動詞→ cf. p.55. 第 11 課-11.3.)　اوك ايچرسندە evin içerisinde その家の内部で　كورولتو gürültü 騒ぎ、物音　حاريلتى harıltı 騒音、物音　ديمە كيتسين deme gitsin 何とも言えないほど（素晴らしい）

第21課 「昔話」

١٢.④ اودون یاریجینك، قارىسىله «پیش پوف» دییوب اوینادقلرینی پادشاه سیرایدهر. بونلرك بویله یاپدقلری پادشاهك چوق خوشنه كیدوب قاپویه نشان قویارق كیدهر.

ایرتسی كون، پادشاه اودون یاریجینك اوینه بر آت ایله بر قات روبه كوندروب یاننه چاغیرتیر. آت ایله روبه‌یی آداملر آلیر، اودون یاریجینك اوینه كلیرلر، قاپویی چالوب اودونجی‌یی صورارلر. قاریسی‌ده قوجه‌سنك اوده اولمدیغنی، اودون كسمك ایچین داغه كیتدیكنی او آدمله سویلر. اونلرده كیده‌رلر، اودونجی‌یی داغدن آلوب كتیررلر، روبه‌لری كیدیروب آته بیندیره‌رك دوغرو پادشاهك یاننه كوتورورلر.

[語句の解説 12-④]

سیر seyir(-yri) 見物 → سـ.١. seyret- 見つめる یاپدقلری بونلرك بویله Bunların böyle yaptıkları 二人がそのようにしていること (動名詞 → cf. p.52. 第10課-10.3.) نشان nişân しるし → (قویمق) قومق.ن nişân komak (koymak) しるしをつける ایرتسی ertesi その次 آت at 馬 بر قات bir kat 一着の、一ふりの روبه ruba 服 كوندرمك göndermek 送る چاغیرتمق çağırtmak (人を介して)呼び寄せる(使役形→ cf. p.45. 第8課-8.3.)< چاغیرمق çağırmak 呼び寄せる آدم(→2行下 ママ) adam 男、家臣 صورمق sormak 求める قوجه koca 夫 كیدیرمك giydirmek 着せる(使役形) بیندیرمك bindirmek 乗せる(使役形) دوغرو doğru まっすぐ

第 21 課 「昔話」

۵.۱۲ یولده کیده‌رکن بونی هرکس کورور ؛ صاغ و صولنه ایکی کچه‌لی فقرالر دیزلمش، بوندن پاره ایسترلر. اودون یاریجی‌ده آتك اوزرنده ألنی جیبنه صوقارق باقار که پاره یوق ... بر صاغنه، برده صولنه، «دونوشده، دونوشده» دییه‌رك کیدر. اك صوكرا، پادشاهك یاننه کیره‌ر. پادشاهده بونك نه ایش طوتدیغنی صورار. اودون یاریجی‌ده، کوندوزلری داغدن اودون کسوب اونلری آقشاملین صاتوب پاراسیله أوینه یم یمش آلوب قاریسیله برلکده ییوب ایچوب اویناد‌قلرینی سویلر. پادشاهده، بو اودون یاریجی‌یی کندیسنه قاپوجی‌باشی یاپار، برده کوزه‌ل قیلیج ویرر.

[語句の解説 12-⑤]

یول yol 道　صاغ sağ 右　صول sol 左　کچه geçe 側→ ایکی کچه‌لی iki geçeli 両側の(に)　فقرا fıkarâ 貧者　اوزرنده üzerinde 〜の上で　دیزلمك dizilmek 並ぶ　جیب cep ポケット　صوقمق sokmak つっこむ　دونوش dönüş 戻り、帰り　کیرمك girmek 入る　طوتمق tutmak つかむ→ ایش ط. iş t. 仕事をする、仕事につく　کسوب kesip 切って(副動詞)<کسمك kesmek 切る　آقشاملین akşamleyin 夕方　صاتوب satıp 売って(副動詞)<صاتمق satmak 売る　یم yem 穀物、餌　یمش yemiş 果物→ yem yemiş 食料　ییوب yiyip 食べて(副動詞)<یمك yemek 食べる　برلکده birlikte 一緒に　قاپوجی‌باشی kapıcıbaşı (宮殿の)門衛長　قیلیج kılıç 刀、剣

第21課 「昔話」

١٢.⑥ اودون ياريجىده آتنه بينوب ينه اوينه كليركن يولده فقرالر ينه پاره ايسترلر. برده، آت اوزرنده ألنى جيبنه صوقدقده باقار كه ينه پاره يوق. بر صاغنه، بر صولنه، «سزهده يوق، بكاده يوق ... سزهده يوق، بكاده يوق ...» دييه اوينه قدر كلير.

برده قارى قوجه، بونلرك قارنلرى آجيقير ... اودونجى قاريسنه ديركه «شيمدى نه ياپاجغز؟ صانكه بو اييمى اولدى؟ پاره يوق، پول يوق، نه ياپالم؟» قاريسى‌ده «هايدى بارى، آ قوجه شو قليجى بقاله كوتور، برآز ييه‌جك آل، كلده ييه‌لم ...» دير. اودونجى‌ده قيليجى آلوب دوغرو بقاله كيده‌ر، برآز يم يمك آلير، اوينه كلير، قاريسيله اوطورورلر، تميز يرلر ايچرلر، ينه اولكى‌كبى اوينارلر، جنبش ايده‌رلر، هيچ بر شى دوشونمزلر.

[語句の解説 12-⑥]
صوقدقده soktukta つっこんだ時 (← dikte 〜した時) بكاده bana da 私にも (←私に対しても) قارن karın(-rnı) 腹 آجيقمق acıkmak 空腹を覚える صانكه sanki 一体 پول pûl お金 هايدى haydi さあ (←相手に動作を促す) بارى bâri せめて、とりあえず آ a ああ、まあ ييه‌جك yiyecek 食べ物 كلده gel de もどってきて تميز temiz すっかり دوشونمك düşünmek 考える

— 124 —

第 21 課 「昔話」

١٢. ⑦ بو اودون ياريجى ايله برابر كلمش اولان اوشاق، بونلرك ياپدقلرينى كورور، صباحلين دوغرو كيدهر، پادشاهه خبر ويرر. اودونجىده تختهدن بر قيليج ياپوب قيننه صوقار. برده پادشاه بونى ايشيتدكده، او زمانلرده ده بر كيمسهيه يكى رتبه ويرلديكى وقت بر آدامك اوكا باشنى كسديررلرمش ... پادشاه، آداملرينه خبر ويروب بر يره طوپلار، اودون ياريجىيهده خبر كوندروب چاغيرتير. بو اودونجى ينه كيينير، آتنه بينر، دوغرو سرايه كيدهر. پادشاهده بر آدام كتيرتير، اودونجىيه ديركه »شو آدامك باشنى كس! ...« اودونجىده باقاركه، قيليجى تخته ... ناصل ايتسين؟ ... همان قيليجنى طوتار و »آمان ياربى! شو آدامك كناهى يوقسه قيليجم تخته اولسون، اكر وارسه كسسون« دير ... قيليجى چكر، برده باقارلركه، قيليج تخته ...

[語句の解説 12-⑦]
قين kın(刀 اوشاق uşak 小僧、下男 صباحلين sabahleyin 朝方 تخته tahta 木(材料) の)さや او زمانلرده o zamanlarda 当時 يكى yeni 新しい رتبه rütbe 位、階級
本文4行目の文の後半部＝ بر آدامك اوكا باشنى كسديررلرمش の اوكا の位置は次の2通りが適切。
(1)→ اوكا بر آدامك باشنى كسديررلرمش ona bir adamın başını kestirirlermiş
その者にある男の首をはねさせるのであった
(2)→ بر آدامك باشنى اوكا كسديررلرمش bir adamın başını ona kestirirlermiş
ある男の首をその者にはねさせるのであった
كسديرمك kesdirmek(→ kestirmek) 切らせる سراى saray 宮殿、城 آمان amân ああ يا ربى yâ Rabbî 神よ كناه günâh 罪 اكر eğer もし چكمك çekmek 抜く(刀をさやから)

第21課 「昔話」

١٢. ⑧ اورادن پادشاهه دیر که «کوردیکزمی افندم، بو آدامك کناهی یوقدر». پادشاهده، بو اودونجینك قیلیجی نه یاپدیغنی اولجه خبر آلمش اولدوغندن اودونجینكده بویله یاپمسندن پك چوق خوشلانوب اودونجی یه بر قوناق، چوق پاره و دنیالقلر ویروب چیراق ایدهر، اودونجی ده قاریسنی آلیر، او قوناقده ئوله سی یه جك اوطورورلر، عمرلرینی راحتله کچیررلر.

[語句の解説 12-⑧]

کوردیکزمی gördünüz mü ご覧になりましたか→ここでは、-di 過去形の2人称複数形語尾 ـ کز (-niz⁴) は同3人称基本形 کوردی gördü の語末 ی の脱落しない形に接尾している。(→ cf. p.25. 第5課-注(28))。 اولجه evvelce 前もって خبرآلمق haber almak 知る→ خبر آلمش اولدوغندن haber almış olduğundan (すでに)知っていたので خوشلانمق hoşlanmak 気に入る (-den) قوناق konak 館 دنیالق dünyalık 一財産、あり余るほどのお金 چیراق çırak 弟子、家臣 ئولمك ölmek 死ぬ→ ئوله سی یه جك ölesiyecek 死ぬまで cf. -esiye "to the point of" (the participle of the future II) [Lewis 1975: 180-181] عمر ömür(-mrü) 生涯 راحتله rahatla 安楽に、気楽に

第 21 課 「昔話」

۱۲.⑨ خانم بو ماصالى بيتيرير بيتيرمز، يوزينه كوزينه كمال تعجبله باقدق. نه كوزه‌ل سويليوردى، نه‌ده طاتلى طاتلى نقل ايدييوردى.
— آرتق طاندير‌نامه قورولدى، ديدم، اوته‌سى يوق ...
اكرم بك — أى ماجار اوغلى دوستمز، شيمديلك ايشيتديككز بو ماصال، غرب ماصاللرينه نسبتله ناصلدر؟ بارى بكندكمى؟ دييه صورونجه ...
بن — يالكز بكنمك دكل، او قدر خوشمه كيتدى كه، مراقم آرتق ماصال مسئله‌سى اولدى ... ديدم.

[語句の解説 12-⑨]
يوز yüz 顔　كوز göz 目　كمال kemâl(-li) 完全、最高　تعجب taaccüb 驚き、感嘆→
كمال تعجبله kemâl-i taaccüble すっかり感嘆して　طاتلى tatlı 楽しげに、見事に　نقل nakil(-kli) 物語→ نقل ايتمك nakletmek 語る　طاندير‌نامه tandırnâme(掘りごたつで語られる)昔話　اوته öte あと、残り　اوته‌سى يوق ötesi yok これ以上のものはない　أى ey ～よ (呼びかけ)　شيمديلك şimdilik 今しがた　نسبتله nisbetle 比較して (-e) بكندكمى beğendin mi 君は気に入ったか→ここでは di 過去形の 2 人称単数形語尾 ك (-in)が同基本形 بكندى beğendi の語末 ى の脱落した بكند beğend に接尾している。　يالكز yalnız 単に、ただ→ يالكز A دكل yalnız A değil ただ単に A だけでなく

— 127 —

第 22 課　*Türk Halk Edebiyatı*'ndan (3)

13. Tatar Esirleri 「タタール人捕虜」[109]

١٣. ① دنیانك باشنه حرب عمومی بلاسی چوكدی. بونك حالا ياسنى طوتاركن كچيرديكمز صيقينتيلر، باريش فلاكتلرى هيچ خاطرمزدن چيقارمى؟ … آصلا، آصلا!
محاربه اثناسنده آلتمش ياشمه باصدم ؛ وطنمه و برده مستشرقلك نامنه خدمتلرده بولونمق ايچين ماجار فن آقاده‌میسنك آرزوسیله، آووستریا و ماجارستانده تشكيل ايديلن اسلام اسيرلرى قراركاهنى زيارت ايتدم.

[語句の解説 13-①]

باشنه ~ başına ～の身の上へ　حرب عمومی harb-i umûmî 第一次世界大戰　بلا belâ 災難、不幸　چوكمك çökmek 襲う　ياس yas 喪 → طوتمق.ي- y.tutmak 喪に服す　باريش barış 平和　صيقينتى sıkıntı 苦痛、苦労 → كچيرمك.ص- s.geçirmek 苦痛を受ける　فلاكت felâket(-ti) 大惨事　چيقمق خاطردن hatırdan çıkmak 記憶から消える　آصلا aslâ 決して否　محاربه muhârebe 戰爭　اثنا esnâ 期間　آلتمش altmış 60　باصمق basmak (年齢に) なる　وطن vatan 祖国　مستشرقلك müsteşriklik 東洋学　نامنه nâmına ～ために　خدمت hizmet 奉仕、貢献 → بولونمق hizmetlerde bulunmak 貢献する　فن fen(-nni) 科学　آقادهمی Akademi アカデミー　آرزو ârzû 要請　آووستریا Avusturya オーストリア　ماجارستان Macaristân ハンガリー　تشكيل teşkîl 形成 → ت.ا. t.et- 形成する　اسير esîr 捕虜　قراركاه karârgâh 収容所　زيارت ziyâret 訪問 → ز.ا. z.et- 訪問する

---

(109) 出典 [Kúnos 1925: 157-159]

第 22 課 「タタール人捕虜」

۱۳.② اوچ سنه‌نك اوچر آیلرینی مزكور قرارکاه‌لرده كچيروب ينه كنجلك زمانلرمك اشتغالاتنه باشلادم. تاتار ملتنك قيد اسارته دوشن عسكرلرندن، بيكلرجه كنجلرندن تاتار خلق ادبياتنی اوكرنمكه نيت ايتدم.

واسع روسيه‌نك مختلف تاتار اساسندن مركب بر طابوری، پشته قربنده «ئه‌سته‌رغوم» شهری جوارنده ؛ بر طابوری‌ده، آووستريانك «ئه‌كه‌ر» شهری يقيننده بولونويوردی.

[語句の解説 13-②]

اشتغال iştigāl 仕事、研究→ اشتغالات iştigālât (pl.) كنجلك gençlik 青春 مزكور mezkûr 上述の、既述の اوچر üçer 3 ずつの تاتار Tatar タタール人 قيد kayd 登録された、拘束された اسارت esâret 捕虜→ اسارته دوشمك esârete düşmek 捕虜になる اوكرنمك öğrenmek 知る、学ぶ بيكلرجه binlerce 何千もの عسكر asker 兵士 نيت niyet → ن.ا. n.et- 意図する (-e) واسع vâsi 広大な روسيه Rusya ロシア مختلف muftelif 様々な اسرا üserâ 捕虜 (pl.) مركب mürekkep 〜から成る (-den) طابور tabur 大隊、列 پشته Peşte ブダペスト قرب kurb (-bü) 近辺 ئه‌سته‌رغوم Estergom エステルゴム (地名：ブダペスト北西部の町) جوارن civâr 近辺 شحر şehir (-hri) 町 ئه‌كه‌ر Eger エゲル (地名：ブダペスト北東部の町) يقين yakın 近く بولونويوردی bunlunuyordu 存在していた

— 129 —

第22課 「タタール人捕虜」

١٣.③ هر صباح ايركندن قالقوب شؤمەندؤفرله ئەستەرغومه كیدەر، اوراده آقشامه قدر قالیردم. تاتار اسیرلریله كوروشەرك اك اول بر آز تاتارجه قونوشمسنی اوكرندم. صوكرا، كیت كیده «جیر» لرینی و تورلو تورلو خلق بیتلرینی دیكلدم.

«جیر»، تاتارجه توركی و «ئەكیەت» ده ماصال دیمكدر.
تاتار اسیرلری بشبیكدن زیاده ایدی. اكثریسی قازان دیلنی سویلین قازانلیلردن باشقه، قریملیلر، «میشەر» لر، «باشقیر» لر، توركمنلر و برده تورك دیلنی سویلین چركسلر وار ایدی.

[語句の解説 13-③]

ايركندن erkenden 早くから　شؤمەندؤفر şimendifer 鉄道、汽車、列車(←フランス語 chemin de fer)　قالیردم kalırdım 留まったものだ(←過去における習慣)　تاتارجه Tatarca タタール語　كیت كیده gitgide 次第に、徐々に　جیر cır →本文直後の説明参照(= توركی türkü 歌謡)　ئەكیەت ekiyet 昔話(=masal)　دیمكدر demektir 意味する　قازانلی بشبیك beşbin 5000　اكثریسی ekserisi その大半　قازان Kazan カザン → Kazanlı カザン・タタール　قریملی Kırımlı クリミア・タタール　میشەر Mişer ミシェル人(西タタール方言を話すといわれており、ボルガ川右岸、ウラル地方に分布し、今日タタール、モルドヴァ、チュヴァシュ各自治共和国等に住む)　باشقیر Başkır バシュキール人　توركمن Türkmen トルクメン人　چركس Çerkes チェルケス人

第 22 課 「タタール人捕虜」

۱۳. ④ قونوشولان تاتار لسانلرینك اك مهمی قازان دیلی ایدی. ذاتاً بو،
تاتار لسانلرینك آیری بر لهجه‌سی اولوب هم مدنیتجه، هم ادبیاتجه اویله
ایلریله‌مشدی که، عادتا باشلی باشنه بر تاتار لسانی شکلنی آلمشدی.
نفوسنك چوقلغی، برده دیلنك شیرینلکی و زنکینلکی اعتباریله کیتدکجه
روسیه‌ده‌کی مختلف تاتار ملتلرینك ادبی لسانی اولدی. اویله مکتبلری
وار که، هر طرفدن کلمه طلبه‌لری قازان لساننی اوکره‌نیر ... کتابلری و
غزته‌لری وار که، بو لسانی اوقومغی اوکره‌نمش تاتارلر، هپ بونلری
اوقویورلر و بو صورتله قازان لسانی بوتون تاتار ملتلری آراسنه کیرمش
اولویور.

[語句の解説 13-④]

مهم mühim(-mmi) 重要な آیری ayrı 別の لهجه lehçe 方言 مدنیت medeniyet 文明
→ مدنیتجه medeniyetçe 文明的に اویله...که~ öyle...ki~ あまりにも...なのでそ
の結果~となる ایلریله‌مك ilerilemek 発展する (←ایلرلمك ilerlemek) عادتا âdetâ
ほとんど、一般に باشلی باشنه başlı başına 単独で نفوس nüfus 人口 چوقلق
çokluk 大多数 شیرینلك şîrînlik 美しさ اعتباریله itibâriyle ~に関しては、~の点
では کیتدکجه gittikçe 次第に مکتب mektep 学校 کلمه gelme やって来た、出身
の (形容詞) طلبه talebe 学生 غزته gazete 新聞 صورت sûret 方法→بوصورتله
bu suretle このようにして بوتون bütün 全ての

— 131 —

第22課 「タタール人捕虜」

⑤.۱۳ جملەمزك معلوميدر كە، روسيەدە ساكن تاتار لهجەلرى آراسندەكى فرق، كلمەلردە دكل، اصل بو كلمەلرك صورت تلفظندەدر. بو اعتبارلە «ميشەر» لهجەسنك تلفظى، قازانكندن اپى فرقليدر. قريمدەكى نوغايلرك سوزلرينى، قريم يالى بويى اهاليسى آكلاماز. چونكە، نوغاى شيوەسى او قدر عجائب كە، باشقە بر جنس تاتار بونى نە بيلير، نە آكلار. بالعكس، كتابلردە ويا غزتەلردە يازيلاجق اولورسە، بو نشر اولونان ديلى، هم نوغاى و هم باشقير او درجە آكلار كە عادتا كندى لهجەسنى اوقويور صانير.

[語句の解説 13-⑤]

جملە cümle みんな、全て   معلوم ma'lûm (→ ma'lûm) 明白な、知られている   ساكن sâkin 居住している   فرق fark 差異、ちがい   اصل asıl 本質的には   تلفظ telaffuz 発音   صورت تلفظ sûret-i telaffuz 発音方法   قازانكندن Kazan'kinden カザン方言の発音と比べると *この部分のより正確な表現は次のようになろう；قازانڭكندن Kazan'ınkinden カザンのそれ(=方言の発音)と比べると   اپى epey かなり   نوغاى Nogay ノガイ   يالى yalı 海岸   بويى boyu 沿い   اهالى ahâlî 住民、人々   آكلامق anlamak 理解する   شيوە şîve 方言、訛り   عجائب acâyip 奇妙な、変わった   جنس cins 系統   بالعكس bilâkis 逆に、これに対し   نشر neşir(-şri) 出版   درجە derece 程度、度合い → …درجە كە… او derece ~ ki… …なほど~する   صانمق sanmak 思う

— 132 —

第 22 課 「タタール人捕虜」

١٣. ⑥ اوقودقلرینی كندی لهجەسنك شیوەسیله اوقور و آكلار. ایشته بو سببدن دولاییدر كه، قازان لهجەسی اوزره یازلمش اثرلردەكی لسان، كیت كیدە روسیەدە ساكن بوتون تاتارلرك ادبیات لسانی اولدی. مشهور حكایەجی طوقایەفك، اسماعیل بك غصپرنسكینك، آقچورا اوغلی یوسف بكك و دها بر چوق شهرتلی قازان شاعرلرینك و مؤلفلرینك پارلاق یازیلرینی، حكایەلرینی، جیرلرینی، «چون» لرینی، ئەكیەتلرینی، مختلف لهجەلر قونوشان تاتارلر، كندی لهجەلریله اوقویارق آكلارلر.

[語句の解説 13-⑥]
سبب sebep 理由→ bu sebepten dolayı(←دولایی)こういう理由で ~اوزرە~ üzere ~に関して اثر eser 作品 حكایەجی hikâyeci 物語作家 طوقایەف Tukayef トゥカイェフ اسماعیل بك غصپرنسكی İsmail Bey Gasprinski イスマイル・ベイ・ガスプリンスキー(1851–1914：トルコ主義の提唱者) آقچورا اوغلی یوسف بك Akçuraoğlu Yûsuf Bey アクチュラオール・ユースフ・ベイ(1876–1935：cf. 本書第 15 課【練習問題 15-1/2】) شهرتلی şöhretli 有名な مؤلف müellif 作家 پارلاق parlak 輝かしい یازی yazı 著作 چون çön チョン？(タタール語で口承文芸の一種と推測されるが詳しい内容は不明) ئەكیەت ekiyet(＝masal 昔話)(→ cf. p.130.本課-13.③)

第 22 課　「タタール人捕虜」

١٣. ⑦ آناطولينك مختلف لهجه‌لريله قونوشان تورك عشيرتلرى عثمانلى ادبيات لسانينى اوقويوب آكلادقلرى كبى مختلف تاتار لهجه‌لريله قونوشان تاتارلرده، قازان ديلنى او نسبتده آكلارلر. تلفظلرده‌كى فرق، عرب حرفلرينك كفايتسزلكندن دولايى تماميله يازيلاماز. تورك ديلنه بيله عرب يازيسى، بالخاصه علم السنه نقطهٔ نظرندن او قدر موافق كلميور. بو سببدندر كه، آوروپا مستشرقلرى و على الخصوص توركجيلرى، عرب حروفيله يازلمش خلق ادبياتى متنلرينى لاتين حروفيله يازمق مجبوريتنده قالييورلر.

[語句の解説 13-⑦]

آناطولى Anadolu アナトリア　عشيرت aşîret 部族　عثمانلى Osmanlı オスマン(人)の　عرب Arap アラブ　حرف harf(-fi) 文字　كفايسزلك kifâyetsizlik 不十分さ、不適当さ　تماميله tamâmiyle 完全に(は)　بالخاصه bilhassa とくに　علم ilim(-lmi) 学問　السنه elsine 言語(pl.) < ليسان lisân(sig.) → علم السنه ilm-i elsine 言語学　نقطهٔ نظر nokta-i nazar 観点　موافق muvaffak うまく行く、適合した　آوروپا Avrupa ヨーロッパ　مستشرق müsteşrik 東洋学者　على الخصوص alelhusûs とくに　توركجى Türkçü トルコ主義者、ここではトルコ学研究者のことを指している　حروف hurûf 文字(pl.)　متن metin テキスト、本文　لاتين Lâtin ラテン→ لاتين حروفى Lâtin hurûfu ラテン文字(=ローマ字)　مجبوريت mecbûriyet 義務、強制→ ~ mek mecbûriyetinde kalmak ～せざるを得ない

第 22 課 「タタール人捕虜」

۱۳.⑧ بنم شیمدی‌یه قدر نشر ایتدیکم تورك خلق ادبیاتی مجموعه‌لرم، هپ لاتین حروفیله طبع ایدلمشدر که بوده، تلفظلرینی عیناً محافظه ایتمك ایچیندر. بونلر لاتین حروفیله یازلمیه‌جق اولورسه لهجه‌لرك خصوصیتلری میدانه چیقماز. ینه بو سببدندر که، تورکلر آراسنده السنه علمی او قدر ترقی ایتمه‌مشدر. کلمه‌لرك تلفظی، یعنی نه کبی شیوه ایله سویلنمسی مجهول قالیرسه «فونه‌تیك» علمی‌ده موجود اولماز.

ذاتاً «فونه‌تیك» علمی، کلمه‌لری ایشیدوب ایشیدلدیکی کبی و خلقك تلفظی وجهله یازمقدن عبارتدر، و لسانك اسکیلكنی اثبات ایدهر.

[語句の解説 13-⑧]

hep هپ　mecmûa 雑誌 مجموعه　neşret- 出版する نشر ایتمك　neşir(-şri) 出版 نشر
いつも　tab' 印刷 طبع　tabet- 印刷する ط.ا.　aynen 同一、そのまま عیناً　محافظه
muhâfaza 保護、保持 → م.ا.　m.et- 保持する　husûsiyet 特徴 خصوصیت　میدان
meydân 広場 → میدانه چیقمق　meydâna çıkmak 明らかになる　علم ilim(-lmi) 学問 →
مجهول　السنه علمی elsine ilmi 言語学　ترقی terakkî 進歩、発展 → ت.ا.　t.et- 進歩する
meçhûl 不明の　فونه‌تیك fonetik 音声(学)　موجود mevcût 存在 → اولمق م.　m.olmak 存
在する　ایشیدلدیکی کبی işitildiği gibi 聴こえた通りに　خلق halk 人々　وجه vech 方
法、手段 → وجهله vechle 方法で、〜のように　عبارت ibâret 〜からなる(-den)
اسکیلك eskilik 古さ　اثبات ispât 確定 → ا.ا.　i.et- 確定する

第 23 課　Nümune-i Edebiyât-ı Osmâniye'den (1)

14.　Ziya Paşa : "Şiir ü İnşâ" (1)　ズィヤ・パシャ：「詩と散文」（１）[110]

١٤.① ضيا پاشا : «شعر و انشا» دن
تعجبه شايان دكلميدر، كه بزده يازى بيلمك باشقه، كاتب اولمق ينه بشقه‌در! حال‌بوكه سائر لسانلرده يازى وَ املا بيلن كاتب اولور. واقعا هر لسانده اديب اولمق خيلى معلوماته توقف ايدر ايسه‌ده، عادتا مرادينى كاغد اوزرنده افاده ايتمك ايچون يازى يازمق كفايت ايلر. بزده ايسه يازى اوكرندكدن ماعدا بر چوق شيلر دها بيلمك لازم گلير.

[語句の解説 14-①]

ضيا پاشا Ziya Paşa ズィヤ・パシャ (1825–80)　شعر şi'r → şi'r (→ şiir) 詩　انشا inşâ 散文 → شعر و انشا "şiir ü inşâ"「詩と散文」(論文名)　تعجب taaccüb (→ taaccüp) 驚き、驚くべきこと　شايان şâyân 〜に値する (-e)　دكلميدر değil midir 〜ではないか　بزده bizde 我が国では (←代名詞 biz + 位格 de)　يازى yazı 文字、文書　باشقه başka 別もの　كاتب kâtib (→ kâtip) 書記官　حال بوكه halbuki しかしながら　سائر sâir 他の　املا imlâ 正書法　بيلن bilen 知っている者 (→ cf. p.53. 第 10 課-<動名詞> 10.5.)　واقعا vâkıa 実際には　اديب edib (→ edip) 文士、作家　خيلى hayli かなり　معلومات ma'lûmât (→ ma'lûmât) 学識、教養　توقف tevakkuf 依存→ت.ا.t.et- 〜を必要とする (e)　عادتا âdetâ ほとんど、実際に　مراد murâd (→ murat) 願望、意図　كاغد kâğıt 紙　كفايت kifâyet 十分な→ك.ايلمك k.eylemek (=etmek) 十分である、事足りる　اوكرنمك öğrenmek 習得する　ماعدا mâadâ 〜以外に、さらに (-den)　لازم گلمك lâzım gelmek 必要となる

---

(110) 出典　[Tevfik 1911: 291–292]

— 136 —

第 23 課 「詩と散文」(1)

١٤. ②اوّلا تركجه املا بیلنملیدر ؛ حال بوكه اڭ گوچ شی بودر ؛ زیرا
وقتیله تركجه‌یه مخصوص لغت كتابی یاپلمامش، وَ عثمانلیلر ملل
سائره‌یی دائرهٔ حكومتلرینه آلدقچه هر برنده گوردكلری یڭی شیلرڭ
اسملرینی او ملتڭ لسانندن آلوب، آز چوق بوزه‌رق، قوللانمش ؛ وَ هر
كاتب بر لغتی سكون و حركاتینڭ ذهننجه اویان بر شكلی ایله یازوب،
سائرلری دخی دیگر صورتله ضبط ایتمش اولدقلرندن، املا اوگرنه‌جك
كیمسه، اوّل امرده بونلرڭ هانگیسنه تابع اوله‌جغنده متحیر اولور.

[語句の解説 14-②]

اوّلا evvelâ 第一に　بیلنمك bilinmek 知られる (→ cf. p.44. 第 8 課-<受動形> 8.2.)
گوچ güç 困難な　زیرا zîrâ なぜならば　وقتیله vaktiyle かつて　لغت كتابی lûgat
kitabı 辞書　عثمانلی Osmanlı オスマン人　ملل milel 民族、国民 (pl.)< ملت
millet(sig.)　ملل سائره‌یی milel-i sâireyi 他の民族を (← سائره sâire は先行する複数名
詞 ملل milel に応じて女性形となっている点に要注意)　دائرهٔ dâire 圏、領域 (← 2 番
目の hemze はペルシア語式修飾法 izâfe, cf. p.79. 第 14 課-14.1.(2))　اسم isim 名
称　آزچوق az çok 多少　بوزمق bozmak 壊す、変形させる　قوللانمق kullanmak 使用
する、利用する　سكون sükûn 無音化 (→ cf. p.5. 第 1 課-1.3.③)　حركات harekât 母
音符号　ذهن zihn 心、記憶　اویمق uymak 適合する → ذهننجه اویان zehnince uyan
自分の頭の中で適合した(納得した)　سائرلری sâirleri 他の者たち (→他の書記官た
ち) (←所有接尾辞による形容詞の名詞化)　دیگر diğer 他の　صورت sûret 方法
ضبط ایتمك zabt etmek 書き留める　اوّل امرده evvel-i emirde 何よりも先に　هانگی
hangi どの　تابع tâbi' (→ tâbi') 依存した、属している　متحیر mütehayyir うろたえ
た、戸惑った

— 137 —

第24課　Nümune-i Edebiyât-ı Osmâniye'den (2)

14.　Ziya Paşa : "Şiir ü İnşâ" (2)　ズィヤ・パシャ:「詩と散文」より（2）

③.١٤ هله يكرمى سنه‌دن برى باب عاليه‌ده تفرّد ايدن مأمورلرڭ هر برى بر جانلى لغت اولمق هوسنه دوشه‌رك، كيميسى يا ايله (بيلديرير) وَ كيميسى ياسز (بلدرر) يازمغه باشلايه‌لى كوچوك كاتبلر نه ياپه‌جقلرينى شاشيرديلر.

ثانياً، عربى وَ فارسى املا بيلمك لازمدر. بو ايكى لسانڭ املاسنى بيلمك قواعدينى تحصيله موقوف اولديغندن، اڭ آز صرف و نحوى گورمينجه، طوغرى تركيب يازمق قابل اوله‌ماز.

[語句の解説 14-③]

هله hele さて、とりわけ　يكرمى yirmi 20　باب عالى Bâb-ı âlî (→ Bâbıâlî) バーブ・アーリー、オスマン政府（中枢部）　تفرّد teferrüd 出世→ .ا.ت t.et- ぬきん出る　مأمور memûr 役人　جانلى canlı 生きた　لغت lûgat(-ti) 辞書、字引　هوس heves 情熱、意欲　كيمسى kimisi そのうちある者は　يا yâ アラビア文字 ى → يا ايله yâ ile アラビア文字 ى の表記をともなった ↔ ياسز yâsız アラビア文字 ى の表記を省いた　بلدرر/بيلديرير bildirir 報告する（3.単.現）。*ここではオスマン語の母音「i」を文字 ى で表記するか、子音表記主体のアラビア語式に ى を省いて表記するかを問題にしている　باشلايه‌لى başlayalı ～し始めて以来（→ cf. p.57. 第11課-＜副動詞＞ 11.7.）　شاشيرمق şaşırmak 戸惑う、うろたえる　ثانياً sâniye'n (→ sâniyen) 第2番目に　قواعد kavâid 文法規則　تحصيل tahsîl 習得、学習　موقوف mevkûf ～に依存した　گورمك görmek 受ける（授業など）　طوغرى doğru 正確に　صرف و نحو sarf ü nahv 文法(-e)　تركيب terkîb (語の)複合、形成　قابل kābil 可能な → اولمق ق.k.olmak ～できる

— 138 —

第 24 課 「詩と散文」(2)

④.١٤ ثالثاً، بونلردن صكره اقلام دولتدن برنده برقاچ سنه‌لر استخدام اولنمق ایستر. بو اولمدقجه (ایدوگنه) یی (اولدیغنه) یه ربط ایتمه‌نك یولی بیلنه‌مز ؛ وَ بو نکته کمانکش سرّی گبی، کاتبلرك درس اخیری اولدیغندن، هر نه زمان بو ملکه‌یی حاصل ایدرسه، باب عالینك قوللانديغی کاتبلر صره‌سنه كچر ؛ وَ گویا بر یازی ماکنه‌سی اولور.

[語句の解説 14-④]

ثالثا sâlise'n(→ sâlisen) 第3番目に اقلام aklâm 事務所 (pl.) < قلم kalem 事務所 (sig.) の語幹複数形 (← cf. p.67. 第13課-13.4.(2).2-2)-①) دولت devlet 国家 → اقلام دولت aklâm-ı devlet 官庁、役所 استخدام istihdâm 勤務、実務 ایستمك istemek 要する、しなければならない ایدوگی (→ ایدوگ) idüğü ~である状態、現状。
*"idüğüne" は、連辞の便宜上の形態 i-mek の -dik 分詞・動名詞<3人称単数与格>形であり、これは本来 olmak の -dik 分詞・動名詞<3人称単数与格>形 olduğuna اولديغنه で代用される。ここでは、その「意味」は問題ではなく、連辞 i-mek の -dik 分詞・動名詞形を敢えて使用できるかを文章作成技術の一環とみなしている ربط rabt 絆、関連 → ر.ا. r.et- 結びつける نکته nükte 微妙さ、ポイント کمانکش kemânkeş 弓術家 سرّ sır (-rrı) 秘訣、秘密 درس ders レッスン、課題 اخیر ahîr 最後の、最終の ملکه meleke スキル、慣れ حاصل hâsıl 生産、獲得 → ح.ا. h.et- 獲得する صره sıra 列 → صره‌سنه کچمك sırasına geçmek ~の仲間に入る、~に伍してゆく گویا gûyâ あたかも ماکنه makine 機械 → یازی ماکنه‌سی yazı makinesi タイプライター

第 25 課　トルコ語辞書「序文(一部抜粋)」

15. Ş. Sâmî : *Kâmûs-ı Türkî*'den　Ş. サーミー：『トルコ語辞書』より(111)

۱۵.① ش. سامى : قاموس ترکى « افادۀ مرام » دن
لغت كتابى بر لسانك خزانه‌سى حكمنده‌در. لسان كلمه‌لردن مركبدر،
كه بو كلمه‌لر دخى، هر لسانك كندينه مخصوص بر طاقم قواعده توفيقاً،
تصريف و تركيب ايديله‌رك، انسانك افادۀ مرام ايتمسنه يارارلر. ايمدى
لسانك سرمايه‌سى كلمه‌لرله قواعد صرفيه و نحويه‌سندن عبارتدر.

[語句の解説 15-①]
سامى.ش ← سامى شمس الدين Şemseddîn Sâmî シェムセッディーン・サーミー (1850–1904) قاموس kâmûs 辞書 → ترکى Türkî トルコ語 → *Kâmûs-ı Türkî*『トルコ語辞書』(=実質的にはオスマン語辞書。オスマン帝国時代の辞書で Türkî という名が冠されたことはトルコ民族を意識した反映であり画期的なことであった)。なお、出版年に関しては「序文」末尾に以下の情報があり、西暦 1900 年と決定できる。۱۳۱۷ رمضان ۲۰ ارن كوى = Erenköy 20 Ramazân 1317 → ヒジュラ暦 1317 年 Ramazân 月 20 日は西暦 1900 年 1 月 22 日に相当する。　افاده ifâde 表現、表明　مرام merâm 意図、目的　لغت lûgat(-ti) 単語 → لغت كتابى lûgat kitabı 辞書、辞典　خزانه hızâne 宝庫、蓄積　حكم hükm 重要性、支配 → ～ hükmünde ～とみなされている　مركب mürekkeb (→ mürekkep) 成る (-den)　دخى dahi ～も　قواعد kavâid 規則　توفيقاً tevfîkan ～に従って (-e)　تصريف tasrîf 派生　يارامق yaramak 役立つ　ايمدى imdi それ故、さて　سرمايه sermâye 原資　صرف sarf 文法　نحو nahv 統語法 → صرف و نحو sarf ü nahv 文法 → この形容詞女性形 صرفيه و نحويه sarfîye vü nahvîye は先行する複数名詞 قواعد kavâid に一致したものである　عبارت ibâret 成る (-den)

(111) 出典　[Sâmî 1900: 巻頭ページ]

第 25 課　オスマン語辞書「序文」

١٥.② دنیاده هیچ بر آدم تصور اولنه‌ماز، که لسانڭ کافهٔ لغاتنی بیلسین، ویا جمله‌سنی حفظنده طوته‌بیلسین؛ و یك آز آدملر واردر، که لسانلرینی تمامیله قاعده‌یه توفیقاً سویلیه‌بیلسینلر. بو حال ایسه هر لسانڭ جامع اولدیغی کلماتدن مرور زمانله برطاقمنی بادیهٔ نسیانده براقوب غائب ایتمسنی، و قواعد مخصوصه‌سنه مغایر صورتده سویلنه‌رك، فصاحتدن محروم قالمسنی، والحاصل كڭیش و فصیح ایکن، طار و غلط بر لسان اولمسنی منتج اولور.

[語句の解説 15-②]

آدم âdem 人間　تصور tasavvur 想像 → ت.اولنمق t.olunmak 想像される　که ki 〜である…(関係詞 P)　کافه kâffe 全て、全部　لغات lûgāt 単語 (pl.) < لغت lûgat (sig.)　ویا veya あるいは　جمله cümle 全て、全部　حفظ hıfz 保持、記憶 → حفظنده طوتمق hıfzında tutmak 記憶に留めておく　تمامیله tamâmiyle 完全に　جامع câmi'(→ câmi')　収集 → ج.اولمق c.olmak 集められる　کلمات kelimât 語彙 (pl.) < کلمه kelime (sig.)　مرور mürûr (時の)経過　بادیه bâdiye 砂漠　نسیان nisyân 忘却　غائب gaib 紛失、不明 → غ.ا. g.gaib et- 失う (→ cf. kaybetmek)　مخصوصه mahsûs 特別の → mahsûse (→ mahsûsa) 特別の (形容詞女性形)　مغایر mugāyir 〜に反した (-e)　فصاحت fesâhat(-ti) (言語の)純粋性、正統性　محروم mahrûm 喪失した → م.قالمق m.kalmak 〜を失う (-den)　والحاصل velhâsıl (← ve'l-hâsıl) 要するに　كڭیش geniş 広大な　فصیح fasîh 正確な　طار dar 偏狭な　غلط galat 誤り、間違った　منتج müntic 〜を生む結果となるべき

第25課　オスマン語辞書「序文」

١٥. ③ لسانلرى بو انحطاطدن وقايه ايدهجك آنجق ادبياتدر ؛ ادبياتك يعنى ادبانك بو بابده ايدهجكلرى خدمتك ايلك خطوهسى ايسه لسانك مكمليتنى تشكيل ايدن كلمهلرينى و فصاحتنى موجب اولان قواعدينى حسن محافظه ايتمكدن عبارتدر. بو ايكى شقك برنجيسى لسانك كافهٔ لغاتنى حاوى مكمل بر قاموس، و ايكنجيسى قواعد صرفيه و نحويهسينى جامع منتظم بر صرف و نحو كتابى وجوده كتيرمكله حاصل و ممكن اولهبيلير.

[語句の解説 15-③]

انحطاط inhitât 堕落、荒廃　وقايه vikāye 保護 → و.ا. v.et- 保護する (-den)　ادبا üdebâ 作家(pl.) < ادب edip(sig.)　بو بابده bu bâbda この件に関して　خطوه hatve ステップ　مكمليت mükemmeliyet 完璧さ　موجب mucib 必然性 → اولمق م. m.olmak (必然的に)生み出す、伴う　حسن hüsn 見事な、美しさ → حسن محافظه hüsn-i muhâfaza 見事な保護　شق şık(-kkı)選択肢　حاوى havî ～を含む (-i)　مكمل mükemmel 完璧な　جامع câmi' ～を集めた、を含む (-i)　منتظم muntazam 整った、体系立てた　وجود vücud 存在 → وجوده كتيرمك vücuda getirmek 生み出す　حاصل hâsıl 生産、獲得　ممكن mümkün 可能な

— 142 —

#　解　答　例

【基　礎　編】

【練習問題1】

(1)

(1) (آ、ا)	۱ آی (月) ay	۲ اسلام (イスラム) İslâm	۳ آدا(آطه) (鳥) ada
(2) (ب)	۱ بابا (父) baba	۲ ببك (赤ん坊) bebek	۳ کتاب (本) kitap
(3) (پ)	۱ پول (切手) pul	۲ پاره (お金) para	۳ چوراپ (靴下) çorap
(4) (ت)	۱ تپه (小丘) tepe	۲ توتون (タバコ) tütün	۳ رحمت (恩恵) rahmet
(5) (ث)	۱ ثروت (富) servet	۲ عثمان (オスマン) Osman	۳ میراث (遺産) miras
(6) (ج)	۱ جان (心) can	۲ پنجره (窓) pencere	۳ علاج (薬) ilaç
(7) (چ)	۱ چوجوق (子供) çocuk	۲ چیچك (花) çiçek	۳ قوچ (雄羊) koç
(8) (ح)	۱ حال (状態) hal	۲ راحت (安楽な) rahat	۳ صباح (朝) sabah

注1) トルコ語字母における転写では、長母音記号 ˆ は現代トルコ語表記の場合同様、通常これを省略した。ただし、子音の前音化記号としての ˆ は表記した。
　　＜例＞ جان cân → can　　کاغد kâğıt
注2) 外来語の語末有声子音は転写においては通常無声子音として記した。
　　＜例＞ کتاب kitâb → kitap

解 答 例

(9) (خ)	۱ خسته (病気の) hasta	۲ تخته (板) tahta	۳ تاریخ (歴史) tarih
(10) (د)	۱ دوداق (唇) dudak	۲ دده (祖父) dede	۳ درد (苦しみ) dert
(11) (ذ)	۱ ذوق (喜び) zevk	۲ عذر (詫び) özür	۳ نفوذ (影響) nüfuz
(12) (ر)	۱ رویا (夢) rüya	۲ دره (谷) dere	۳ تکرار (再び) tekrar
(13) (ز)	۱ زمان (時) zaman	۲ گزمه (散歩) gezme	۳ جویز (クルミ) ceviz
(14) (ژ)	۱ ژاپون (日本人) Japon	۲ مژده (吉報) müjde	۳ پلاژ (砂浜) plaj
(15) (س)	۱ سپت (かご) sepet	۲ نیسان (4月) nisan	۳ سس (声) ses
(16) (ش)	۱ شکر (砂糖) şeker	۲ کوشه (隅) köşe	۳ شیش (串) şiş
(17) (ص)	۱ صامان (わら) saman	۲ قصبه (小都市) kasaba	۳ خاص (固有の) has
(18) (ض)	۱ ضرر (害) zarar	۲ راضی (承知の) razı	۳ بیاض (白) beyaz
(19) (ط)	۱ طاش (石) taş	۲ بالطه (おの) balta	۳ شرط (条件) şart
(20) (ظ)	۱ ظرف (封筒) zarf	۲ منظره (眺め) manzara	۳ تلفظ (発音) telaffuz
(21) (ع)	۱ عمر (人生) ömür	۲ ساعت (時計) saat	۳ جامع (モスク) cami
(22) (غ)	۱ غربت (望郷) gurbet	۲ بوغاز (喉) boğaz	۳ صاغ (右) sağ
(23) (ف)	۱ فکر (思想) fikir	۲ فلسفه (哲学) felsefe	۳ تکلیف (提案) teklif

解　答　例

(24) (ق)　١ قيز (娘)　٢ عقل (理性)　٣ قاشيق (スプーン)
　　　　　　kız　　　　　　akıl　　　　　　kaşık

(25) (ك)　١ كلمه (単語)　٢ اكمك (パン)　٣ كوپك (犬)
　　　　　　kelime　　　　ekmek　　　　　köpek

(25') (ñ)　١ بكا (私に)　٢ تكرى (神)　٣ دكيز (دكز) (海)
　　　　　　bana　　　　　Tanrı　　　　　deniz

(26) (گ)　١ گوچ (力)　٢ ديگر (他の)　٣ جنگ (戦争)
　　　　　　güç　　　　　　diğer　　　　　cenk

(27) (ل)　١ لذت (風味)　٢ لوله (パイプ)　٣ قول (腕)
　　　　　　lezzet　　　　　lüle　　　　　　kol

(28) (م)　١ مرمر (大理石)　٢ دمير (鉄)　٣ موم (ロウソク)
　　　　　　mermer　　　　demir　　　　　mum

(29) (ن)　١ نماز (礼拝)　٢ ننني (子守歌)　٣ وطن (祖国)
　　　　　　namaz　　　　　ninni　　　　　vatan

(30) (و)　١ وار (ある)　٢ اوت (はい)　٣ مناو (八百屋)
　　　　　　var　　　　　　evet　　　　　　manav

(31) (ﻩ)　١ هوا (空気)　٢ هديه (贈り物)　٣ الله (神)
　　　　　　hava　　　　　hediye　　　　　Allah

(32) (ى)　١ ياش (年齢)　٢ يشيل (緑)　٣ سراى (宮廷)
　　　　　　yaş　　　　　　yeşil　　　　　saray

(2)

١ آت (馬)　٢ قويون (羊)　٣ كچى (ヤギ)　٤ اكوز (雄牛)
at　　　　　koyun　　　　keçi　　　　　　öküz

٥ اينك (雌牛)　٦ ماندا (水牛)　٧ دوه (ラクダ)　٨ اشك (ロバ)
inek　　　　　manda　　　　　deve　　　　　　eşek

٩ كوپك (犬)　١٠ كدى (猫)　١١ فاره (ネズミ)　١٢ قورد (狼)
köpek　　　　kedi　　　　　　fare　　　　　　kurt

١٣ آيى (熊)　١٤ فيل (象)　١٥ قاپلان (トラ)　١٦ مايمون (猿)
ayı　　　　　fil　　　　　　kaplan　　　　　maymun

— 145 —

解　答　例

۱۷ أصلان (ライオン)　۱۸ طاوشان (ウサギ)
aslan　　　　　　　　tavşan

(3)

۱ الما (リンゴ)　۲ كيراز (サクランボ)　۳ اوزم (ブドウ)
elma　　　　kiraz　　　　　üzüm

٤ پرتقال (オレンジ)　٥ شفتالى (モモ)　٦ چيلك (イチゴ)
portakal　　　şeftali　　　çilek

۷ قاون (メロン)　۸ قارپوز (スイカ)　۹ اينجير (イチジク)
kavun　　　　karpuz　　　incir

۱۰ اكمك (パン)　۱۱ چاى (紅茶)　۱۲ قهوه (コーヒー)
ekmek　　　　çay　　　　　kahve

۱۳ پينير (チーズ)　۱٤ زيتين (オリーブ)　۱٥ چوربا (スープ)
peynir　　　　zeytin　　　çorba

【練習問題２】

1．— Ağaçta ne var?　　— Ağaçta bir kuş var.
　　木には何がいますか？　木には１羽の鳥がいます。
2．— Köyde neler var?　— Köyde koyunlar, keçiler, eşekler ve köpekler var.
　　村には何がいますか？　村にはヒツジ、ヤギ、ロバそして犬がいます。
3．— Ayşe pazardan neler aldı?
　　アイシェは市場で何を買ったか？

　　— Ayşe pazardan kavun, karpuz, ekmek ve çay aldı.
　　アイシェは市場でメロン、スイカ、パンそして紅茶を買った。
4．— Ali'nin evi nerede?　　— Ali'nin evi Ankara'da.
　　アリの家はどこにあるのか？　アリの家はアンカラにある。
5．— Ankara'da hava nasıldır?　— Kışın çok soğuk, yazın sıcaktır.
　　アンカラでは気候はどうですか？　冬はとても寒く、夏は暑い。
6．Ali Türkiye'den Japonya'ya geldi ve bu kitabı bana verdi.
　　アリがトルコから日本へやって来て、この本を私にくれた。

解　答　例

【練習問題3】

1. － Nasılsınız?　　　　　　　　－ Biz iyiyiz teşekkürler, ya siz?
   ごきげんいかがですか？　　　私たちは元気です、ありがとう、で、あなたは？
2. － Ahmet şimdi evde mi?　　　－ Hayır, o evde değil pazarda.
   アフメトは今家にいますか？　　いいえ、彼は家にいなくて、市場にいます。
3. － Bu kitap kime aittir?　　　－ O bana aittir.
   この本は誰のですか？　　　　それは私のです。
4. Bugün hava son derece sıcak lakin gölgede serindir.
   今日はこの上なく暑い、しかし日陰はすずしい。
5. － Sizde böyle kitap var mı acaba?
   あなたのところにはこのような本がありますでしょうか？

   － Hayır efendim, bizde yok. Belki onlarda var.
   いいえ、私たちのところにはございません。たぶん彼らのところにはあります。
6. － Sizin köy bizim köyden daha mı büyük?　－ Hayır, sizinki daha büyüktür.
   あなたの村は私たちの村よりも大きいですか？　いいえ、あなたの村のほうが大きいです。
7. － Bugün bana mektup yok mu?　　－ Hayır, sana hiç bir şey yok.
   今日は私宛の手紙はありませんか？　　ありません。君には何もありません。
8. Ali tembel değil, çalışkan bir çocuktur.
   アリは怠け者ではなく、よく勉強する子供です。
9. － Bana göre siz bu arabadan çok memnunsunuz. Doğru mu?
   私から見れば、あなたはこの車に大変満足しています。その通りですか？

   － Evet, çok memnunum. Bu araba benim canım gibidir.
   はい、とても満足しています。この車は私の命のようなものです。
10. － Bu saat çok güzel, fakat aynı zamanda çok pahalıdır.
    この時計はとても素晴らしい、しかし同時にとても値段が高い。

    － Peki, bu küçük saat nasıl? Bu o kadar pahalı değildir.
    わかりました、この小さな時計はどうですか？　これはそれほど高くないです。

【練習問題4】

1. － Evin nerede?　　　　　　　－ Evim İstanbul'da.
   君の家はどこですか？　　　　私の家はイスタンブルにあります。

解 答 例

2. － Kibritiniz var mı?　－ Hayır, kibritim yok ama çakmağım var.
   マッチお持ちですか？　いいえ、マッチは持っていませんが、ライターならあります。

3. － Ankara İstasyonu buradan uzak mı?　　　－ Çok uzak değil.
   アンカラ駅はここから遠いですか？　　　あまり遠くありません。

4. Galata Köprüsü, İstanbul'un en meşhur köprüsüdür.
   ガラタ橋はイスタンブルの最も有名な橋です。

5. － Hayvanat bahçesinde Van Kedisini gördünüz mü?
   動物園でヴァン猫を見ましたか？

   － Orada Van Kedisi yoktu fakat çoban köpeklerini gördüm.
   そこにはヴァン猫はいませんでしたが、牧童犬なら見ました。

6. Ayşe'nin oğlu evimize yakın bir yerde çalışıyor.
   アイシェの息子は私たちの家の近くの職場で働いている。

7. Üç sene evvel İsatanbul şehrinde Japon lokantasını açtılar.
   かれらは3年前にイスタンブル市で日本レストランを開店した。

8. Osman Oteli İzmir Sokağının köşesindedir.
   オスマン・ホテルはイズミル通りの角にある。

9. Tavşanın suyunun suyunun suyu ancak bu kadar olur.
   ウサギのスープのスープのスープともなれば、こんな具合になる。

10. O ağanın bin koyunu ve on tane çoban köpeği var.
    あのアー（地主）には1000頭のヒツジと10匹の牧童犬がいる。

【練習問題5】

1. － O filmi nasıl buldunuz? Beğendiniz mi?
   あの映画どうでした？　気に入りましたか？

   － Çok güzeldi. Çok beğendim.
   とってもすばらしかった。大変気に入りました。

2. － Merhaba Ali, nereye gidiyorsun?
   やあ、アリ、どこへ行くの？

   － Hiç bir yere gitmiyorum. Boş boş geziyorum.
   別にどこへも行かないよ。ぶらぶらしているだけだ。

3. Mehmed'in çocuğu hastalanmış, dün gece doktor çağırmışlar.
   メフメトの子供が病気になったらしく、昨夜医者が呼ばれたそうだ。

解　答　例

4．Dağ dağa kavuşmaz, insan insana kavuşur.
　　山は山に再会しないが、人は人と再会できる。
5．Affedersiniz, şu pencereyi açar mısınız?
　　恐れ入りますが、その窓を開けていただけますか？
6．Mektup arkadaşın Selim ne zaman Japonya'ya gelecek?
　　君のペンパルのセリムはいつ日本へ来る予定ですか？
7．Bu gece erken yatmalısınız, yoksa yarın vaktinde kalkamazsınız.
　　今夜は早く寝なければなりません、でないと明日時間通り起きれません。
8．O kitabı dükkânda görsem, hemen alacağım.
　　その本を店で見たら、すぐに買うつもりです。
9．Hangi ülkeye giderseniz gidin, oranın âdetlerine uymalısınız.
　　どんな国へ行っても、そこの習慣に従わなければなりません。
10．Sen gitsen de gitmesen de fark etmez.
　　君が行っても行かなくても同じだ。
11．Bu romanı oku da bana fikrini söyle!
　　この小説を読んで、私に君の考えを言ってくれ！
12．− Kapıyı açayım mı?　　　− Açmayalım.
　　戸を開けましょうか？　　　開けないでおこう。

【練習問題6】

1．− Dün neden bize gelmedin?
　　昨日君はどうして私たちのところへ来なかったのですか？

　　− Hastaydım (idim), ateşim de vardı (var idi)
　　私は病気で、熱もありました。
2．− Ali'nin babası çok zenginmiş değil mi?
　　アリのお父さんはたいへんな金持ちらしいね。

　　− Evet öyle imiş, onun iki evi varmış. Biri Ankara'da, öbürü İstanbul'da imiş. Kendisi yalnız başına Ankara'da imiş. Karısı hayatta değilmiş, on sene evvel ölmüş.
　　ええ、そうらしいです。2軒も家があるそうです。1軒はアンカラにあり、もう1軒はイスタンブルにあるそうです。本人はたった一人でアンカラにいるとのことです。奥さんは健在ではないそうで、10年前に亡くなったそうです。

解答例

3．― Yarın da hava güzelse (güzel ise), beraber denize gidelim mi?
明日も天気がよければ、一緒に海へ行きましょうか？

― İyi fikir! Ali'nin arabası varsa arabasıyla gidelim.
それはいい考えだ！　アリの車があれば彼の車で行きましょう。

4．İstanbul'da çok meşhur camiler varmış. Ben geçen yaz tatilinde gitmek niyetindeydim, ama türlü nedenlerle mümkün olmadı. Bu yaz kısmetse gideceğim.
イスタンブールにはとても有名なモスクがあるそうです。私は去年の夏休みに行くつもりでしたが、様々な理由で行けませんでした。今年の夏、機会に恵まれれば行く予定です。

5．― Dün akşam neredeydin?
君は昨日の晩どこにいたの？

― Sinemadaydım, güzel bir film vardı.
映画館にいました、素晴らしい映画がありました。

6．― Japonya'da geçen yaz havalar nasıldı?
日本では去年の夏気候はどうでした？

― Çok sıcaktı ve kırk dereceyi geçen gün bile vardı.
とても暑くて、40度を越える日もありました。

【練習問題7】

1．― Dün neredeydiniz (nerede idiniz)?
昨日あなたはどこにいたのですか？

― Hastaydım (Hasta idim), bütün gün yatakta dinleniyordum. İşyerinden telefon geldi.
私は病気で、一日中ベットで休んでいました。職場から電話がかかってきました。

2．Canın sıkılıyorsa biraz dışarıda dolaş.
気が滅入っているのなら、少し外で散歩したら。

3．Ailesi onu dört gözle bekliyormuş (bekliyor imiş).
彼の家族は彼をたいそう心待ちにしていたそうだ。

4．Bu evde eskiden bir arkadaşım otururdu. Biz sık sık onların bahçesinde oynardık.
この家には昔私の友人が住んでいた。私たちはよくそこの庭で遊んだものでした。

解　答　例

5．Eskiden burada bir bahçe varmış. Annem bizi buraya getirirmiş.
　　昔ここに庭があったらしい。私の母は私たちをここへ連れてきてくれたそうだ。
6．Çarşıya uğrayacaksan, bana yarım kilo peynir alır mısın?
　　市場に立ち寄るつもりなら、私にチーズ半キロ買ってきてくれる？
7．－ Yakında Türkiye'ye gidecekmişsiniz.
　　近々トルコへいらっしゃるそうですね。

　　－ Evet gidecektim, ama İstanbul'da grev varmış, bu yüzden gitmeyeceğim.
　　ええ、行くつもりでした、しかしイスタンブルでストライキがあるそうで、そのため行かないつもりです。
8．Ahmet bugünkü konuşmasında daha açık konuşmalı idi.
　　アフメトは今日のスピーチでもっとはっきりと話すべきだった。
9．Öyle bileydim（bilseydim）size söylemezdim.
　　そうと知っていたら、あなたに言いませんでした。
10．İşinizi bitirdinizse hemen gidelim.
　　あなたが仕事を終えたらすぐに行きましょう。
11．Arkadaşıma kaç mektup yazdı isem hep beni cevapsız bıraktı.
　　友人に何通手紙を書いてもつねに返事をくれないままだった。
12．Dün yağmur yağmasaydı（yağmasa idi）, parka kadar gidecektik.
　　昨日雨が降らなかったら私たちは公園まで行くつもりだったのに。

【練習問題 8 】

② ；　 1) بيلنمك bilinmek　 ٤ 　　 2) ييقانمق yıkanmak 　٥
③ ；　 3) چيقارمق çıkarmak 　 ۶ 　　 4) قالديرمق kaldırmak 　٣
④ ；　 5) سويلنمك söylenmek 　 ٧ 　　 6) صويـنمق soyunmak 　٢
⑤ ；　 7) دوكشمك döğüşmek 　 ١ 　　 8) بولشمق buluşmak 　٨
　　　　　　 (döνüşmek)

١．birbiriyle kavga veya güreş etmek → 7) döğüşmek / döνüşmek
　　お互い喧嘩や取っ組み合いをすること
٢．kendi esvabını çıkarmak → 6) soyunmak
　　自分自身の服を脱ぐこと
٣．yukarı çıkarmak → 4) kaldırmak
　　上に揚げること

解 答 例

4. ma'rum (ma'ruf) olmak, tanılmak → 1) bilinmek
   知られること、認識されること

5. su ile temiz edilmek → 2) yıkanmak
   水で清潔にされること

6. dışarı atmak → 3) çıkarmak
   外に放り出すこと

7. kendi kendine söylemek → 5) söylenmek
   ひとりごとを言うこと

8. birbirini bulmak, bir araya gelmek → 8) buluşmak
   お互いを見つけること、出会うこと

【練習問題9】

1. Yarın seninle pazara gideceğiz.
   明日君と一緒に市場へ行くつもりです。

2. Bir taş ile iki kuş vurulmaz.
   1つの石で2羽の鳥は打ち落とせない。

3. Senin için bir daha buraya gelmeyeceğim.
   君のためには二度とここへ来ません。

4. Bana bakınız ve benim gibi yapınız!
   私を見て、私と同じようにして下さい！

5. Artık yaz tatilimiz bitti gibi.
   もう夏休みが終わってしまったも同然だ。

6. Ankara Sineması buradan uzak. Oraya kadar yürüyemezsiniz.
   アンカラ映画館はここから遠い。そこまで歩いて行けない。

7. Ona göre biz hiç çalışmıyormuşuz.
   彼からすれば、私たちは全く働いていないようだ。

8. Öyle ise saat beşe doğru Ankara Sinemasında görüşelim.
   それじゃ、5時頃にアンカラ映画館で会いましょう。

9. Bütün zorluklarına rağmen işimi seviyorum.
   あらゆる困難にもかかわらず私は自分の仕事が好きです。

10. Arkadaşım Kâmil denize karşı oturdu ve rakı içti.
    私の友人キャーミルは海に向かって坐りラクを飲んだ。

解 答 例

11. Bu sabah sizden evvel kim geldi?
    今朝あなたより早く誰が来たか？

12. Dün öğleden sonra hayvanat bahçesine gittik.
    私たちは昨日の午後動物園へ行った。

13. Mehmed'i üç aydan beri görmedim.
    私はメフメトを3カ月前から見ていない。

14. Ayşe'nin elinde çantasından başka bir şey yoktu.
    アイシェの手にはバッグ以外何もなかった。

15. Annemiz hasta idi. Ondan dolayı biz gidemedik.
    私たちの母は病気だった。そのために私たちは行けなかった。

【練習問題10】

1. Ayşe Japonca öğrenmek için (öğrenmeğe) Japonya'ya geldi.
   アイシェは日本語を学ぶために日本へ来た。

2. Gelecek yaz tatilinde Türkiye'ye gitmek niyetindeyim.
   私は今度の夏休みにトルコへ行くつもりでいます。

3. Dünden beri dişim ağrıyor, dişçiye gitmem lâzım.
   昨日から私は歯が痛い、歯医者へ行かなければならない。

4. Ali kızının saat dokuzdan evvel eve dönmesini söylemiş.
   アリは娘が9時までに帰宅するように言ったそうだ。

5. Siz ilk defa ne zaman rakı içtiğinizi hatırlıyor musunuz?
   あなたは初めていつラクを飲んだか覚えていますか？

6. Arkadaşım çok meşgul olduğu halde bana yardım etti.
   私の友人はとても忙しかったが私に手助けをしてくれた。

7. Dünyada olmayacak şey yoktur.
   この世で起こらないようなことはない。

8. Siz ne yiyeceğinize karar verdiniz mi?
   あなたは何を食べるつもりか決めましたか？

9. Ucuz alan pahalı alır.
   安く買う者は高く買う。

10. Babası Türkiye'de çalışan Japon kız Türkçe öğrenmeğe başladı.
    父親がトルコで働いている日本人娘はトルコ語を学び始めた。

解 答 例

11. Büyük felâkette yanmış olan o evin sahibi kim?
    大惨事で燃えてしまったあの家の持ち主は誰か？
12. Düğüne gelecek olanların çoğu akrabamızdır.
    結婚披露宴に来る予定の人たちのほとんどは私たちの親戚の人です。

【練習問題 11】

1. Dün otobüsle mi Tokyo'ya gidip geldin?
   君は昨日バスで東京へ行って戻ってきたのか？
2. Öyle bir kitabın olup olmadığını bilmem.
   そのような本があるかどうか私は知らない。
3. Geçen pazarı roman okuyarak geçirdim.
   先週の日曜日は、小説を読んで過ごしました。
4. Burslu öğrenci olarak Türkiye'ye gittim.
   私は奨学生としてトルコへ行きました。
5. Niçin öyle düşüne düşüne oturuyorsun?
   どうしてそんなに考え込んで座っているの？
6. Arkadaşım bana teşekkür ede ede çıkıp gitti.
   私の友人は私に感謝しながら出て行った。
7. Çocuk doktoru görünce korkup ağlamağa başladı.
   子供は医者を見るなり恐れて泣きだした。
8. Güneş batıncaya kadar Ak Deniz'de yüzdük.
   私たちは日が沈むまで地中海で泳いだ。
9. Dün akşam hastaydım. Onun için yemek yemeden yattım.
   私は昨晩は病気だった。そのために食事をとらずに寝た。
10. Size gelmeden evvel haber vereceğiz.
    あなたのところへ行く前に連絡します。
11. Kız güldükçe güller açılıp, ağladıkça inciler dökülüyormuş.
    娘が微笑むとバラが咲き、泣くと真珠がこぼれていたそうだ。
12. Siz Türkçe öğrenmeğe başlayalı kaç sene oldu?
    あなたはトルコ語を学びはじめて何年になりましたか？
13. Türkiye'ye geleli ev arayıp da hâla bulamıyorum.
    私はトルコへ来てからずっと家を探していますが、まだ見つかりません。

解 答 例

14. Bu sabah işe giderken yolda ayakta ağlayıp duran bir çocuk gördüm.
    今朝仕事へ行くとき、道で立って泣いている子供を見ました。

15. Ahmet bir şey söyleyecekken birdenbire unuttu.
    アフメトは何か言おうとしたが急に忘れてしまった。

【練習問題 12】

1. Yalancının evi yanmış kimse inanmamış.
   うそつきの家が燃えたそうだが、誰も信じなかったそうだ。

2. Dereye geçici bir köprü yapıldı.
   谷川に仮の橋がかけられた。

3. Son olarak kısaca şunu söylemek istiyorum.
   最後に手短に以下のことをお話ししたい。

4. Kızcağız bütün gece öksürüyordu.
   かわいそうに女の子は夜通しせきこんでいた。

5. Hava bu sabahtan beri bulutlu idi ve sonunda yağmur yağdı.
   空は今朝から曇っており、最後には雨が降った。

6. Saçımdaki aklık her geçen gün artıyor gibi.
   私の髪の白いものは日ごとに増えてきているようだ。

7. İnsan on üç on dört yaşında çocukluktan çıkarmış.
   人は13、14才になれば幼さがなくなるものだった。

8. Çiçekler susuz kalmış, sulayalım.
   花は水不足だった、水をやりましょう。

9. － Kaç kardeşiniz var?　　　－ Üç kardeşim var.
   兄弟は何人いますか？　　　3人います。

10. Çay yaprağını işlemek için yeni fabrika gerekiyor.
    （紅）茶の葉を加工するために新しい工場が必要である。

11. İşimiz bitince hemen sinemaya gidelim.
    私たちの仕事が終わればすぐに映画へ行きましょう。

12. İki yolun birleştiği yerde bir kaza olmuş.
    二つの道路が交差しているところで事故があったそうだ。

解 答 例

【練習問題 13】

(A)

1) ولد veled 子供　[① افعال ef'āl：複数形] → اولاد evlâd
2) ورق varak 文書　[① افعال ef'āl：複数形] → اوراق evrâk
3) شاعر şâ'ir(→ şâir) 詩人　cf. شعر şi'r ＜詩作する＞
　　　　　　　　　　　[③ فعلا fu'alā：複数形] → شعرا şuarâ
4) حرف harf 文字　[⑧-3) فعول fu'ūl：複数形] → حروف hurûf
5) قتل katala　[فاعل fā'il：能動分詞] → (人殺し) قاتل kātil
6) نظر nazara　[فاعل fā'il：能動分詞] → (大臣) ناظر nâzır
7) خلق halk 創造　[مفعول mef'ūl：受動分詞] → (被造物) مخلوق mahlûk
8) رحم rahm 慈悲　[مفعول mef'ūl：受動分詞] → (故人) مرحوم merhûm

(B)

1) بيت المال 国庫 (← '財産の家') beytü'l–mâl (→ beytülmâl)
2) بين الملل 国際的な (← '国々の間で') beyne'l–milel (→ beynelmilel)
3) بين الناس 人々の間で beyne'n–nâs (→ beynennâs)
4) بين النهرين メソポタミア Beyne'n–nehreyn (→ Beynennehreyn)
5) يوم القيامة 最後の審判の日 yevmü'l–kıyâmet (→ yevmü'l–kıyâma,
　　　　　　　　　　　　　　　　　　　　　　　　　yevmülkıyâme)
6) تاج الدين タージェッディーン (人名) Tâce'd–dîn (→ Tâceddîn)
7) دار البدايع 芸術の館 (→旧イスタンブル市劇場) Dârü'l–bedâyi'
　　　　　　　　　　　　　　　　　　　　　　　　　(→ Dârülbedâyi)
8) دار المعلمين 旧師範学校 Dârü'l–mu'allimîn (→ Dârülmuallimîn)

【練習問題 14】

Fârsî: sı(fat). ara(bî). (müenne)s: fârsîye. Fârs iklimine veya bütün İrân memleketine ve bu memleketin lisân ve kavmine mensûb ve mütellik: lisân-ı fârsî; edebiyât-ı fârsîye.＝İrân'da söylenilen lisân ki arabîden sonra elsine-i islâmîyenin en mukaddemidir.: Fârsî şiir için yaratılmış tatlı bir lisândır.; Fârsî pek kolaydır.＝İrân

— 156 —

解 答 例

lisânında: Fârsî söyler misiniz?　Fârsî okuyup yazmağa muktedir.

Fârsî：形容詞。アラビア語（源）。女性形は fârsîye。ファールス地方あるいはイランを全国およびこの国の言語と民族に関係・関連した（もの）：ペルシア語：ペルシア文学＊＝イランで話されている言語であり、アラビア語に次いでイスラム諸言語にあって最も重要なものである。ペルシア語は詩のために創造された甘美な言語である。＜以下用例＞ペルシア語はとても容易である。イラン語で（という意味で）＝：あなたはペルシア語を話せますか？彼はペルシア語の読み書きができる。

注）
＊ここの記述は最初に述べた形容詞（男性形／女性形）の用例（lisân-ı fârsî / edebiyât-ı fârsîye）を示し、直後の＝はその用例のうちペルシア語について述べたものである。

【練習問題 15-1】

1. Memleketimizde resmî takvîmin ıslâhına ve beynelmilel sa'atin kabûlüne dâir kānûnlar

　　Madde 1 － Târîh-i Hicrî-i Kamerî kemâkân isti'mâl edilmek şartıyla Devlet-i Osmâniye mu'âmelâtında mebde'-i takvîm müstesnâ olmak üzere takvîm-i garbîyi kabûl etmiştir. Binâenaleyh 1332 senesi Şubatı'nın on altıncı günü 1333 senesi Martı'nın birinci günü i'tibâr edilecektir.

28 Rebî'-ül-âhır 1335,　8 Şubat 1332

1．我が国における公式暦の修正および国際標準時の導入に関する法律

第1条：太陰ヒジュラ暦の日付が従来通り使用される条件で、オスマン国家は、その手続上における暦の開始時を例外として、西洋暦＊を導入した。従って1332年2月16日は1333年3月1日とみなされることになる。

（ヒジュラ暦）1335年4月28日、（ルーミー暦＊＊）1332年2月8日

注）
＊ここで言及されている「西洋暦」とは、1年の始まりを1月1日、終わりを12月31日とするグレゴリー暦である。ただし既存のルーミー暦（後述）を完全撤廃し、グレゴリー暦を正式導入・実施するのは、次の【練習問題 15-2】でみるように、約10年後の1926年1月1日

— 157 —

解　答　例

のことである。ここでは、ルーミー暦をグレゴリー暦に合わせて、1月1日始まり12月31日終わりとするための移行期の日付調整について触れている。
** ルーミー暦とは、オスマン帝国および共和国初期まで用いられた3月始まり2月終わりとする「財務暦」(Mâlî sene) で、併用されたヒジュラ暦との間にはこの時点で3年ほどの差がある。第1条の文言における1332年2月16日はルーミー暦の年度末の月であり、1333年3月1日はルーミー暦の新年度である。したがって、その間の13日分をカウントしない調整が行われた。さらにこの移行期の措置として、ルーミー暦1333年度はグレゴリー暦3月1日(1917年)から始まり、12月末までの10カ月間となった。ルーミー暦は翌年1334年1月1日より、1月1日始まり12月31日終わりとするグレゴリー暦と一致したが、ルーミー暦1341年12月31日(西暦1925年)まで使用された。ちなみに、条文末尾の(ヒジュラ暦)1335年4月28日、(ルーミー暦)1332年2月8日は、西暦1916年2月21日水曜日に当たっている。

 cf. Unat, F.R: *Hicrî Tarihleri Milâdî Tarihe Çevirme Kılavuzu,*『ヒジュラ暦を西暦に換算
   するガイドブック』Türk Tarih Kurumu, Ankara, 1974.
  三浦徹ほか(編)『イスラーム研究ハンドブック』(講座イスラーム世界別巻)、
   栄光教育文化研究所、1995、pp.480-3.

【練習問題 15-2】

     2．Takvîm-i Efrencî (Gregvâr) nin kabûlü

                Kānûn numarası: 698

 Madde 1 – Türkiye Cumhuriyeti dâhilinde resmî devlet takviminde tarih mebde'i olarak beynelmilel takvîm mebde'i kabûl edilmiştir.

 Madde 2 – 1341 senesi Kânûn-ı evvelinin otuz birinci gününü ta'akip eden gün 1926 senesi Kânûn-ı sânîsinin birinci günüdür.

 Madde 3 – Hicrî-i Kamerî takvîmi ötedenberi olduğu üzere ahvâl-i mahsûsede kullanılır. Hicrî-i Kamerî ayların mebde'ini rasadhâne resmen tesbit eder.

26 Kânûn-ı evvel 1341, 9 Cemâzi-yel-âhir 1344

      2．西洋(グレゴリー)暦の導入

              法律番号：698

 第1条：トルコ共和国内では公式な国家暦において、日付の始まりとして国際的
   な暦の始まりが承認された。

解　答　例

第2条：（ルーミー暦）1341年12月31日に続く日は（グレゴリー暦）1926年1月1日である。

第3条：太陰ヒジュラ暦は従来通り特別の状況で使用される。太陰ヒジュラ暦の月々の始まりは気象台が公式に確定する。

（ルーミー暦）1341年12月26日、（ヒジュラ暦）1344年6月9日

【応 用 編】

第16課　Nasreddin Hoca'dan (1)（N. ホジャ-1.）

1. そんなはずはない

1．Hoca merhûma "Sizin hânım çok geziyor" demişler.
"Aslı olmasa gerek. Öyle olsaydı bir de bizim eve gelirdi" demiş.

1．今は亡きホジャに、「あなたの奥さんはよくほっつき歩いている」とみんなが言った。
「それはきっと根拠がないにちがいない。もしそうだったら、ついでにうちにも立ち寄ったことだろう」と（ホジャは）答えた。

2. 棺の中でなければ

2．Hocaya "Cenâzeyi götürürken tâbûtun önünde mi bulunmalı, ardında mı?" demişler.
"İçinde bulunmayın da neresinde bulunursanız bulunun" demiş.

2．ホジャに、「遺体を運ぶときには棺の前にいるべきか、後ろにいるべきか？」とみんなが尋ねた。
「棺のなかにいなければどこにいてもかまわない」と（ホジャは）答えた。

第17課　Nasreddin Hoca'dan (2)（N.ホジャ-2.）

3. ロバのことばを信じる愚か者

3．Bir gün komşusu Hocadan eşek ister. Hoca "Yoktur." der. O esnada eşek içeriden anırmağa başlar. Herîf "Efendi. Sen 'eşek yok' diyorsun. Halbuki bak eşek

— 159 —

解　答　例

zırlıyor." demekle Hoca başını sallayarak "Allah Allah. Yâhu, sen ne acâip adamsın. Eşeğin sözüne inanıyorsun da ak sakalımla benim sözüme inanmıyorsun." demiştir.
３．ある日、隣人がホジャにロバを求める。ホジャは「いない」と答える。その時、ロバが内からいななき始める。男が「旦那、あんたは『ロバはいない』と言っているが、ほら、ロバがないている」と言ったところ、ホジャは頭を左右にゆっくりと動かしながら、「やれやれ、それにしてもあんたは何て変な人なんだ。ロバの言葉を信じて、わしの白ひげとわしの言葉を信じないとは」と言った。

４．わしも引っ越しじゃ
４．Bir gece Hocanın evine hırsız girip birçok eşyasını yüklenerek giderken Hoca da kendi yattığı odanın eşyasını omuzlayıp hırsızı tâkip eder. Hırsız evine girince Hoca da ardınca duhul etmek ister. Hırsız "Benim evimde ne işin var?" dedikte Hoca "Yâ biz bu eve göç etmedik mi?" demiştir.
４．ある夜のこと、ホジャの家に泥棒が入りたくさんの品物を担いで行きかけたとき、ホジャも自分が寝ていた部屋の品物を肩に担いで泥棒の後に続く。泥棒が自分の家に入ったときに、ホジャも後から入ろうとする。泥棒が「わしの家に何の用があるのか？」と言ったところ、ホジャは「え、わしらこの家へ引っ越したんじゃなかったのかい？」と尋ねた。

第18課　Nasreddin Hoca'dan (3)（N. ホジャ-3.）
５．わしの思いは見すかされておったのか！
５．Hocanın canı çorba istedi. "Şimdi üstü nâneli nâzlı bir çorba olsa da yiyeyim." diye tahayyül edip dururken kapı çalınarak komşu çocuğu elinde tas ile içeri girip "Anam hastadır, bir parça çorba vereceksiniz." deyince Hoca "Bizim komşular da mâlîhûlyâdan koku alıyorlar." demiştir.
５．ホジャはしきりとスープが欲しくなった。「今、上にハッカがかかった砕いた米入りスープがあって食べられればなあ」と心の中で思っていたところ、ドアにノックがあり、隣人の子供が手に椀を持って入ってきて、「お母さんが病気です、少しスープを下さい」と言ったとき、ホジャは「うちの隣人たちは他人が想像したことからでも匂いをかぎとるわい」と言った。

解　答　例

6. レバーを盗む猫ならやりかねない

6. Hoca Efendi bir iki defa evine ciğer getirir. Karısı dostuna yedirir. Akşam taâmında Hocanın önüne hamûr mancası koyarmış. Bir gün Hoca "A karı. Ben ara sıra ciğer alıyorum. Yemek kısmet olmuyor. Nereye gidiyor?" diye sorumasına kadın "Hep kedi kapıyor." diye cevap verince Hoca hemen kalkıp baltayı sandık içine kilitler. Kadının "Baltayı kimden saklıyorsun?" demesine Hoca "Kediden..." deyip tekrar kadın "Kedi baltayı ne yapsın?" diye mütaccibâne sorunca Hoca rahmetullahi aleyh "Be kadın. İki akçalık ciğeri kapan kırk akçalık baltayı almaz mı?" demiştir.

6. ホジャ氏は 1、2 度家にレバーを持ち帰る。妻は愛人に食べさせる。夕食では、ホジャの前にねり粉パンだけの食事を出していた。ある日、ホジャは、「おい、お前。わしはときどきレバーを買ってくるが、食べる幸運にめぐまれん。（レバーは）どこへ消えるのか？」と尋ねたところ、妻は「いつも猫がとって行く」と答えたので、ホジャはすぐに立ち上がり、斧を金庫に入れて鍵をかける。妻は「斧を誰から隠しているの？」と尋ねたところ、ホジャは「猫からじゃ…」と答えたので、ふたたび妻が「猫が斧をどうするっての？」と驚いて尋ねたところ、今は亡きホジャは「いいかい、お前、2 アクチェのレバーを奪うやつなら 40 アクチェの斧をとりかねないわい」と言った。

7. それ、これが返済じゃ！

7. Hocanın kādılığı hengâmında bir herîf hasmını yakasından tutarak huzûruna getirip "Efendim! Bu adam benden rüyâda şıkır şıkır yirmi akçe aldı. Şimdi istiyorum. Paralarımı vermiyor." der. Hoca merhûm ibrâm edip müddeâ aleyhten yirmi akçeyi tahsîl eder. Önündeki çekmeceye şıkır şıkır paraları saydıktan sonra müddeâya "Al şu şıkırtıları!" Müddeâ aleyhe "Al sen de paralarını! Haydi birbirinizin hakkına tecâvüz etmeyin!" deyip herîfleri savmış ve bu hükmüyle huzzârı hayrân eylemiştir.

7. ホジャが法官を務めていた時期に、ある男が相手の男の襟元をつかんでホジャの前へ連れてきて、「法官殿！この男は夢の中で私からジャラジャラと 20 アクチェを取ったのです。いま私は（返済を）求めているのですが、私の金を返してくれません」と訴える。今は亡きホジャはしつこく迫り、被告人から 20 アクチェを手に入れる。目の前の引き出しに向かってジャラジャラと金を数えたあと、告訴人に「さあ、このジャラジャラという音を得るがよい！」と言う。そして被告人に向かって

「さあ、あんたは金をしまいなさい！それでは、あんたがたお互いの権利を侵害しないように！」と言って男たちを追い払い、そしてこの裁きでその場の人々を感心させたのである。

第19課　Nasreddin Hoca'dan (4)（N. ホジャ-4.）

8. この世はままならん！

8. Hoca merhûm bir mecliste konuşurken söz helvâ sohbetine müncer olmuş. Hoca "Birkaç seneden beri cânım bir 'levzîne' helvâsı ister. Bir türlü pişirip de yiyemedim." demiş. "Bu o kadar müşkül şey değildi. Niye pişirmedin?" dediklerinde zavallı Hoca "Un bulunduysa yağ bulunmadı, yağ bulunduysa un bulunmadı." demiş. "Ey a cânım! Bunca zamandır bunları bir araya getiremedin mi?" diye sormalarına cevâben dahi "Vakıa hepsi bir araya geldiği de oldu ama, kader bu ya, o vakit te ben bulunmadım." demiş.

8. 今は亡きホジャがある集まりで話していたとき、話がヘルヴァ歓談におよんだ。ホジャは「数年前から'アーモンド入り'ヘルヴァが食べたくてしょうがない。まったくそれを作って食べることができなかった」と言った。「それはそれほど難しいことではなかったのに。なぜ作らなかったのか？」と、みんなが尋ねたところ、哀れにもホジャは「小麦粉があったときには油がなかった、油があったときには小麦粉がなかった」と答えた。「おや、まあ！これまでずっとそれらを一カ所にそろえることが出来なかったのか？」とみんなが尋ねたところ、それに答えて「実際、全てが一カ所にそろったこともあったが、運命とはこんなもので、そのときにはこのわしがいなかった」と答えた。

9. 雄鶏がいてもおかしくないじゃろ

9. Bir gün Akşehir çocukları Hocayı hamama götürürken, yanlarına gizlice birer yumurta alırlar. Hepsi soyunup hamama girip göbek taşı üzerine oturduklarında birbirlerine "Geliniz sizinle yumurtlayalım her kim yumurtlayamazsa hamamın masârifini o versin" deyip kavl ü karâr etmişler. Ba'dehu tavuk gibi sıkınıp "Gıt gıt gıdak... gıt gıt gıdak..." diyerek feriyât ederek berâberce getirdikleri yumurtaları yavaşça el çabukluğuyla mermerin üzerine bırakırlar. Hoca Efendi bunları görünce

— 162 —

解 答 例

hemen horoz gibi çırpınıp ötmeye başlar. Çocuklar "Hoca Efendi ne yapıyorsun?" dediklerinde "Bu kadar tavuğa bir horoz lâzım değil mi?" demiştir

9．ある日アクシェヒルの子供たちはホジャをハマムへ連れていくときに、ひそかに1個ずつ卵をかくし持っていく。みんな裸になってハマムに入り、垢すり台の上に坐ったとき、お互いに「さあ、君らと一緒に卵を産むことにしよう、卵を産むことのできない者は誰であっても、その者が風呂代を払うことにしよう」と取り決めた。そのあと、雌鶏のように力んで「コーコーコー… コーコーコー…」と鳴きながら、一緒に持ってきた卵をゆっくりと手際よく大理石の上に置く。ホジャ氏はそれを見てすぐさま雄鶏のように羽根をばたつかせ、鳴き始める。子供たちは「ホジャさん、何をしているのですか？」と尋ねたところ、「これほど雌鶏がいれば1羽ぐらい雄鶏が必要じゃろう」と言った。

10. お産する鍋は死にもする

10. Bir gün Hoca komşusundan bir kazan ister. İşini bitirdikten sonra kazanın içine bir küçük tencere koyup götürür, sâhibine verir. Sâhibi kazanın içinde tencereyi görünce "Bu nedir?" diye Hoca'dan sorar. Hoca "Kazanız doğurdu." demekle komşu "Pekâlâ." deyip tencereyi kabûllenir. Yine bir gün Hoca kazanı ister, alır götürür. Sâhibi bir hayli müddet bekler. Bakar ki kazan gelmez. Hocanın evine gelir. Kapıyı çalar. Hoca kapıya gelip "Ne istersin?" diye sorar. Komşu "Kazanı isterim." der. Hoca "Sen sağ ol kazan merhûm oldu." cevâbını verir. Komşu kemâl-i hayretle "Hoca Efendi. Hiç kazan merhûm olur mu?" dedikte Hoca "Yâ doğurduğuna inanırsın da öldüğüne inanmaz mısın?" demiştir.

10．ある日ホジャは隣人から大鍋を借り求める。使い終えたあとその大鍋の中に小さな鍋を入れて持って行き、持ち主に返す。持ち主は大鍋の中の小鍋を見て「これは一体何ですか？」と、ホジャに尋ねる。ホジャは「大鍋が産んだんです」と答えたところ、隣人は「わかりました」と言って小鍋を受け取る。ある日のことふたたびホジャは大鍋を求め、持ち帰る。持ち主はかなりの期間待つ。大鍋が戻って来ないのに気づき、ホジャの家へやって来てドアをノックする。ホジャは戸口へ出て来て、「何の用ですか？」と尋ねる。隣人は「大鍋を返してもらいたい」と言う。ホジャは「ご愁傷様、大鍋は死にました」と答える。隣人はこの上なく驚いて「ホジャさん、大鍋が死んだりしますか？」と言ったところ、ホジャは「あるとも、あん

— 163 —

たは大鍋が子供を産むのを信じておきながら、死ぬのを信じないのですか？」と言った。

第20課　Türk Halk Edebiyatı'ndan (1)

11. Mübârek Ramazân 「聖なるラマザン」(11-①～⑨)

11-① Mübârek Ramazânın ayın on dördü gibi aylı yıldızlı bir gecesi idi. Kervânkıran yıldızı bir pırlanta taşı gibi parlıyordu. Poyraz yeli serin serin esiyordu. Türklerin ikāmet ettikleri mahallenin denize nâzar bir evinde Nigâr Hânım'ın salonunda bulunuyorduk.

11-① 聖なるラマザン月の満月のように（美しい）月と星の夜だった。金星（明けの明星）がダイヤモンドのように輝いていた。ポイラズ風が涼しげに吹いていた。トルコ人たちが居住する地区の海に面した家のニギャール婦人のサロンに私たちはいた。

11-② Macar baba ile Türk anadan dünyâya gelmiş bu şâire-i meşhûre yaralanmış gönlünün gamını, ezilmiş kalbinin feryâdını, derin fikirli şiirinin piyâlesine doldurarak beyitler okumuş ve tagani ederek piyano çalmış idi.

　Bu mübârek akşam, dostlarını, ahbâplarını dâvet eylemişti. Edebiyâta dair bahisler açıldı...

11-② ハンガリー人の父とトルコ人の母から生まれたこの有名な女性詩人は、傷ついた心の悲しみを、惨めな心の叫びを、深い思いを込めた詩の杯に満たしながら詩句を詠み、そして歌いながらピアノを弾いたのだった。

　この聖なる夕べに、友人、知人たちを招いたのである。文学に関する話題が持ち出された…

11-③ Yeni açılmış güllere benzeyen bâzı şiirlerini okudu. Ehl-i edepten Ma'arif Nâzırı olan Münif Paşa, meşhûr Ekrem Bey, berâberinde birkaç zât daha bulunup iftâra başlandı.

　Ta'âma (→ Taâma) dan sonra, Nigâr Hânım:

　— Bak bir kere şu şarkının güzelliğine! diye Ekrem Bey'in bir sûznâk şarkısını

— 164 —

解　答　例

hem okudu, hem piyano ile çaldı.

　Şarkının hateminde:

11-③ 咲いたばかりのバラの花のような（美しい）数編の詩を詠んだ。教養人の文部大臣ミュニフ・パシャ、有名なエクレム・ベイ、さらに数人が同席して、断食明けの夕食が始められた。食事の後、ニギャール婦人は、

　「それでは一度この歌の美しさを聞いてみて下さい」と言って、エクレム・ベイのせつない調べの歌を歌いかつピアノで弾いた。歌が終わったとき、

11-④ － Bu bizim Macar misâfirimiz, şarkılardan ziyâde avâm beytlerini tercîh ediyor... sözleriyle maksadımı misafirlere anlattı.

　Şair Ekrem Bey, benim Türk lisânına olan hevesimi anlayıp şimdiye kadar cem' ettiğim edebiyâtın birkaçını istedi. Ârzûsunu yerine getirip hem İstanbul'da, hem Aydın vilâyetinin bazı köylerinde topladığım beytleri okudum, gönlünü kazandım.

　Ekrem Bey:

　－ Avâm şiirinin sâdeliği, dilinin güzelliği şüphesizdir, fakat kelimeler az... İşte bundan dolayı fikirleri de o kadar çok olamaz... dedi.

11-④「この我々のハンガリーの客人は、歌よりも民衆詩がお気に入りなんです…」という言葉で、彼（エクレム・ベイ）は私の意図を客人に説明した。

　詩人エクレム・ベイは、私のトルコ語に寄せる情熱を理解しており、これまでに私が収集した（口承）文芸のいくつかを求めた。私は彼の希望を叶え、イスタンブルでそしてアイドゥン県下のいくつかの村で収集した詩を読み、彼の歓心を買った。エクレム・ベイは、

　「民衆詩の素朴さ、その言語の美しさは疑いの余地がない、しかし語彙は貧弱だ… まさにそれ故に彼らの思想もそれほど豊富なものにはなり得ない」と言った。

11-⑤ Ben － Fikirleri de var, kelimeleri de bol... Ama, bunlar el'ân meçhûl...

　Sonra, Ahmet Vefik Paşa, Ahmet Mithat Efendi, Ebüzziya Tevfik Bey ile çok görüştüğümü, onların bu meseleye dair beyân ettikleri mütâlaaları, açık Türk lisânının ilm-i elsine nokta-i nazarından ehemiyetini anlattıktan sonra, Münif Paşa:

11-⑤ 私：「彼らには思想もありますし、語彙も豊富です… しかし、それらは今

— 165 —

のところ不明なのです…」

　そのあと、私がアフメト・ヴェフィク・パシャ、アフメト・ミドハト・エフェンディ、エビュズィッヤ・テヴフィク・ベイとよく出会ったこと、および彼らがこの問題に関して述べた意見を、そして明解なトルコ語の言語学的見地からの重要性を(私が)説明したあと、ミュニフ・パシャは、

11-⑥　— O halde türkü mürkülerden masalların daha ziyâde kıymeti olmalı... dedi.

　Ben — Vâkıa öyle ama, masalları tevhît edebilmek için vakit ve sabırdan başka lisânın tekmîl billinmesi de lâzım. Bundan mâadâ, masalı herkes bilmez ve bilse bile söyleyemez, söylese bile yazdıramaz. Masal edebî hikâyelere benzer, hikâyeyi bilen çok, söyleyen de çok, ama edebî şekilde kaleme alanlar nâdir bulunur. Bir edibin mahâreti lâzım.

11-⑥「それなら民謡などよりも昔話のほうがはるかに価値があるにちがいない…」と言った。

　私：「実際そうですが、昔話を体系化しうるためには時間と忍耐力以外に言語を完全に知ることも必要です。それ以外に昔話は誰もが知っているわけではありません、そしてたとえ知っていても語れるとは限りません。仮に語れたとしても書き取らせることはできないのです。昔話は文学的な説話に似ており、説話を知っている者はたくさんおり、またそれを語れる者もたくさんいます、しかし文学的スタイルで書き留められる者はまれにしかいません。それには作家としての技量が要るのです」

11-⑦ Ekrem Bey — Benim işittiğime göre, masalları en ziyâde bilen, en çok söyleyen, kocakarılardır. Ve onların tandırı yanında olur. Çocuk iken masalları ancak annemden ve yanında olan câriyelerden, konu komşu dişi ehlinden işittim.

　Münif Paşa — Hepimiz öyle... Masallara, hânımların ve çocukların merâkı olur.

　Bâzıları — Öyle ya... dediler. Bunun üzerine Nigâr Hânımın ihtiyâr vâlidesi — İşte kocakarı benim, masalları bilen de benim... dedi. Hânım ninenin elini öpüp:

　— Öyle ise bir tandır kuralım... dedim.

　Bütün misâfirlerin ârzuları üzerine, hem de Ramazân şerefine, vâlideceğizin gönlünü aldık.

解 答 例

11-⑦ エクレム・ベイ：「私が聞いたところでは、昔話を一番たくさん知っていて、一番多く語れるのは老婆たちです。そして、それは、彼女たちの掘りごたつのそばにあるのです。子供の頃、私は昔話を母から、そしてそのそばにいた召使い女や、近所の女性たちからのみ聞きました」

ミュニフ・パシャ：「我々みんなそうだった… 昔話には女性と子供が興味を示すのである」

その場にいた数名の者が「そうだとも…」と言った。そこでニギャール婦人の高齢の母上が「ともかく、老婆はこの私です、昔話を知っているのはこの私です」と言った。私はお婆さまの手にキスをして、

「それじゃ、昔語りのこたつを囲みましょう」と言った。

客人全員の要望に応じて、さらにラマザンを祝って、私たちは母君に了解してもらった。

11-⑧ Hânım nine － İyi ama, masal söylemezden evvel, bir de tekerlemesi var. İlk önce onu dinlemelisiniz.

Misâfirler － Ne alâ, cânımıza minnet! dediler.

Ben － Bu tekerleme dediğiniz ne gibi olur? diye sordum.

Ekrem Bey － Masalların ilk kısmı, mukaddime gibi eğlenceli sözlerden ibâret bir başlangıç... dedi.

Bunun üzerine, hânım efendi kendisini toplayarak:

－ İşte tandır burası olsun... dedi.

11-⑧ お婆さま：「それはかまいませんが、昔話を語る前に、テケルメがあります。まず最初、それを聞いていただかなければなりません」

客人たちは「そりゃ素晴らしい、願ってもないことです！」と言った。

私は「このテケルメとおっしゃったものはどのようなものでしょうか？」と尋ねた。

エクレム・ベイは「昔話の発端部、導入部ともいうべき面白い言葉から成る始まりの部分です」と答えた。

こうして、婦人は精神を集中し、

「それじゃ、昔語りのこたつをここにしましょう」と言った。

解 答 例

11-⑨ Biz de yanıbaşına oturduk, dudaklarına baktık. Sevincimden az kaldı bayılacaktık. Vâlide hânım, gülümseyerek başladı:

　Bir varmış, bir yokmuş, Allah'ın kûlu çokmuş, evvel zaman içinde, kalbur kazan içinde, deve tellâl iken, sıçan berber iken, ben onbeş yaşında iken, anamın babamın beşiğini tangır mıngır sallarken, var varanın, sür sürenin, destûrsuz bağa girenin hali budur hey...

11-⑨ 私たちは彼女のすぐそばに座り、彼女の唇を見つめた。私は嬉しさのあまりあわや卒倒するところだった。母君は、ほほえみながら（語り）始めた。

　むかーし、むかーし、神の下僕がたくさんいた、ずっとむかしのこと、ふるいが大鍋に入っていたころ、ラクダが触れ込み人で、ネズミが床屋であったころ、私が15才で、両親のゆりかごをギーギー揺すっていたころ、歩いて行く者、家畜を追って行く者、許可なくブドウ畑へ入る者、そのような者の状態は、こんな風になる、それ…

第21課　*Türk Halk Edebiyatı*'ndan (2)

12. Masallar「昔話」(12-①～⑨)

12-① Hânım nine － İşte, masalın biri hatırma geldi... geldi ama, kısacık... dedi. Bir de ne perisi var, ne de cinleri... Ancak bir odun yarıcısı...

　Ben － Zarar yok, zâten içinde devler, periler bulunamayan masallar garp milletlerinde de var.

　Kalemimi çıkarıp, bir kalem de Nigâr hânıma verip iştiyâkla dinlemeğe başladık.

　İşittiğim en birinci masal şu idi:

　Vaktin birinde, bir odun yarıcısı varmış, bunun bir de karısı varmış...

12-① お婆さまは「とにかく昔話が一つ思い浮かびました。思い浮かびましたが、ほんの短いのがね」と言った。「それに、妖精も出てこなければ、ジンも出てこない… ただ、木こりだけのがね…」

　私：「構いません。もっとも鬼や妖精が登場しない昔話は西洋の国々にもあります」

　私はペンを取り出し、一本のペンをニギャール婦人に手渡し、みんなで熱心に聞き始めた。

解 答 例

私が聞いた最初の昔話はこんなのであった。

むかーし、一人の木こりがいて、その木こりには妻がいた…

12-② Bu odun yarıcı, gündüzleri dağa gidip odun kesermiş, akşam üstü de kestiği odunları götürüp satarmış... Aldığı paralarla bakkaldan ekmek yemek alıp evine getirir, karısı da onları pişirir, yerler içerler. Ondan sonra, "Pîş pûf de pîş pûf" diyerek türkü, çalgı, oyun ile cümbüş edip vakitlerini geçirirlermiş. Yine ertesi günü, odun yarıcı dağa gidip odunları keser, akşam üstü satıp parasıyla evine yemek alıp yerler içerler, yine oynayıp cümbüş ederler... Her gün her gece böyle yapıp günlerini zevk ile geçirirlermiş...

12-② この木こりは昼間山へ行って薪を切り、夕方近くになると切った薪を運んで行って売っていた… 手にしたお金でバッカルでパンや食べ物を買って家に持ち帰っていた。彼の妻はそれらを料理し、二人は食べて飲んでいた。その後、「歌え踊れ、それ歌え踊れ」と歌、楽器、踊りをまじえて大騒ぎをして一時を過ごすのであった。ふたたび翌日になると、木こりは山へ行き、薪を切り、夕方近くなると、それを売って、そのお金で食べ物を家に買って帰り、食べて飲み、ふたたび踊って大騒ぎするのであった… 毎日毎晩このようにして、日々を楽しく過ごしていた…

12-③ Günlerde bir gün, pâdişâh geceleri mum yakmağı yasak eder. Hiç bir kimse, gece mum yakmaz idi. Bu odun yarıcı da yine evvelki gibi her gece oynayıp cümbüşten geri kalmaz...

Bir gece pâdişâh çıkıp her yeri geze geze bir de odun yarıcının evine gelip bakar ki evin içinde bir gürültü, bir harıltı, bir çalma oynama ki deme gitsin...

12-③ そんなある日のこと、王が夜間ローソクを灯すことを禁じたのである。誰一人夜にローソクを灯さなかった。(ところが) この木こりは、ふたたび以前と同じように毎晩踊って騒ぐことを控えなかった。

ある夜のこと、王は出かけてあちこち見て回っているうちに、ふと木こりの家にやって来て、見たところ、家の中では何とも言えないほどの騒ぎがあり、楽器の演奏と踊りがくりひろげられていたのである。

解　答　例

12-④ Odun yarıcının, karısıyla "Pîş pûf" deyip oynadıklarını pâdişâh seyreder. Bunların böyle yaptıkları pâdişâhın çok hoşuna gidip kapıya nişân koyarak gider.
　Ertesi gün, pâdişâh odun yarıcının evine bir at ile bir kat ruba gönderip yanına çağırtır. At ile rubayı adamlar alır, odun yarıcının evine gelirler, kapıyı çalıp oduncuyu sorarlar. Karısı da kocasının evde olmadığını, odun kesmek için dağa gittiğini o adamlara söyler. Onlar da giderler, oduncuyu dağdan alıp getirirler, rubaları giydirip ata bindirerek doğru pâdişâhın yanına götürürler.
12-④ 木こりが妻とともに「歌え踊れ」と言って踊っているのを王はながめていた。二人がこんな風にしているのを王はたいそう気に入り、ドアに目印を付けて立ち去った。
　翌日、王は木こりの家へ馬とともに一着の服を送り届け、自分の所へ呼びつけることにした。馬と服を家臣たちは受け取り、木こりの家へやって来て、ドアをノックし木こりに会うことを求めた。木こりの妻は、夫が不在で、薪を切りに山へ行っていることをその家臣たちに告げた。家臣たちは立ち去り、木こりを山から連れてきて、服を着せ馬に乗せて、まっすぐ王のそばへ連れて行った。

12-⑤ Yolda giderken bunu herkes görür; sağ ve soluna iki geçeli fıkarâlar dizilmiş, bundan para isterler. Odun yarıcı da atın üzerinde elini cebine sokarak bakar ki para yok... Bir sağına, bir de soluna, "Dönüşte, dönüşte" diyerek gider. En sonra, pâdişâhın yanına girer. Pâdişâh da bunun ne iş tuttuğunu sorar. Odun yarıcı da, gündüzleri dağda odun kesip onları akşamleyin satıp parasıyla evine yem yemiş alıp karısıyla birlikte yiyip içip oynadıklarını söyler. Pâdişâh da, bu odun yarıcıyı kendisine kapıcıbaşı yapar, bir de güzel kılıç verir.
12-⑤ 道を行くとき、彼の姿をみんなが見る、右側、左側、道の両側に乞食たちが並んでおり、彼に金をくれとせがむ。木こりは馬上でポケットに手を突っ込んでみたところ、金はなかった… 右側、左側に向かって、「戻って来たときに、戻ってきたときに」と言いながら先を急いだ。そしてついに王のそばにやって来た。王はその男がどんな仕事をしているのかを尋ねた。木こりは、昼間山で薪を切り、それを夕方売って、その金で家に食べ物を買って帰り、妻と一緒に食べて飲んで踊っていることを告げた。王はその木こりを自分の門衛長にし、さらに立派な刀を与えた。

— 170 —

解　答　例

12-⑥　Odun yarıcı da atına binip yine evine gelirken yolda fıkarâlar yine para isterler. Bir de, at üzerinde elini cebine soktukta bakar ki yine para yok. Bir sağına, bir soluna, "Size de yok, bana da yok... size de yok, bana da yok..." diye evine kadar gelir.

　　Bir de karı koca, bunların karınları acıkır... Oduncu karısına der ki "Şimdi ne yapacağız? Sanki bu iyi mi oldu? Para yok, pul yok, ne yapalım?" Karısı da "Haydi bâri, a koca şu kılıcı bakkala götür, biraz yiyecek al, gel de yiyelim..." der. Oduncu da kılıcı alıp doğru bakkala gider, biraz yem yemek alır, evine gelir, karısıyla otururlar, temiz yerler içerler, yine evvelki gibi oynarlar, cümbüş ederler, hiç bir şey düşünmezler.

12-⑥　木こりが馬に乗ってふたたび家に戻ってくると、道で乞食たちがまたしても金をくれとせがんできた。そこで馬上でポケットに手を突っ込んでみたところ、やはり金はなかった。右側、左側に向かって、「君たちにもないし、私にもない、君たちにもないし、私にもない」と言って、家まで戻った。

　　夫婦は、二人とも空腹を覚える… 木こりは妻に言った。「さて、どうしようか？まさかこのままでいいはずがあろうか？ 全くの文無しだ、どうしたものだろう？」そこで妻は「ねえ、あんた、とにかくその刀をバッカルへ持って行って、少し食べ物を買って来てよ、そして一緒に食べましょうよ…」と言った。木こりは刀を持ってまっすぐバッカルへ赴き、少しばかり食料を買って、家に戻って来た。そして妻と一緒に座り、すっかり食べて飲んで、ふたたび以前と同様に踊り、大騒ぎして楽しみ、他のことは何も考えなかった。

12-⑦　Bu odun yarıcı ile berâber gelmiş olan uşak, bunların yaptıklarını görür, sabahleyin doğru gider, pâdişâha haber verir. Oduncu da tahtadan bir kılıç yapıp kınına sokar. Bir de pâdişâh bunu işittikte, o zamanlarda da bir kimseye yeni rütbe verildiği vakit bir adamın ona başını kestirirlermiş... Pâdişâh, adamlarına haber verip bir yere toplar, odun yarıcıya da haber gönderip çağırtır. Bu oduncu yine giyinir, atına biner, doğru saraya gider. Pâdişâh da bir adam getirtir, oduncuya der ki "Şu adamın başını kes!" Oduncu da bakar ki, kılıcı tahta... Nasıl etsin? ...Hemen kılıcını tutar ve "Amân yâ Rabbî! Şu adamın günâhı yoksa kılıcım tahta olsun, eğer varsa kessin" der... Kılıcı çeker, bir de bakarlar ki, kılıç tahta...

12-⑦ この木こりと一緒にやって来た下男は、木こり夫婦の振る舞いを見て、朝方そのまま立ち去り、王に知らせた。木こりの方は、木で刀を作り、さやに差し込んだ。さて、王がその一部始終を聞いたとき、その当時はある人物に新たな位を授けるときには、その人物に人の首をはねさせる習わしがあった… 王は家臣たちに知らせを送り、ある場所に集合させ、木こりにも知らせを送り呼んで来させた。例の木こりはふたたび身支度をし、馬に乗って、まっすぐ宮殿へ向かった。王は一人の男を連れてこさせ、木こりに言った。「その男の首をはねろ！」木こりは自分の刀が木製であるのに気づいていた… どうすべきか？ …彼はすぐに刀を握りしめ、そして「おお、神よ！ この男に罪がなければ、私の刀は木の刀となりますように、もし罪があれば、首をはねますように」と唱えた… そして刀を抜いた、ふとみんなが見たところ、何と刀は木の刀になっていた…

12-⑧ Oradan pâdişâha der ki "Gördünüz mü efendim, bu adamın günahı yoktur". Pâdişâh da, bu oduncunun kılıcı ne yaptığını evvelce haber almış olduğundan oduncunun da böyle yapmasından pek çok hoşlanıp oduncuya bir konak, çok para ve dünyâlıklar verip çırak eder, oduncu da karısını alır, o konakta ölesiyecek otururlar, ömürlerini rahatla geçirirler.

12-⑧ 彼はその場から王に言った。「ご覧になりましたか、王様、この男には罪がございません」王はこの木こりが刀をどうしたかを事前に知っていたので、木こりがそのように振る舞ったことをたいそう気に入り、木こりに館と多くの金と財産を与え、家臣に召し抱えた。木こりは妻を連れて来て、その館で死ぬまで暮らし、一生安楽に過ごした。

12-⑨ Hânım bu masalı bitirir bitirmez, yüzüne gözüne kemal-i taaccüble baktık. Ne güzel söylüyordu, ne de tatlı tatlı naklediyordu.

— Artık tandırnâme kuruldu, dedim, ötesi yok...

Ekrem Bey — Ey Macar oğlu dostumuz, şimdilik işittiğiniz bu masal, garp masallarına nisbetle nasıldır? Bâri beğendin mi? diye sorunca...

Ben — Yalnız beğenmek değil, o kadar hoşuma gitti ki, merâkım artık masal meselesi oldu... dedim.

12-⑨ （老）婦人がこの昔話を話し終えるや、私たちはすっかり感嘆しきって彼女

の顔と目を見つめた。何と素晴らしく話し、また何と見事に語ったのだろう。
「ついに本物の昔話が語られた、これ以上のものはない」と私は言った。
エクレム・ベイが「ハンガリーの若い友よ、今しがた聞いたこの昔話は、西洋の昔話と較べていかがですか？ 少なくとも気に入りましたか？」と尋ねたとき、
私は「ただ単に好きになるどころか、もうすっかり気に入り、私の興味・関心の対象はもはや昔話問題にすらなりました…」と答えた。

第22課　*Türk Halk Edebiyatı*'ndan (3)

13. Tatar Esîrleri「タタール人捕虜」(13-①〜⑧)

13-① Dünyânın başına harb-i umûmî belâsı çöktü. Bunun hâlâ yasını tutarken geçirdiğimiz sıkıntılar, barış felâketleri hiç hatırımızdan çıkar mı? ...Aslâ, aslâ!

Muhârebe esnâsında altmış yaşıma bastım; vatanıma ve bir de müsteşriklik nâmına hizmetlerde bulunmak için Macar Fen Akademisinin ârzûsuyla, Avusturya ve Macaristân'da teşkîl edilen İslâm esîrleri karârgâhını ziyâret ettim.

13-① 世界に第一次世界大戦の不幸が襲った。その不幸のいまなお明けない喪に服しつつ被っている苦痛、そして平和が訪れても（後遺症として癒えない）大惨事ははたして私たちの記憶から消え去るだろうか？ 否、決して否だ！

戦争中に私は60才になった；我が祖国に、さらには東洋学のために貢献すべくハンガリー科学アカデミーの要請を受けて、私はオーストリア、ハンガリーに設けられたイスラム教徒捕虜収容所を訪問した。

13-② Üç senenin üçer aylarını mezkûr karârgâhlarda geçirip yine gençlik zamanlarımın iştigâlâtına başladım. Tatar milletinin kayd esârete düşen askerlerinden, binlerce gençlerinden Tatar halk edebiyâtını öğrenmeğe niyet ettim.

Vâsi Rusya'nın muhtelif Tatar üserâsından mürekkep bir taburu Peşte kurbünde "Estergom" şehri civârında; bir taburu da Avusturya'nın "Eger" şehri yakınında bulunuyordu.

13-② 3年間にわたり、毎年3ヵ月を上述の収容所で過ごし、ふたたび私の青春時代の研究に着手した。私は、タタール人と登録された捕虜兵士から、何千人もの若者からタタールの民衆文学を学ぶ意図であった。

解　答　例

広大なロシアのさまざまなタタール人捕虜から成る一大隊は、ブダペスト近郊の"エステルゴム"の町の近くに、そして別の一大隊はオーストリアの"エゲル"の町の近くにいた。

13-③ Her sabah erkenden kalkıp şimendiferle Estergom'a gider, orada akşama kadar kalırdım. Tatar esîrleriyle görüşerek en evvel biraz Tatarca konuşmasını öğrendim. Sonra, gitgide "cır"larını ve türlü türlü halk beyitlerini dinledim.
　"Cır", Tatarca türkü ve "ekiyet" de masal demektir.
　Tatar esîrleri beşbinden ziyâde idi. Ekserisi Kazan dilini söyleyen Kazanlılardan başka, Kırımlılar, "Mişer"ler, "Başkır"lar, Türkmenler ve bir de Türk dilini söyleyen Çerkesler var idi.

13-③ 私は毎朝早く起床し汽車でエステルゴムへ行き、そこで夕方まで留まったものだ。タタール人捕虜たちと面会し、まず最初、少しタタール語の会話を学んだ。そのあと、徐々に彼らの"ジュル"［民謡］とさまざまな民衆詩を聴いた。
　"ジュル"とは、タタール語で民謡であり、"エキイェト"は昔話のことである。
　タタール人捕虜は5000人以上いた。その大半は、カザン・タタール語を話すカザン・タタール人であり、それ以外には、クリミア・タタール人、"ミシェル人"、"バシュキール人"、トルクメン人、そしてさらにチュルク語を話すチェルケス人たちがいた。

13-④ Konuşulan Tatar lisânlarının en mühimmi Kazan dili idi. Zâten, Tatar lisânlarının ayrı bir lehçesi olup hem medeniyetçe, hem edebiyatça öyle ilerilemişti ki, âdetâ başlı başına bir Tatar lisânı şeklini almıştı. Nüfusunun çokluğu, bir de dilinin şîrînliği ve zenginliği itibâriyle gittikçe Rusya'daki muhtelif Tatar milletlerinin edebî lisânı oldu. Öyle mektepleri var ki, her taraftan gelme talebeleri Kazan lisânını öğrenir...Kitapları ve gazeteleri var ki, bu lisânı okumağı öğrenmiş Tatarlar, hep bunları okuyorlar ve bu sûretle Kazan lisânı bütün Tatar milletleri arasına girmiş oluyor.

13-④ 話されるタタール諸語のなかで最も重要なものはカザン・タタール語であった。とにかく、それは、タタール諸語の別の一方言であり、文明的かつ文学的にき

解 答 例

わめて発展しており、ほとんど単独でタタール語を形成していた。(使用) 人口の多さ、さらにはその言語の美しさおよび豊かさによって次第にロシアのさまざまなタタール民族の文語となった。各地からやって来た学生たちがカザン・タタール語を学ぶ学校も存在した… この言語による書物や新聞もあり、この言語で読み書きを習得したタタール人たちは常にそれらを読んでいる。このようにしてカザン・タタール語は全タタール民族の間に浸透していったのである。

13-⑤ Cümlemizin ma'lûmudur ki, Rusya'da sâkin Tatar lehçeleri arasındaki fark, kelimelerde değil, asıl bu kelimelerin sûret-i telaffuzundadır. Bu itibarla "Mişer" lehçesinin telaffuzu, Kazan'kinden epey farklıdır. Kırım'daki Nogarların sözlerini, Kırım yalı boyu ahâlîsi anlamaz. Çünkü, Nogay şîvesi o kadar acâyip ki, başka bir cins Tatar bunu ne bilir, ne anlar. Bilâkis, kitaplarda veya gazetelerde yazılacak olursa, bu neşir olunan dili, hem Nogay ve hem Başkır o derece anlar ki âdeta kendi lehçesini okuyor sanır.

13-⑤ 私たち全てにとって明白なことは、ロシアに居住しているタタール人の諸方言における差異は、語彙にあるのではなく、本質的にはその語彙の発音方法にあるということだ。それゆえに、"ミシェル人"の方言の発音は、カザンのものとはかなり異なっている。クリミアのノガイ人たちの語彙は、クリミアの海岸沿いの住民たちにはわからない。なぜなら、ノガイの訛りは実に特徴的であり、他のタタール人はそれを認識できないからである。ところが、書物や新聞で書かれると、この活字となった言語は、ノガイ人にもまたバシュキール人にもほとんど自分たちの方言を読んでいると思えるほど理解できるのである。

13-⑥ Okuduklarını kendi lehçesinin şivesiyle okur ve anlar. İşte bu sebepten dolayıdır ki, Kazan lehçesi üzere yazılmış eserlerdeki lisân, gitgide Rusya'da sâkin bütün Tatarların edebiyât lisânı oldu. Meşhûr hikâyeci Tukayef'in, İsmail Bey Gasprinski'nin, Akçuraoğlu Yusuf Bey'in ve daha birçok şöhretli Kazan şairlerinin ve müelliflerinin parlak yazılarını, hikâyelerini, cırlarını, "çön"lerini, ekiyetlerini, muhtelif lehçeler konuşan Tatarlar, kendi lehçeleriyle okuyarak anlarlar.

13-⑥ 彼らは読むものを自分たち自身の方言の訛りで読み、そして理解する。とにかくこういう理由でカザン方言で書かれた作品の言語は次第にロシアに居住する全

解　答　例

タタール人の文学語となった。有名な物語作家トゥカイェフ、イスマイル・ベイ・ガスプリンスキー、アクチュラオール・ユースフ・ベイ、そして他の多くの有名なカザンの詩人や作家たちの輝かしい文章、物語、歌謡、"チョン"、昔話を、さまざまな方言を話すタタール人は自分たち自身の方言で読み、理解する。

13-⑦ Anadolu'nun muhtelif lehçeleriyle konuşan Türk aşîretleri Osmanlı edebiyât lisânını okuyup anladıkları gibi muhtelif Tatar lehçeleriyle konuşan Tatarlar da, Kazan dilini o nisbette anlarlar. Telaffuzlardaki fark, Arap harflerinin kifâyetsizliğinden dolayı tamâmiyle yazılmaz. Türk diline bile Arap yazısı, bilhassa ilm-i elsine nokta-i nazarından o kadar muvaffak gelmiyor. Bu sebeptendir ki, Avrupa müsteşrikleri ve alelhusûs Türkçüleri, Arap hurûfuyla yazılmış halk edebiyâtı metinlerini Lâtin hurufuyla yazmak mecbûriyetinde kalıyorlar.

13-⑦ アナトリアのさまざまな方言を話すトルコ系部族がオスマンの文学語を読んで理解できるのと同様に、さまざまなタタール方言を話すタタール人も、カザン・タタール語を同程度理解する。発音上の差異は、アラビア文字の不十分さのために完全には記述できない。トルコ語に対しても、アラビア文字は、とくに言語学的観点からして、あまり適合していない。このために、ヨーロッパの東洋学者たち、とりわけ、トルコ学研究者たちは、アラビア文字で書かれた民衆文学のテキストをラテン文字で記述せざるをえないのである。

13-⑧ Benim şimdiye kadar neşrettiğim Türk halk edebiyâtı mecmûalarım, hep Lâtin hurufuyla tabedilmiştir ki bu da, telaffuzlarını aynen muhâfaza etmek içindir. Bunlar Lâtin hurufuyla yazılmayacak olursa lehçelerin husûsiyetleri meydâna çıkmaz. Yine bu sebeptendir ki, Türkler arasında elsine-i ilmî o kadar terakkî etmemiştir. Kelimelerin telaffuzu, yâni ne gibi şîve ile söylenmesi meçhûl kalırsa "fonetik" ilmi de mevcût olmaz.

　Zâten "fonetik" ilmi, kelimeleri işitip işitildiği gibi ve halkın telaffuzu vechle yazmaktan ibârettir, ve lisânın eskiliğini ispât eder.

13-⑧ 私がこれまでに出版したトルコ民衆文学の雑誌は、常にラテン文字で印刷されているが、これは発音をありのままに保持するためである。それらがラテン文字で記述されなければ、その方言の特徴が明らかにならない。またそのような理由か

解 答 例

ら、トルコ人たちの間で言語学はあまり発展しなかったのである。単語の発音、つまりどのような訛りで発音されるかが不明のままである限り、「音声」学も存在しない。

ともかく、「音声」学は、単語を聴いて、聴こえた通りに、そして民衆の発音通りに記述することから成り立っており、言語の古さを確定するものである。

第 23 課　Nümune-i Edebiyât-ı Osmâniye'den (1)

14. Ziya Paşa : "Şiir ü İnşâ" (1)　ズィヤ・パシャ：「詩と散文」（1）（14-①～②）

14-① Ziya Paşa: "Şiir ü İnşâ"dan

　Taaccübe şâyân değil midir, ki bizde yazı bilmek başka, kâtip olmak yine başkadır! Halbuki sâir lisânlarda yazı ve imlâ bilen kâtip olur. Vâkıa her lisânda edip olmak hayli ma'lûmâta tevakkuf eder ise de, âdetâ murâdını kâğıt üzerinde ifâde etmek için yazı yazmak kifâyet eyler. Bizde ise yazı öğrendikten mâadâ birçok şeyler daha bilmek lâzım gelir.

14-① ズィヤ・パシャ著「詩と散文」より

　まことに驚くに値すべきは、我が国では文字を知ることと書記官になることは全く別物であるということだ！しかしながら他の言語では文字と正書法を知っている者は書記官になれるのである。実際にはどんな言語においても文士になるにはかなりの学識が要求されるが、ほとんど自分の意図することを紙の上で表現するためには文字を書くだけで事足りる。我が国ではどうかといえば、文字を習得する以外にさらに多くのことを知らなければならないのである。

14-② Evvelâ Türkçe imlâ bilinmelidir; halbuki en güç şey budur; zîrâ vaktiyle Türkçeye mahsûs lûgat kitabı yapılmamış, ve Osmanlılar milel-i sâireyi dâire-i hükümetlerine aldıkça her birinde gördükleri yeni şeylerin isimlerini o milletin lisânından alıp, az çok bozarak, kullanmış; ve her kâtip bir lûgati sükûn ve harekâtının zihnince uyan bir şekli ile yazıp, sâireleri dahi diğer sûretle zabt etmiş olduklarından, imlâ öğrenecek kimse, evvel-i emirde bunların hangisine tâbi' olacağında mütehayyir olur.

14-② まず第一にトルコ語の正書法を知らなければならない；しかしながら最も困

— 177 —

解　答　例

難なことがまさにそれなのである；何故ならば、かつてトルコ語固有の辞書が作られておらず、そしてオスマン人は他の民族を自らの支配圏におさめるにつれ、それぞれの（被支配）民族の間で目にした新しい事物の名前をその民族の言語から採り入れ、多少なりとも語形を変えて使用したからである；そして各書記官はある単語を書く際に、無母音と母音符号に関して自分の頭の中で納得できる形で書き記し、また他の書記官は別の方法で書き留めたため、正書法を習得しようとする者は、何よりも先にそういった表記のいずれに従うべきか戸惑うことになるからである。

第24課　Nümune-i Edebiyât-ı Osmâniye'den (2)

14. Ziya Paşa : "Şiir ü İnşâ" (2)　ズィヤ・パシャ：「詩と散文」（2）(14-③〜④)

14-③ Hele yirmi seneden beri Bâbıâlî'de teferrüd eden memûrların her biri bir canlı lûgat olmak hevesine düşerek, kimisi yâ ile "bildirir" ve kimisi yâsız "bldrr=bildirir" yazmağa başlayalı küçük kâtipler ne yapacaklarını şaşırdılar.

　Sâniyen, Arabî ve Fârsî imlâ bilmek lâzımdır. Bu iki lisânın imlâsını bilmek kavâidini tahsîle mevkûf olduğundan, en az sarf ü nahvi görmeyince, doğru terkîp yazmak kâbil olamaz.

14-③ とりわけ20年前から、バーブ・アーリーで頭角を現した役人たちは誰もが生き字引となる情熱にとらわれ、ある者は「i」を文字表記した「bildirir（知らせる）」と書き、ある者は「i」を文字表記しない「bldrr=bildirir（知らせる）」と書き始めて以来、駆け出しの書記官たちはどうすべきか戸惑っていた。

　第二番目に、アラビア語およびペルシア語の正書法を知る必要がある。この2言語の正書法を知ることは、その文法規則の習得にかかわっているので、少なくともその文法の学習をしなければ、正確に語句を書くことは不可能である。

14-④ Sâlisen, bunlardan sonra aklâm-ı devletten birinde birkaç seneler istihdâm olunmak ister. Bu olmadıkça "idüğüne"yi "olduğuna"ya rabt etmenin yolu bilinemez: ve bu nükte kemânkeş sırrı gibi, kâtiplerin ders-i ahîr olduğundan, her ne zamân bu melekeyi hâsıl ederse, Bâbıâlînin kullandığı kâtipler sırasında geçer: ve gûyâ bir yazı makinesi olur.

14-④ 第3番目に、そういったことを習得したあと、官庁の一部署で数年の間実務経験を積む必要がある。それを欠く限り、「idüğüne」を「olduğuna」に関連付け

— 178 —

る方法が理解できない；そしてこのポイントは、弓術家の秘訣のように、書記官たちの最終段階の課題であるので、この技を獲得してはじめて、バーブ・アーリーが任用する書記官に名を連ねることになる；そしてあたかもタイプライターのようになるのである。

第25課　トルコ語辞書「序文（一部抜粋）」

15. Ş. Sâmî : *Kāmūs-ı Türkî*'den　Ş. サーミー：『トルコ語辞典』より

15-① Ş. Sâmî: *Kāmûs-ı Türkî* "İfâde-i merâm"dan

　Lûgat kitabı bir lisânın hızânesi hükmündedir. Lisân kelimelerden mürekkeptir, ki bu kelimeler dahi, her lisânın kendine mahsûs bir takım kavâide tevfîkan, tasrîf ve terkîb edilerek, insânın ifâde-i merâm etmesine yararlar. İmdi lisânın sermayesi kelimelerle kavâid-i sarfiye vü nahviyesinden ibârettir.

15-① Ş. サーミー：『トルコ語辞書』「意図表明」より

　辞書はある言語の蓄積とみなされている。言語は単語から成り立っており、その単語も各言語そのものにとって固有の一連の規則に従って派生・複合がなされ、人間の意図表明に役立っている。それ故、言語の原資は単語と文法規則から成り立っている。

15-② Dünyâda hiç bir âdem tasavvur olunamaz, ki lisânının kâffe-i lugātını bilsin, veya cümlesini hıfzında tutabilsin; ve pek az âdemler vardır, ki lisânlarını tamâmıyle kâideye tevfîkan söyleyebilsinler. Bu hal ise her lisânın câmi' olduğu kelimâttan mürûr-ı zamânla bir takımını bâdiye-i nisyânda bırakıp gaib etmesini, ve kavâid-i mahsûsasına mugāyir sûrette söylenerek, fesâhattan mahrûm kalmasını, velhâsıl geniş ve fasîh iken, dar ve galat bir lisân olmasını müntic olur.

15-② この世において、自らの言語の全ての語彙を知っていたり、あるいはその全てを記憶に留めておけるような人間はまったく想像できない；また、自らの言語を完全に規則に従って話すことのできる人間もきわめてわずかしか存在しない。このような状況は、各言語そのものが、収集された語彙の一部を時の経過とともに忘却の砂漠に置き去って失ってしまい、そしてその言語固有の規則に反する方法で話され、純粋性を喪失してしまう結果を、要するに、広範で正確であったものが、偏狭で誤った言語となってしまう結果を招くのである。

解 答 例

15-③ Lisânları bu inhitâttan vikāye edecek ancak edebiyâttır; edebiyâtın yani üdebânın bu bâbda edecekleri hizmetin ilk hatvesi ise lisânın mükemmeliyetini teşkîl eden kelimelerini ve fesâhatinin mûcib olan kavâidini hüsn-i muhâfaza etmekten ibârettir. Bu iki şıkkın birincisi lisânın kâffe-i lugātını hâvî mükemmel bir kāmûs, ve ikincisi kavâid-i sarfiye vü nahviyesini câmi' muntazam bir sarf ü nahv kitabı vücuda getirmekle hâsıl ve mümkün olabilir.

15-③ 言語をこのような荒廃から保護できるのは文学だけである；文学が、つまり作家たちがこの件に関してなしうる貢献の第一段階は、言語の完璧さを形成している語彙および言語の純粋性に伴う規則性を見事に保護することから成り立っている。この二つの選択肢の第一番目は言語の全ての語彙を含む完璧な辞書であり、その二番目は文法規則を網羅し体系化した文法書であり、この二つを生み出すことによって、（言語の保護は）達成でき可能となりうるのである。

語　彙　集

1）オスマン語表記が数通りあるものは、転写表記によって一本化しないで、それぞれ見出し語として個々にアルファベット順に記した。

　　＜例＞　دكز deniz 海、دكيز deniz 海

2）日本語訳の右肩文字 [A] はアラビア語、[P] はペルシア語、[F] はフランス語、[IT] はイタリア語、[SP] はスペイン語、[G] はギリシア語、[L] はラテン語からの借用を示す。この右肩文字は数種の語義がある場合は、煩雑さを避けるために最初の語義にのみ付した。なお、語源は、A. Tietze, et al.: *New Redhouse Turkish-English Dictionary*, İstanbul, 1968 に依った。

3）動詞はその不定形 مك - -mek, مق - -mak で示す。また、訳語中において複合動詞の補助動詞 ايتمك etmek は、繰り返しを避けるため .ا で略した。さらにその場合、名詞部分は最初の一文字のみを記した。

　　＜例＞　بيان beyân 公言 [A]　.ا.ب b.etmek（→ beyân etmek を示す）

4）文字転写での長母音は基本的には、＾で示した。ただ、kâ＜كا：キャ（ー）＞、gâ＜گا：ギャ（ー）＞に対立する後舌長母音 ķā＜قا：カー＞、ġā＜غا：ガー＞は、â ではなくて ā で示した。

　　＜例＞　قانون ķānûn 法律 [A]、مغاير muġāyir 反した [A]

5）アラビア語等からの借用語で、添加母音を伴ったものは、（→）で示し、その際母音の接尾によって添加母音が脱落するものは同一（　）内に追記した。

　　＜例＞　اسم ism（→ isim, -smi）名前 [A]、名称

6）借用語の語末有声子音は、現代トルコ語として一般化した無声子音で表記した。ただし、トルコ語化していないものは、有声子音のまま表記した。

　　＜例＞　آب âb 水 [P]

(آ، ا) ‹← آ, ا の順序は区別しないで、混合配列とした›

آ	a	おい、なあ جانم آ a cânım お前は！（非難）
آب	âb	水 P　آب حيات âb-ı hayât 不老不死の水
ابرام	ibrâm	固執 A　.ا.ا i.etmek しつこくせまる
ابل	ibil	雌ラクダ A
ابوالضيا توفيق	Ebüzziya Tevfik	エビュッズィヤ・テヴフィク（1848-1913：オスマン帝国期の文学者）
اپى	epey	かなり
آت	at (-tı)	馬
ات	et (-ti)	肉
آتش	ateş	熱 P
آتمق	atmak	投げる
اثبات	ispât	確定 A　.ا.ا i.etmek 確定する
اثر	eser	作品 A
اثنا	esnâ	期間 A、時、間　او اثناده o esnada その時
اثنين	isneyn	2 ‹アラビア語数詞›
اثواب	esvâp	衣服 A
اجرت	ücret(-ti)	料金 A
آجيقمق	acıkmak	空腹を覚える
آچدرمق	açtırmak	開けさせる
آچمق	açmak	開ける、（話題を）持ち出す
آچيق	açık	開いた、妨げのない、はっきりと、明確に
آچيلمق	açılmak	開けられる、（花が）咲く、開く
احباب	ahbâb	知人 A
احد	ahad	1 ‹アラビア語数詞›
احمد	Ahmet	アフメト（名・男）
احمد مدحت افندى	Ahmet Midhat Efendi	アフメト・ミドハト・エフェンディ（1844-1912：オスマン帝国期の代表的作家）
احمد وفيق	Ahmet Vefik	アフメト・ヴェフィク（1823-1891：オスマン

— 182 —

語　彙　集

(語辞書 لهجه عثمانى *Lehçe-i Osmânî*, 初版 1293 H.＜1876＞の編纂で有名)

احوال	ahvâl (-li)	状態 A、状況 (pl.) ＜ حال hâl
اخبار	ahbâr	ニュース A (pl.) ＜ خبر haber
اخير	ahîr	最後の A、最終の
آدا	ada	島
اداره	idâre	行政 A、管理
ادارى	idârî	行政の A、管理の
آدام	adâm	男、家臣
ادب	edep	教養 A、文学　اهل ادب ehl-i edep 教養人　ماصال ادبى masal edebi 昔話文芸
ادبا	üdebâ	作家 A (pl.) ＜ اديب edip
ادبى	edebî	文学の A　ادبى لسان edebî lisân 文学語、文章語
ادبيات	edebiyât	文学 A、文芸　ادبياتچه edebiyatça 文学的に、文学上
ادبيه	edebîye	文学の A ＜ ادبى edebî の女性形＞
آدرس	adres	住所 F
آدم	adam	男
آدم	âdem (→ adam)	人間
آدمجغز	adamcağız	哀れな男
اديب	edib (edip)	文士 A、作家
اذن	izn	許可 A
ـ ار	-ar	＜-ar 超越形・接尾辞＞
ـ ار	-ar	～させる＜使役形・接尾辞＞
آرا	ara	間、空間　آراسندهكى ～ arasındaki ～の間における　بر آرا bir ara 一カ所 → آره ara
آرامق	aramak	探す
اربعه	erba'a	4 ＜アラビア語数詞＞

— 183 —

語彙集

اربعين	erba'în	40 ＜アラビア語数詞＞
آرتق	artık	ついに、やっと、もはや
آرتمق	artmak	増える
آرد	art	うしろ
آردنجه	ardınca	(その)後から＜←آرد art うしろ＞
اردو	ordu	軍隊
آرزو	ârzû	希望A、願望、要望、要請
آرقداش	arkadaş	友人
اركن	erken	早く
آره	ara	間 آره صيره ara sıra ときどき、بر آرهيه كلمك bir araya gelmek 一ヵ所に集まる、揃う →آرا ara
آز	az	少し آز چوق az çok 多少 آز قالدى az kaldı あわや〜するところだった
از	ez ＜ az P	〜から、〜のせいで＜ペルシア語前置詞＞ از جان و دل ez cân ü dil 衷心から P از قديم ez kadîm 昔から از قضا ez kazâ 偶然、間違って
آزاده	âzâde	自由な P
ازمير	İzmir	イズミル(地名)
ازيلمك	ezilmek	踏みにじられる
اسارت	esâret	捕虜A دوشمك .اe.düşmek 捕虜になる
اسب	esb	馬 P
استاسيون	istasyon	駅 F
استانبول	İstanbul	イスタンブル G
استخدام	istihdâm	勤務A、実務
استعمال	isti'mâl(→ istimâl)	利用A、使用
استقلال	istiklâl	独立A
اسرا	üserâ	捕虜A (pl.) ＜ اسير esîr

— 184 —

語 彙 集

اسكى	eski	古い、昔の
اسكيدن	eskiden	昔は、以前は
اسكيلك	eskilik	古さ
اسلام	İslâm	イスラム [A]
اسلامى	İslâmî	イスラムの [A] ＜女性形→ اسلاميه İslâmîye＞
اسم	ism (→ isim, -smi)	名前 [A]、名称
اسماعيل بك غصپرنسكى	İsmail Bey Gasprinski	イスマイル・ベイ・ガスプリンスキー（1851-1914）
اسمك	esmek	（風が）吹く
اسير	esîr	捕虜 [A]
اشتغال	iştigāl	仕事 [A]、研究 اشتغالات iştigālât (pl.)
اشتياق	iştiyâk	情熱 [A] اشتياقله iştiyâkla 熱心に
اشقيا	eşkiyâ	山賊 [A] (pl.) ＜ شقى şaki
اشك	eşek	ロバ
اشيا	eşya	品物 [A] (pl.) ＜ شى şey
اصرار	ısrâr	固執 [A]
اصل	asl (→ asıl, -slı)	根拠 [A]、本質的には
آصلا	aslâ	決して否 [A]、決して…でない
اصلاح	ıslâh	修正 [A]、改正、改革
آصلان	aslan	ライオン
اضافت	izâfet	＜ペルシア語修飾形式の「つなぎ」(-i, -ı)＞
آطه	ada	島
اعتبار	i'tibâr (→ itabâr)	考慮 [A] ایتمك i.etmek 〜とみなす
اعتباريله	itibâriyle	〜に関しては [A]、〜の点では
اعصار	a'sâr	世紀 [A] (pl.) ＜ عصر asr (→ asır, -srı)
آغ	ağ	網
آغا	ağa	地主、アー
آغاج	ağaç	木
اغاچ	ağaç	木

— 185 —

語　彙　集

آغریمق	ağrımak	痛む
آغستوس	Ağustos	8月 L
آغلامق	ağlamak	泣く
اغوز	Oğuz	オウズ（名・男）、オウズ族
افاده	ifâde	表現 A、表明 ．|．| i.etmek 表現する、表す
افت	oft	落ちる＜ペルシア語動詞現在語幹＞
افتادن	oftâdan	落ちる＜ペルシア語動詞不定形＞
افتان	oftân (→ üftân)	落ちて＜ペルシア語現在分詞＞
افرنجی	efrencî	西洋の A、西欧の
افطار	iftâr	断食あけの夕食 A
افق	ufuk	地平線 A
افکار	efkâr	考え A (pl.) ＜ فكر fikr (→ fikir, -kri)
افندم	efendim	わがご主人様（←相手に対する敬称）
افندی	efendi	旦那 G（←ホジャへの敬称、呼びかけ）主人、～様
آق	ak	白い آقچه آق ak akçe 白銀貨
آق دکز	Ak Deniz	地中海
آقاده می	akademi	アカデミー F
اقامت	ikāmet	居住 A ．|．| i.etmek 居住する
اقامتکاه	ikāmetgâh	居住地 A-P
اقبال	ikbâl	幸運 A、繁栄
اقتداء	iktidâ'	模倣 A
آقجورا اوغلی یوسف بك	Akçuraoğlu Yûsuf Bey	アクチュラオール・ユースフ・ベイ (1876-1935)
آقچه	akçe, akça	銀貨（アクチェ＝1/3パラ、オスマン朝の貨幣単位）
آقجهلق	akçalık	～アクチェの（価値がある）
اقربا	akraba	親戚 A
آقشام	akşam	晩、夕方

― 186 ―

語彙集

آقشام اوستی	akşam üstü	夕方近く
آقشاملین	akşamleyin	夕方
آقشهر	Akşehir	アクシェヒル（コンヤ北西部の町で、ナスレッディーン・ホジャゆかりの地）
اقلام	aklâm	官庁 A、役所、事務所　اقلام دولت aklâm-ı devlet 国の事務機関、役所
آقلق	aklık	白さ、白髪
اقلیم	iklim	土地 A
اك	en	最も〜な
اك صوكرا	en sonra	最後に、ついに
آکا/اکا	ana	彼に、彼女に、それに
اکثریسی	ekserisi	その大半
اکر	eğer	もし P
اکر	eyer	鞍
اکرم بك	Ekrem Bey	エクレム・ベイ　Recaizade Mahmut Ekrem (1847–1914)
اکز	öküz	雄牛
اکسیك	eksik	不足の
آکلاتمق	anlatmak	説明する
آکلاشمق	anlaşmak	理解し合う
آکلامق	anlamak	理解する
اکلنجه لی	eğlenceli	楽しい、面白い
اکمك	ekmek	パン
اکوز	öküz	雄牛
آکیرمق	anırmak	（ロバが）いななく
ال	el	手　المه کچمك elime geçmek 私の手に入る
ال	el → e*	＜アラビア語定冠詞；子音 -l は後続の太陽文字 * に同化する＞

*← cf. (ت、ث、د、ذ、ر、ز、س、ش、ص、ض、ط、ظ、ل、ن)

— 187 —

語彙集

ألآن	el'ân	現在 A、目下
البسه	elbise	服 A (pl.) < لباس libâs
آلتمش	altmış	60
آلتنجى	altıncı	第6番目(の)
آلتى	altı	6
ال چابوقلغى	el çabukluğu	手際よく、素早く
السنه	elsine	言語 A (pl.) < لسان lisân
الف	elf	1000＜アラビア語数詞＞
الله	Allah	神 A الله الله Allah Allah おやおや（驚き、当惑）
اللى	elli	50
الما	elma	リンゴ
آلمانيه	Almanya	ドイツ IT
آلمق	almak	取る、受け取る、買う
الى	ilâ→(iley)	～に対して A、～まで الى يوم القيامه ilâ yevmi'l kıyâme 復活の日まで
ام	umm (→ ümm)	母 A
اما	amma (→ ama)	しかし A
آمان	amân	ああ A ＜間投詞＞
امتحان	imtihân	試験 A كيريش امتحانى giriş imtihanı 入学試験
امر/أمر	emr (→ emir, -mri)	命令 A
املا	imlâ	正書法 A
اميد	ümît	希望 P
آن	an	時 A、瞬時
ـان	-ân	＜ペルシア語複数形語尾＞
ـان	-ân	＜ペルシア語現在分詞→行為者名詞、形容詞、副詞＞
ـان	-ân	＜アラビア語双数語尾＞

― 188 ―

آنا	ana	母
آناطولى	Anadolu	アナトリア G
آنجق/آنجاق	ancak	やっと、かろうじて、ただ
انحطاط	inhitât	堕落 A、荒廃
انسان	insan	人間 A
انشا	inşâ	散文 A شعر و انشا şiir ü inşâ 詩と散文
آنقره	Ankara	アンカラ（地名）
آنقروى	Ankaravî	アンカラ出身者（の）
آننه	anne	母
ـ انه	-âne	＜ペルシア語接尾辞；名詞→形容詞、副詞化＞
آو	av	狩猟
او	ev	家
او	o	彼、彼女、それ
اوبرى	öbürü	もう一つ（一人）
اوت	evet	はい
اوتل	otel	ホテル F
اوتمك	ötmek	（鳥が）鳴く
اوته	öte	あと、残り اوتهسى يوق ötesi yok これに勝るものはない اوتهدنبرى ötedenberi 従来から
اوتو	ütü	アイロン
اوتوبوس	otobüs	バス F
اوتورمق	oturmak	住む、座る
اوتورى	ötürü	～のために、～ゆえに＜-den, 後置詞＞
اوتوز	otuz	30
اوتوز بر	otuz bir	31
اوجوز	ucuz	安い、安く
اوچ	üç	3
اوچر	üçer	3つずつの、3ごとの

語彙集

اودون	odun	薪
اودون یاریجی	odun yarıcı	木こり→ اودون یاریجیسی
اودون یاریجیسی	odun yarıcısı	木こり
اورا	ora	そこ
اوراق	evrâk	文書 A (pl.) < ورق varak
اوردو	ordu	軍隊
اوردوی همایون	ordu-yı hümâyûn	皇軍
اورمق	vurmak	打つ、撃ち落とす
آوروپا	Avrupa	ヨーロッパ G
اورولمق	vurulmak	打たれる、撃ち落とされる
اوز	öz	純粋な
اوزاق	uzak	遠い
اوزر	üzer	上
اوزره	üzere	～として、～に関して اولمق اوزره ～ olmak üzere ～（するもの）として
اوزرینه	üzerine	～に応じて بونك اوزرینه bunun üzerine そこで、それに応じて
اوزم	üzüm	ブドウ
اوزون	uzun	長い
اوساقا	Osaka	大阪
اوست	üst	上
اوشاق	uşak	小僧、下男
اوطورمق	oturmak	座る
اوطه	oda	部屋
اوغرامق	uğramak	立ち寄る
اوغل	oğul (-ğlu)	息子
اوغلانجق	oğlancık	愛しの息子
اوفاق	ufak	小さい
اوق	ok (-ku)	矢

— 190 —

語彙集

اوقوتمق	okutmak	読ませる
اوقومق	okumak	読む、(詩を) 詠う、詠む
اوقونمق	okunmak	読まれる
اوقومه	okuma	講読
اوك	ön	前
اوك	ün	名声
اوكا	ona	彼に、彼女に、それに
اوڭا	ona	彼に、彼女に、それに cf. اكا ana, آكا ana
اوكجه	önce	〜の前に＜-den, 後置詞＞、〜前に＜副詞＞
اوكرنمك	öğrenmek	知る、学ぶ、習得する
اوكسورمك	öksürmek	咳をする
اوگرنجى	öğrenci	学生
اوگرنمك	öğrenmek	知る、学ぶ、習得する
اوگله	öğle	昼、正午
اول	evvel	以前 [A]、〜の前に＜-den, 後置詞＞、〜前に＜副詞＞
اول	evvel	第1番目(の) ＜アラビア語＞
اول امرده	evvel-i emirde	何よりも先に
اولا	evvelâ	第一に [A]
اولاد	evlâd	子供 [A] (pl.) ＜ ولد veled
اولارق	olarak	〜として
آولامق	avlamak	狩猟する
اولجه	evvelce	前もって
اولدقجه	oldukça	かなり
اولسه يدى	olsaydı	〜であったなら、〜があったら
اولكه	ülke	国
اولكى كبى	evvelki gibi	以前と同じように
اولمق	olmak	ある、なる、生じる、起こる、発生する
اولمك	ölmek	死ぬ

語 彙 集

اولنمق	olunmak	なる
اولنمك	evlenmek	結婚する
اوله رق	olarak	〜として
اولی	ulâ	第1番目(の)＜アラビア語女性形＞
اوليا	evliyâ	聖者[A] (pl.) ＜ ولی veli
اوموزلامق	omuzlamak	背負う（← omuz 肩）
اون	ün	小麦粉
اون	on	10
اون آلتی	on altı	16
اون بش	on beş	15
اون درد	on dört	14 آیك اون دردی ayın on dördü 満月（← 14夜）
اوندن	ondan	彼(女)から、それから、それゆえに
اونده	onda	彼(女)のところで、それのところで
اونك	onun	彼(女)の、それの اونك ايچون onun için 彼(女)のために、そのために、それ故に
اونلر	onlar	彼(女)ら、それら
اونلردن	onlardan	彼(女)らから、それらから
اونلرده	onlarda	彼(女)らのところで、それらのところで
اونلرك	onların	彼(女)らの、それらの
اونلره	onlara	彼(女)らに、それらに
اونلری	onları	彼(女)らを、それらを
اونوتمق	unutmak	忘れる
اونی	onu	彼(女)を、それを
آووستریا	Avusturya	オーストリア
اویقو	uyku	眠り
اویله	öyle	そのよう(な) اویله ایسه öyle ise そうならば ...که〜اویله öyle 〜 ki... 実に〜なのでその結果...する

— 192 —

語 彙 集

اویمق	uymak	合う、適合する ذهنينجه اويان zehnince uyan 自分の頭の中で適合した（→納得した）
اوینامق	oynamak	遊ぶ、踊る
اوینجاق	oyuncak	おもちゃ
اویون	oyun	踊り
اهالی	ahâlî	住民 A、人々
اهل	ehl (→ ehil, hli)	人びと A
اهمیت	ehemiyet	重要性 A
آهنکر	âhenger	鍛冶屋 P
آهو	âhû	ガゼル P
آی	ay	月
أی	ey	やあ、〜よ＜間投詞＞
آیاق	ayak	足 آیاقده ayakta 立ったまま
ایپ	ip	ひも
ایتمك	etmek	〜する
ایچ	iç (-çi)	中
ایچری	içeri	中へ、内側（へ）、内部（へ）
ایچمك	içmek	飲む、（タバコを）すう
ایچون	içün (→ için)	〜のために、〜にとって＜後置詞＞
ایچین	için	〜のために、〜にとって＜後置詞＞
ایدلمك	edilmek	〜される＜ایتمك etmek 〜するの受動形＞
ایدوگ (→ ایدوگی)	idüğü	〜である状態、現状、実態
آیدین	Aydın	アイドゥン（地名：アナトリア西部の県）
ایران	İrân	イラン P
ایرتسی	ertesi	次の、翌〜 ایرتسی کون ertesi gün 翌日
ایرکندن	erkenden	早くから
ایرماق	ırmak	川
ایرمك	ermek	達する
آیری	ayrı	別の

語彙集

ایستمك	istemek	望む、求める、要する、～しなければならない
ایسه	ise	～はと言えば、～の場合は、～であるならば
ایش	iş	仕事、用事 نه ایشك وار؟ Ne işin var? 何の用があるのか（君は）？
ایشته	işte	そら、まさしく、まさに
ایشجی	işçi	労働者
ایشسز	işsiz	無職の、失業の
ایشله مك	işlemek	加工する
ایشیتمك	işitmek	聴く
ایشیری	işyeri	職場
ایشیق	ışık	光
ایغناتس قونوش	Ignácz Kúnos	イグナーツ・クーノシュ（1862-1945：ハンガリーのトルコ学者）姓 Kúnos はトルコ語で Kunoş と表記される
ایکن	iken	～している間、～の間＜副動詞＞
ایکنجی	ikinci	第2番目(の)
ایکنجیسی	ikincisi	（その）第2番目は
ایکی	iki	2
ایلریله مك	ilerilemek	発展する＜→ ایلرلمك ilerlemek ＞
ایلك	ilk	最初の ایلك دفعه ilk defa 初めて
ایلن	ilen	～と（共に）、～でもって＜後置詞・独立形＞
ایله	ile	～と（共に）、～でもって＜後置詞・独立形＞
ایله مك	eylemek	する＜ = ایتمك etmek ＞
ایلول	Eylûl	9月 [A]
آیلی	aylı	月の出た
ایمپراطورلق	imparatorluk	帝国 عثمانلی ایمپراطورلغی Osmanlı İmparatorluğu オスマン帝国
ایمدی	imdi	それ故、さて
ایمش	imiş	～であるらしい、～であったらしい＜連辞 miş

— 194 —

語彙集

形；3人称単数、独立形＞

اينانمق	inanmak	信じる
اينجو	inci	真珠
اينجير	incir	イチジク [P]
اينك	inek	雌牛、乳牛
آيى	ayı	熊
ايى	iyi	よい、よろしい
اييلشمك	iyileşmek	よくなる、回復する
اييلك	iyilik	善

(ب)

بِ	bi	～により＜アラビア語前置詞＞ بامر الله bi-emri'l-lâh 神のお告げで
بِ	be	～に、～へ＜ペルシア語前置詞＞
با	bâ	～と共に、～を帯びた、～でもって＜ペルシア語前置詞＞
با أمر عالى	bâ-emr-i âlî	大宰相の命で
باب	bâb	関係 [A]、章 بو بابده bu bâbda この件に関して
باب عالى		門 [A] Bâb-ı âlî (→ Bâbıâlî) オスマン政庁、バーブ・アーリー
بابا	baba	父
باتمق	batmak	沈む
باخبر	bâ-haber	知った
باديه	bâdiye	砂漠 [A]
بارى	bari	せめて、とりあえず
باريش	barış	平和
باش	baş	頭 ك ـ باشنه -in başına ～の身の上に

باشقه	başka	他の、別の、~以外＜-den, 後置詞＞
باشقیر	Başkır	バシュキール人
باشلامق	başlamak	始まる、~を始める＜-e＞
باشلانغیچ	başlangıç	始まり
باشلانمق	başlanmak	始められる＜-e＞
باشلی باشنه	başlı başına	単独で、独自に
باصمق	basmak	（年齢に）なる
باغ	bağ	ブドウ畑
باغبان	bâğbân	庭番 P
باغچه	bâhçe (← bâġçe P)	庭 P、公園
باق	bak	ほら＜← باقمق bakmak 見る＞
باقار که	bakar ki	ふと見たところ...であった、~だと気づく
باقمق	bakmak	見る、見つめる、注意を払う
بالخاصه	bilhassa	とくに A
بالذات	bi'z-zât (→ bizzat)	本人自身が A
بالطه	balta	おの
بالعکس	bilâkis	逆に A、これに対し、反対に
بالیقجی	balıkçı	漁師
ـ بان	-bân	保護する人 P（もの）＜ペルシア語接尾辞＞
بانقه	banka	銀行 IT
بایندر	Bayındır	バユンドゥル（名・男）
بایىلمق	bayılmak	気絶する、卒倒する
ببك	bebek	赤ん坊
بتون	bütün	全ての、全~ بتون کیجه bütün gece 夜通し
بحث	bahs (bahis, -hsi)	話題 A
بحر	bahr	海 A
بحق	bi-hakkın	実際に A
بخت	baht	幸運 P
بخش	bahş	与える＜ペルシア語動詞現在語幹＞

— 196 —

語 彙 集

بخشاینده	bahşâyende	与える人 [P]、情け深い（人）
بخشنده	bahşende	与える人 [P]、情け深い（人）
بخشیدن	bahşîdan	与える＜ペルシア語動詞不定形＞
بدایع	bedâyi	新奇さ
بر	ber (← bar[P])	～の上に、～の上へ＜ペルシア語前置詞＞
بر	bir	1
بر باد	berbâd	空中へ、みじめな、ひどい
بر تورلو	bir türlü	全く～ない＜否定表現＞
بر جا	bercâ	その場に合った [P]、適切な
بر خیلی	bir hayli	かなり
بر دها	bir daha	もう一度、二度と～しない＜否定表現＞
بر قات	bir kat	一着の、一ふりの
بر وارمش، بر یوقمش	bir varmış, bir yokmuş	昔むかし（昔話の発句）
برابر	berâber	一緒に、～と共に＜後置詞 ile に後置＞
برابرجه	berâberce	一緒に
براز	biraz	少し
براقمق	bırakmak	残す、～のままにしておく
بربر	berber	床屋 [IT]
بربر	birbir	お互い بربریکز birbiriniz お前たちお互い
بردن‌بره	birdenbire	突然
برده	bir de	さらに、まず、しかも、おまけに、一つの
برر	birer	一つずつ
برلشمك	birleşmek	一つになる、一体化する、出会う
برلکده	birlikte	一緒に、～と共に＜後置詞 ile に後置＞
برنجی	birinci	第1番目（の）
برو	beri	～以来＜-den, 後置詞＞
بری	biri	ある～＜単数名詞・属格＞　cf. günün birinde ある日（のこと）、～のうちの一つ＜複数名詞・属格／奪格＞

— 197 —

語彙集

بز	biz	私たち
بزدن	bizden	私たちから
بزده	bizde	私たちのところで
بزم	bizim	私たちの
بزه	bize	私たちに
بزى	bizi	私たちを
بش	beş	5
بشبيك	beş bin	5000
بشقه	başka	～以外＜-den, 後置詞＞
بشيك	beşik	ゆりかご
بعده	ba'dehu (→ badehu)	そのあと
بئر	bi'r	井戸 A
بعض	bâz (← ba'z)	若干の＜ペルシア語 izâfe を伴って、後続複数名詞を受ける cf. بعضى bâzı ＞ بعض كويلر bâz-ı köyler いくつかの村
بعضا	ba'zan (→ bâzan)	時折
بعضى	ba'zı (→ bâzı)	いくつかの、若干の
بقال	bakkal	バッカル（食料・雑貨店）
بك	bey (← beğ)	～氏、領主、名士
(بگا) بكا	bana	私に
بكزمك	benzemek	似る、似ている
بكزه مك	benzemek	似る、似ている
بكلمك	beklemek	待つ
بكله مك	beklemek	待つ
بكنمك	beğenmek	好む
بلا	belâ	災難 A、不幸
بلكه	belki	たぶん P
بللى	belli	明白な
بن	ben	私

— 198 —

語彙集

بناءً عليه	binâenaleyh	これ故に、従って
بنت	bint	娘 A
بنجه	bence	私としては、私の考えでは
بندگان	bendegân	下僕たち P (pl.) < بنده bende
بندن	benden	私から
بنده	bende	私のところで
بنده	bende	下僕 P
بنم	benim	私の
بنى	beni	私を
بو	bu	この、その、これ بو يوزدن bu yüzden この（その）ために
بوتون	bütün	全ての بوتون كون bütün gün 終日
بورايه	buraya	ここへ
بورس	burs	奨学金 F بورسلى burslu 奨学金を受けた、奨学生（の）
بوره	bura	ここ
بوزمق	bozmak	壊す、変形させる
بوزولمق	bozulmak	壊れる、崩れる
بوش	boş	空の بوش بوش boş boş 目的もなく
بوغاز	boğaz	喉
بوغداى	buğday	小麦
بوكا	buna	これに
بوكون	bugün	今日 بوكونكى bugünkü 今日の～
بول	bol	豊富な
بولشمق	buluşmak	出会う、落ち合う
بولمق	bulmak	見つける、思う
بولوتلى	bulutlu	曇った
بولونمق	bulunmak	いる、ある
بونجه	bunca	これほど

― 199 ―

語彙集

بونى	bunu	このことを、そのことを
بوى	bûy (← بو bû)	香り [P]、薫り、匂い
بويله	böyle	このような
بويى	boyu	沿い
به	be	おい、いいかい
به	be	～に、～へ＜ペルシア語前置詞＞
بهار	bahâr	春 [P]
بهالى	pahalı	高価な、高く
بى (بيـ-)	bî-	～を欠いた、～のない＜ペルシア語接頭辞＞
بى گناه	bî-günâh	罪のない [P]
بياض	beyaz	白い
بيان	beyân	公言 [A] ـ.ا. b.etmek 公表する
بيت	beyit	詩 [A] （2行連句）
بيت المال	beytü'l-mâl (→ beytülmâl)	国庫 [A] （財産の家）
بيتمك	bitmek	終わる
بيتيرمك	bitirmek	終える
بيچاره	bî-çâre (→ bîçâre)	無力な [P]、哀れな
بيراقدار	bayrakdâr	旗手
بيراقمق	bırakmak	残す、置く、～のままにしておく
بيست	bîst	20＜ペルシア語数詞＞
بيك	bin	1000
بيكلرجه	binlerce	何千もの
بلدرر/بيلديرير	bildirir	報告する＜-ir 超越形・3人称単数形＞
بيلمك	bilmek	知る
بيلنمك	bilinmek	知られる
بيله	bile	一緒に、～と共に＜後置詞 ile に後置＞
بيله	bile	～でさえ；たとえ～であっても＜仮定・条件表現で＞
بين	beyn	間 [A]

— 200 —

語　彙　集

بين الملل	beyne'l-milel (→ beynelmilel)　国際的な [A]　(←国々の間で)
بين الناس	beyne'n-nâs (→ beynennâs)　人々の間で [A]
بين النهرين	Beyne'n-nehreyn (→ Beynennehreyn)　メソポタミア [A]　(←'2つの河の間', نهرين nehreyn ＜双数＞)
بيندیرمك	bindirmek　乗せる
بيوفا	bî-vefâ (→ bîvefâ)　不誠実な [P-A]、不義理な
بيوك	büyük　大きい

(پ)

پادشاه	pâdişâh　王 [P]
پارا	para (←پاره [P])　お金
پارچه	parça　部分 [P]、一部　بر پارچه bir parça 少し
پارق	park (-kı)　公園 [F]
پارلاق	parlak　輝かしい
پارلامق	parlamak　輝く
پاره	para　お金 [P]
پازار	pâzâr (→ pazar)　日曜日 [P]、市場
پازارایرتسی	pâzârtesi (→ pazartesi)　月曜日
پاشا	Paşa　将軍、パシャ（高官に対する称号）
پدر	peder　父 [P]
پرتقال	portakal　オレンジ
پرشنبه	perşembe　木曜日 [P]
پرلانطه	pırlanta　ダイヤモンド（ブリリアンカット）
پری	peri　妖精 [P]
پشته	Peşte　ブダペスト（ハンガリー）
پك	pek　大変、きわめて
پك اعلا	pekâlâ　よろしい、わかった
پك ایی	pek iyi (→ peki)　よろしい、わかった

— 201 —

語　彙　集

پنجاه	pencâh	50＜ペルシア語数詞＞
پنج شنبه	panc şambe	木曜日＜ペルシア語＞
پنج	penç	5＜ペルシア語数詞＞
پول	pûl	お金 P
پویراز	poyraz	北東の寒風 G、ポイラズ
پھالی	pahalı	高価な、高く
پیاله	piyâle	酒杯 P
پیانو	piyano	ピアノ IT
پیش پوف	pîş pûf	ピーシュ プーフ（歌えや踊れ？）
پیشیرمك	pişirmek	料理する、調理する、（コーヒーを）わかす
پینیر	peynir	チーズ P

(ت)

ت ـ	-t	～させる＜使役形・接尾辞＞
تا بصباح	tâ be-sabâh	ずっと朝まで
تابع	tâbi'	依存した A、属した تابع اولمق tâbi' olmak 依存する、従う
تابوت	tâbût	棺 A
تاتار	Tatar	タタール人
تاتارجه	Tatarca	タタール語
تاج الدین	Tâce'd-dîn (→ Tâceddîn)	タージェッディーン（名・男）
تاریخ	târîh	日付 A、歴史
تاریخچه	târîhçe	小史 A-P
تاسع	tâsi'	第9番目(の)＜アラビア語＞
تاندیر	tandır	（やぐら／掘り）ごたつ A تاندیر قورمق tandır kurmak 昔話を語り聞く場を作る（←やぐら／掘りごたつを囲む）cf. طاندیر tandır
تثبیت	tesbit	確定 A、確証　ت.ا. t.etmek 確定する

— 202 —

語　彙　集

تجار	tüccâr	商人 [A] (pl.) < تاجر tâcir
تجاوز	tecâvüz	侵害 [A] . ت.ا. t.etmek 侵害する
تجربة	tacriba	経験 [A]
تجربه	tecrübe	経験 [A]
تجربى	tecrübî	経験豊かな [A]
تحصيل	tahsîl	獲得 [A]、習得、学習 . ت.ا. t.etmek 入手する
تخته	tahta	木 [P] (材料)
تخيل	tahayyül	イメージ [A]、空想 . ت.ا. t.etmek 想像する、空想する
تذكرة	tezkiret (→ tezkere)	略伝 [A]、伝記
ترجيح	tercîh	より好むこと [A] . ت.ا. t.etmek より好む
ترقى	terakkî	進歩 [A]、発展 . ت.ا. t.etmek 進歩する
ترك	Türk	トルコ人、トルコ民族
تركجه	Türkçe	トルコ語
تركستان	Türkistân	トルキスタン
تركى	Türkî	トルコ語 [A] قاموس تركى Kāmûs-ı Türkî 『トルコ語辞書』
تركيب	terkîb	(単語の) 複合 [A]、形成
تركيه	Türkiye	トルコ国
تسعه	tisʻa	9 ＜アラビア語数詞＞
تسعين	tisʻîn	90 ＜アラビア語数詞＞
تشرين اول	Teşrîn-i evvel	10月
تشرين ثانى	Teşrîn-i sânî	11月
تشكر	teşekkür	感謝 [A] . ت.ا. t.etmek 感謝する
تشكيل	teşkîl	形成 [A] . ت.ا. t.etmek 形成する
تصريف	tasrîf	派生 [A]
تصور	tasavvur	想像 [A] اولنمق.ت. t.olunmak 想像される
تعجب	taaccüb	驚き [A]、感嘆 كمال تعجبله kemâl-i taaccüble すっかり感嘆して

— 203 —

語　彙　集

تعطيل	ta'tîl (→ tâtil)	休暇 A
تعقيب	ta'kîb (→ tâkip)	追跡 A．ت.ا． tâkîbetmek 追う、続く
تغنى	taganni	歌うこと A．ت.ا． t.etmek 歌う
تفرّد	teferrüd	出世 A．ت.ا． t.etmek ぬきん出る
تقويم	takvîm	暦 A
تكرار	tekrar	ふたたび A
تكرلمه	tekerleme	テケルレメ（トルコ昔話の発端部などでみられる決まり文句）
تكميل	tekmîl	完全に A
تلفون	telefon	電話 F تلفون كلدى telefon geldi 電話がかかってきた
تلال	tellâl	触れ込み人 A
تلفظ	telaffuz	発音 A
تماملنمق	tamâmlanmak	完了する、終わる
تماميله	tamâmiyle	完全に（は）
تموز	Temmuz	7月 A
تميز	temiz	清潔な P、すっかり＜副詞＞
تميزله مك	temizlemek	清掃する
‐تن	-tan	＜ペルシア語動詞不定形語尾＞
تنبل	tanbal P (→ tembel)	怠け者の P、怠惰な
تنجره	tencere	鍋
تواريخ	tevârîh	歴史 A (pl.) ＜ تاريخ târîh
توحيد	tevhît	統一 A．ت.ا． t.etmek 一つにまとめる
تورك	Türk	トルコ人、トルコ民族 تورك ديلى Türk Dili チュルク語（広義のトルコ語）
توركجى	Türkçü	トルコ主義者、トルコ学研究者（←ただし後者は、著者のクノーシュ個人に限定された語義）
توركمن	Türkmen	トルクメン人
توركى	türkü	民謡（トルコ風調べ）

— 204 —

توركيه	Türkiye	トルコ国
تورلو	türlü	様々な　تورلو تورلو　türlü türlü　様々な
توصيه	tavsîye	推薦 A　．ا．ت　t.etmek 推薦する
توفيقا	tevfîkan	〜に従って A ＜-e＞
توقف	tevakkuf	依存 A　．ا．ت　t.etmek 必要とする＜-e＞
توكيو	Tokyo	東京

(ث)

ثالث	sâlis	第3番目(の)＜アラビア語＞
ثالثاً	sâlise'n (→ sâlisen)　第3番目に＜アラビア語＞	
ثامن	sâmin	第8番目(の)＜アラビア語＞
ثانى	sânî	第2番目(の)＜アラビア語＞
ثانياً	sâniye'n (→ sâniyen)　第2番目に＜アラビア語＞	
ثانيه	sâniye	第2番目(の)＜ ثانى sânî の女性形＞
ثلاثه	selâse	3 ＜アラビア語数詞＞
ثلاثين	selâsîn	30 ＜アラビア語数詞＞
ثمانين	semânîn	80 ＜アラビア語数詞＞
ثمانيه	semâniye	8 ＜アラビア語数詞＞

(ج)

جاريه	câriye	女奴隷 A、女使用人、下女
جامع	câmi' (→ câmi)	モスク A、〜を集めた、〜を含む＜-i＞、収集　اولمق ج.　c.olmak 集められる
جان	cân (→ can)	心 P、命、気持ち　جان ايستەمك can istemek 〜したくなる、〜が欲しくなる
جانلو	canlı	生きた
جانلى	canlı	生きた

語彙集

جزء	cüz'	部分 [A]
ـ جغز	-ceğiz^2, -çeğiz^2	愛しの、哀れな＜指小辞＞
ـ جق	-cık^2, -çık^2, -c^{2}ak	かわいい〜、哀れな〜、小さな〜＜指小辞＞
ـ جك	-cik^2, -çık^2, -c^{2}ek	かわいい〜、哀れな〜、小さな〜＜指小辞＞
جكر	ciğer	レバー [P]
ـ جكز	-c^{2}e^{2}ğiz	〜さん、〜ちゃん、愛しの、哀れな＜指小辞＞
جلوس	cülûs	座る＜アラビア語＞
جمادى الآخره	Cümâd-el-âhire	6月 [A]（ヒジュラ暦）
جمادى الاولى	Cümâd-el-ûlâ	5月 [A]（ヒジュラ暦）
جماذى الآخر	Cemâzi-yel-âhir	6月 [A]（ヒジュラ暦）
جماذى الاول	Cemâzi-yel-evvel	5月 [A]（ヒジュラ暦）
جمع	cem'(cem')	収集 [A]．جـ．ا．c.etmek 収集する
جمعه	com'e	金曜日＜ペルシア語＞
جمعه	cum'a (→ cuma)	金曜日 [P]
جمعه ايرتسى	cum'artesi (→ cumartesi)	土曜日
جمله	cümle	みんな [A]、全て、全部
جمهوريت	Cumhuriyet	共和国 [A]
جنازه	cenâze	遺体 [A]
جنبش	cünbiş (→ cümbüş)	宴 [P]．جـ．ا．c.etmek 大騒ぎして楽しむ
جنس	cins	系統 [A]
جنگ	cenk (-gi)	戦争 [P]
جواب	cevâp (→ cevap)	返事 [A]
جواباً	cevâben	答えて [A]
جوابسز	cevâpsız (→ cevapsız)	返事なしの
جوارن	civâr	近辺 [A]
جواهر	cevâhir	宝石 [A] (pl.) ＜ جوهر cevher
جويز	ceviz	クルミ [A]
ـ جه	-ce^2, -çe^2	〜語、〜によって、〜としては、〜気味の
ـ جى	-ci^4, -çi^4	〜に従事する人＜名詞に接尾＞

— 206 —

語　彙　集

جيب	cep	ポケット [A]
جير	cır	歌謡、民謡＜タタール語＞（＝ توركى türkü）
جين	cin	ジン [A]、霊（超自然的存在の一種）

(چ)

چابوقلق	çabukluk	素早さ
چار	çâr	4 ＜ペルシア語数詞＞ cf. چهار çahar
چارشنبه	çarşamba	水曜日 [P]
چارشى	çarşı	（常設）市場、バザール
چاره	çâre	手段、方策 چارهٔ عاجله çâre-i 'âcile 緊急措置＜←誤用 galat＞ cf. p.80. 注(92)
چاغیرتمق	çağırtmak	呼んでこさせる、（人を介して）呼び寄せる
چاغیرمق	çağırmak	呼ぶ、呼び寄せる
چاقماق	çakmak	ライター
چالشقان	çalışkan	勤勉な、よく勉強する
چالشمق	çalışmak	働く、勉強する
چالغى	çalgı	楽器
چالمق	çalmak	演奏する、ノックする
چالمه	çalma	（楽器の）演奏
چالیشمق	çalışmak	働く、勉強する
چالینمق	çalınmak	ノックされる＜← چالمق çalmak の受動形＞
چاى	çay	（紅）茶
چایدان	çâydân	ティーポット
چرکس	Çerkes	チェルケス人
چشم	çeşm	目 [P]、瞳 چشم سیاه çeşm-i siyâh 黒い瞳
چکمك	çekmek	（刀をさやから）抜く
چکه	çene	あご
چل	çil	40 ＜ペルシア語数詞＞ cf. چهل çihil

語彙集

چوبان	çoban	羊飼い P　چوبان كوپكى çoban köpeği 牧童犬
چوجق	çocuk	子供
چوجوقلق	çocukluk	幼少期、少年・少女時代、幼さ
چوراپ	çorap	靴下
چوربا	çorba	スープ
چوق	çok	とても、多くの、多い　بر چوق bir çok 多くの　چوغى çoğu ～の多く、多くの～　چوغى زمان çoğu zaman たいてい
چوقلق	çokluk	大多数
چوكمك	çökmek	襲う
ـ چون	-çün	～のために、～にとって＜後置詞・接尾形＞
چون	çön	チョン（タタール語で口承文芸の一種と推測されるが詳しい内容は不明）cf. 本書 p.133
چونكه	çünkü	なぜなら P
ـ چه	-çe	小さな、かわいい＜ペルシア語指小辞＞
چهار	çehâr	4 ＜ペルシア語数詞＞
چهارشنبه	çahar şambe	水曜日＜ペルシア語＞
چهل	çihil	40 ＜ペルシア語数詞＞
چيچك	çiçek	花
چيراق	çırak	弟子 P、家臣
چيفتلنمك	çiftlenmek	結婚する＜古語＞
چيقارمق	çıkarmak	出す、取り出す、脱ぐ、揚げる
چيقمق	çıkmak	出る、出かける、抜ける、なくなる
چيلك	çilek	イチゴ

(ح)

حاصل	hâsıl	生産 A、獲得　ح.ا. h.etmek 獲得する
حاضر	hâzır	準備できた A

— 208 —

حاضرلامق	hâzırlamak	準備する
حال	hâl (-li)	状態 او حالده o hâlde その場合 geldiği hâlde 来たけれども حالبوكه hâlbuki しかしながら
حالا	hâlâ	今なお [A]、まだ〜ない＜否定表現で＞
حاوى	hâvî	〜を含む [A] ＜-i＞
حتى	hattâ (→ hatta)	さらに [A]
حرب عمومى	harb-i umûmî	第一次世界大戦
حرف	harf (-fi)	文字 [A]、アルファベット
حركات	harekât	母音符号 [A]
حرم	Harem	聖地 [A] حرمين Haremeyn 聖なる二都市（メッカ・メディナ）
حروف	hurûf	文字 [A] (pl.) ＜ حرف harf
حريف	herîf	奴 [A]、男
حزيران	Hazîrân	6月 [A]
حسن	hüsn	見事な [A]、美しさ、حسن محافظه hüsn-i muhâfaza 見事な保護（←保護の見事さ）
حضار	huzzâr	その場の人々 [A] (pl.) ＜ حضر hazır
حضور	huzûr	前 [A]、御前
حفظ	hıfz	保持 [A]、記憶 حفظنده طوتمق hıfzında tutmak 記憶に留めておく
حق	hak (-kkı)	権利 [A]
حقنده	hakkında	〜について、〜に関して
حقوق	hukuk	法律 [A] حقوق مكتوبه hukuk-ı mektûbe 成文法 حقوق ملل hukuk-ı milel 国際法 حقوق مدنيه hukuk-ı medeniyye 民法
حقيقة	hakikaten	実際に
حكام	hükkâm	裁判官 [A] (pl.) ＜ حاكم hâkim
حكايه	hikâye	物語 [A]、説話

— 209 —

語彙集

حكايه جى	hikâyeci	物語作家 A、短編作家
حكم	hüküm (-kmü)	判決 A、裁き、重要性、支配 ~حكمنده ～hükmünde ～とみなされている
حكمدار	hükümdâr	統治者 A-P、王
حكومت	hükûmet	支配 A、統治 حكومته آلمق hükûmete almak 統治下に置く
حلوا	helvâ	ヘルヴァ A（菓子）
حمام	hammam (→ hamam)	ハマム A（公衆浴場）
حملة	hamla (→ hamle)	攻撃 A
حمله	hamle	攻撃 A
حوادث	havâdis	情報 A（pl.）< حادثه hâdise
حيات	hayât (→ hayat)	人生 A、حياتده hayatta 生きている、生存中
حيران	hayrân	感心した A
حيلهكار	hîlekâr	ペテン師（の）A-P
حيوان	hayvân (→ hayvan)	動物 P حيوانات hayvanat（pl.） حيوانات باغچه‌سى hayvanat bahçesi 動物園

(خ)

خاطر	hatır	記憶 A خاطرمه كلمك hatırıma gelmek 私の心に思い浮かぶ خاطرمدن چيقمق hatırımdan çıkmak 私の記憶から消え去る、忘れ去られる
خاطرلامق	hatırlamak	想い出す、覚えている
خامس	hâmis	第5番目（の）＜アラビア語＞
خان	hân	ハーン、汗
خانم	hânım	婦人 P、妻、貴婦人、～さん＜名と共に＞
خانه	hâne	家 P خانهٔ پدر hâne-i peder 父の家
خبر	haber	知らせ A、連絡 خبر آلمق haber almak 知らせを受ける、知る خبر ويرمك haber vermek 知

— 210 —

語　彙　集

らせる

ختام ᵐᵃ	hatem (← خاتم)	終わり ᴬ
خدمت	hidmet (→ hizmet)	奉仕 ᴬ、貢献　خدمت مأموره hidmet-i me'mûre 任務
خر	har	買う＜ペルシア語動詞現在語幹＞
خراب	harâb (→ harâp)	崩壊した ᴬ
خرید	harîd	彼は買った＜ペルシア語動詞・3・単・過去＞
خریدن	harîdan	買う＜ペルシア語動詞不定形＞
خریده	harîde	買われた＜ペルシア語受動分詞＞
خزانه	hızâne	宝庫 ᴬ、蓄積
خستن	hastan	疲れさす＜ペルシア語動詞不定形＞
خسته	hasta	病気の ᴾ、病人
خسته	haste	疲労した＜ペルシア語受動分詞＞
خسته لانمق	hastalanmak	病気になる
خصم	hasm (→ hasım, -smı)	敵対者 ᴬ
خصوصیت	husûsiyet (-ti)	特徴 ᴬ
خطوه	hatve	ステップ ᴬ　ایلك خطوه ilk hatve 第一歩
خلق	halk	庶民 ᴬ、民衆、人々、創造　خلق ادبیاتی halk edebiyâtı 民衆文学（口承文芸）
خمسه	hamse	5＜アラビア語数詞＞
خمسین	hamsîn	50＜アラビア語数詞＞
خمور	hamûr	ねり粉 ᴬ（パン生地）　خمور مانجه سی hamûr mancası 生焼けのパンだけの粗末な食事？
خند	hand	微笑む＜ペルシア語動詞現在語幹＞
خندان	handân	微笑んだ（人）ᴾ、ハンダン（名・女）
خندیدن	handîdan	微笑む＜ペルシア語動詞不定形＞
خواب	hâb	眠り ᴾ
خواجه	hâce (→ hoca)	ホジャ ᴾ、先生、ナスレッディーン・ホジャ

語彙集

خوان	hân	読む＜ペルシア語動詞現在語幹＞
ـخوان	-hân	～読みＰ、～の語り部
خواندن	hândan	読む＜ペルシア語動詞不定形＞
خواهش	hâhiş	願いＰ
خوب	hûb	良いＰ
خوبى	hûbî	良さＰ、美しさ
خوش	hoş	楽しくＰ 　خوشنه كيتمك hoşuna gitmek 気に入る
خوشلانمق	hoşlanmak	気に入る＜-den＞
خير	hayır	いいえ
خيرسز	hırsız	泥棒
خيلى	hayli	かなりＰ

(د)

داخل	dâlil	内Ａ
داد	dâd	彼は与えた＜ペルシア語動詞・3・単・過去＞
دادن	dâdan	与える＜ペルシア語動詞不定形＞
داده	dâde	与えられた＜ペルシア語受動分詞＞
ـدار	-dâr, -târ	＜ペルシア語接尾辞；所持者、形容詞化＞
داراالبدايع	Dârü'l-bedâyi' (→ Dârülbedâyi)　芸術の館（→旧イスタンブル市劇場）　بدايع bedâyi 新奇さ
دارالفنون	Dârü'l-fünûn (→ Dârülfünûn)　学問の府（大学校）
دارالمعلمين	Dârü'l-muʻallimîn (→ Dârülmuallimîn)　旧師範学校
ـداش	-daş (-deş)	～仲間
دائر	dâ'ir (→ dair)	～に関するＡ、～について＜後置詞＞
دائره	dâire	圏Ａ、領域
داغ	dağ	山
ـدان	-dân	＜ペルシア語接尾辞；器具、容器を示す＞

— 212 —

語 彙 集

دانه	tane	〜個、〜つ＜助数詞＞
دخول	duhul (-lü)	入場 A．د.ا. d.etmek 入る
دخى	dahi	さらに、〜も
در	der (← dar P)	〜の中で＜ペルシア語前置詞＞
‑در	-dir[4]	〜である＜連辞・3人称単数現在形＞
‑در	-dir[4]	〜させる＜使役形・接尾辞＞
دراهم	derâhim	銀貨 A (pl.) ＜ درهم dirhem
درت	dört	4　درت كوزله بكلمك dört gözle beklemek 大いに心待ちにする
درجه	derece	度 A（温度）、程度、度合い　صوك درجه son derece この上なく　او درجه~كه... o derece 〜 ki... ...するほど〜する
درحال	derhâl	すぐさま P
دردست	derdest	手中で P
درد	dert	苦しみ P
دردنجى	dördüncü	第4番目（の）
درس	ders	授業 A、課題、レッスン、勉強　درس چاليشمق ders çalışmak 勉強する
درسعادت	Der-saâdet	イスタンブル P
درگاه	dergâh	デルヴィッシュ（托鉢僧）修道場 P
دره	dere	谷川、川
درى	deri	毛皮
درياى	deryâ	海 P
درين	derin	深い
دست بدست	dest be-dest	手に手をとって P
دستان	destân	叙事詩物語 P
دستور	destûr	許可 P
دشت	deşt	砂漠 P ＜← دشت daşt P 平原＞　دريا و دشت deryâ vü deşt 海と砂漠

語彙集

دعاء	duâ	祈り A
دعاخوان	duâ-hân	祈りを唱える人 A-P
دعوت	daʿvet(→ dâvet)	招待 A　د.ايلمك d.eylemek 招待する
دعوى	daʿvâ(→ dâvâ)	訴え A
دفعه	defa	回 A、度
‐دقجه	-dıkça²	〜するにつれて、〜する限り＜副動詞＞
دك	dek	〜まで＜後置詞＞
‐دكجه	-dikçe²	〜するにつれて、〜する限り＜副動詞＞
‐دكده	-dikte⁴	〜した時＜副動詞＞　ديدكده dedikte 言った時
دكز	deniz	海
دكل	değil	〜でない
دكلمى	değil mi	〜ではないのか、〜なんでしょう＜付加疑問＞
دكيز	deniz	海
دكين	değin	〜まで＜後置詞＞
دمير	demir	鉄
‐دن	-dan	＜ペルシア語動詞不定形語尾＞
‐دن	-den², -ten²	〜から＜奪格語尾＞
دنيا	dünyâ	世界 A、この世、世俗　دنيايه كلمك dünyâya gelmek 生まれる
دنيالق	dünyâlık	一財産、有りあまるほどのお金
دنيوى	dünyevî	世俗的な A
دنيويه	dünyevîye	世俗的な A ＜女性形＞
دو	dü	2 ＜ペルシア語数詞＞
دو شنبه	do şambe	月曜日＜ペルシア語＞
دوداق	dudak	唇
دوردنجى	dördüncü	第4番目(の)
دوست	dost	親友 P、友人、愛人
دوشونمك	düşünmek	考える

— 214 —

دوغرو	doğru	まっすぐ、正しい；～へ向かって＜後置詞＞
دوقتور	doktor	医者 F
دوكان	dükkân	店 A
دوكشمك	dövüşmek	殴り合う、喧嘩する
دوكلمك	dökülmek	こぼれる
دوكون	düğün	結婚式、結婚披露宴
دوگمك	dövmek	殴る
دولايى	dolayı	～故に、～のせいで دن دولايى ‐ -den dolayı ～のせいで
دولت	devlet	国家 A دولت عثمانيه Devlet-i Osmâni(y)ye オスマン朝［帝国］
دولدورمق	doldurmak	満たす、注ぐ
دوم	düvüm	第2番目(の) ＜ペルシア語＞
دومين	düvümîn	第2番目(の) ＜ペルシア語＞
دون	dün	昨日
دونكى	dünkü	昨日の
دونمك	dönmek	戻る
دونوش	dönüş	戻り、帰り
دوه	deve	ラクダ
دويغو	duygu	感情
‐ده	-de², -te²	～で＜位格語尾＞
ده	de²	～は＜主語強調＞、～もまた、～して；～しても＜-se 条件・仮定表現で＞
ده	deh	10 ＜ペルシア語数詞＞
ده	dih (← dehP)	与える＜ペルシア語動詞の現在語幹＞
دها	daha	さらに、もっと、よりいっそう
دهده	dede	祖父
‐دى	-di⁴, -ti⁴	＜-di 過去形・接尾辞＞
ديار	diyâr	国 A、地方

ديده	dîde	見られた＜ペルシア語受動分詞＞
ديزلمك	dizilmek	並ぶ
ديش	diş	歯
ديشجى	dişçi	歯科医
ديشى	dişi	女、雌
ديكلمك	dinlemek	聴く
ديكلنمك	dinlenmek	休息する
ديگر	diğer	他の P
ديل	dil	言語
ديم	düyüm	第2番目(の)＜ペルシア語＞
ديمك	demek	言う ديمكله demekle 言ったところ ديمكدر demektir それは～を意味する ديمه كيتسين deme gitsin 何とも言えないほど（素晴らしい）
ديمه سنه	demesine	彼が言ったところ（←彼が言ったのに対して）
دين	dîn	宗教 A
ديو	dev	巨人 P、鬼
ديوان	dîvân	詩歌集 P
دييه	diye	～と＜← ديمك demek 言う＞

(ذ)

ذات	zât	人物 A
ذاتاً	zâten	とにかく A、所詮
ذكر	zikr	言及 A
ذوق	zevk	喜び A、楽しみ
ذهن	zihn	心 A、記憶
ذى الحجه	Zi-l-hicce (→ Zilhicce)	12月 A（巡礼月、ヒジュラ暦）
ذى القعده	Zi-l-ka'de (→ Zilkade)	11月 A（ヒジュラ暦）

(ر)

ر -	-er²	～させる＜使役形・接尾辞＞
ر -	-er²	＜-er 超越形・接尾辞＞
ر -	-r	＜-r 超越形・接尾辞＞
رابع	râbiʿ	第4番目(の)＜アラビア語＞
راحت	rahat	安楽な [A]、落ち着いた
راحتله	rahatla	安楽に、気楽に
رَأس	re's (→ reis)	頭 [A]
راضى	râzı	満足した [A]
راقى	rakı	ラク（トルコの地酒）
راهب	râhip	修道士 [A]　راهبه rahibe 修道女
رؤيا	rüyâ	夢 [A]
ربط	rabt	絆 [A]、関連　ر.ا. r.etmek 結びつける
ربيع الآخر	Rebîʿ-ül-âhır (→ Rebiülahir)	4月 [A]（ヒジュラ暦）
ربيع الاول	Rebîʿ-ül-evvel (→ Rebiülevvel)	3月 [A]（ヒジュラ暦）
رتبه	rütbe	位 [A]、階級
رجب	Receb	7月 [A]（ヒジュラ暦）
رحم	rahm	慈悲 [A]
رحمت	rahmet	恩恵 [A]
رحمة	rahmet	慈悲 [A]、慈愛　رحمة الله عليه rahmetullahi aleyh「その人の上に神の慈愛がありますように！」（←故人に言及するときに唱えられる文句の一種）
رحمة	raḥma (→ رحمت rahmet)	慈悲 [A]、慈愛
رسماً	resmen	公式に [A]、正式に
رسمى	resmî	公式の [A]
رصدخانه	rasadhâne	気象台 [A-P]、測候所
رغما	rağmen	～にもかかわらず [A]＜-e, 後置詞＞
رمضان	Ramazân	ラマザン、9月 [A]（断食月、ヒジュラ暦）

語彙集

روبه	ruba	服 IT
روز	rûz	日 P　روز و شب rûz u şeb 日夜
روسیه	Rusya	ロシア
روم	Rûm	ルーム A（アナトリア）
رومان	roman	小説 F
رومی	Rûmî	ルーム A（アナトリア）出身者（の）
رویا	rüyâ	夢 A

(ز)

‍ـز	-iz[4]	連辞・動詞人称語尾 ❷ ＜1人称複数形＞
زرکر	zer-ger	金細工師 P
زمان	zaman	時 A　او زمانلرده o zamanlarda（その）当時は
زن	zen	女 P
زنكین	zengin	金持ち、豊かな
زنكینلك	zenginlik	豊かさ
زواللی	zavallı	哀れな、哀れにも
زورلق	zorluk	困難
زیاده	ziyâde	多い A、～以上、～よりはむしろ＜-den＞
زیارت	ziyâret	訪問 A　．ا．ج z.etmek 訪問する
زیتونلك	zeytinlik	オリーブ園
زیتین	zeytin	オリーブ A
زیرا	zîrâ	なぜならば P

(ژ)

| ژاپون | Japon | 日本人 F、日本の |
| ژاپونجه | Japonca | 日本語 |

— 218 —

語彙集

| ژاپونیا | Japonya | 日本 |

(س)

سؤال	suâl (-li)	質問 A
سابع	sâbiʿ	第7番目(の) ＜アラビア語＞
سادس	sâdis	第6番目(の) ＜アラビア語＞
ساده	sâde	素朴な P、ساده‌لك sâdelik 素朴さ
سائر	sâir	他の A
ساعت	sâʿat (→ saat, -ti)	時 A、時間、時刻、時計
ساکن	sâkin	居住している A
سالف	sâlif	過ぎ去った A
سایه‌بان	sâye-bân	日よけ P、テント ＜古語＞
سبب	sebep	理由 A … بو سببدن دولاییدر که bu sebepten dolayıdır ki... こういう理由で...なのである
سببسز	sebepsiz	理由もなく
سبعه	sebʿa	7 ＜アラビア語数詞＞
سبعین	sebʿîn	70 ＜アラビア語数詞＞
سپت	sepet	かご P
ـستان	-istân	＜ペルシア語接尾辞；土地、国、場所を示す＞
سته	sitte	6 ＜アラビア語数詞＞
ستین	sittîn	60 ＜アラビア語数詞＞
سر	sır (-rrı)	秘訣 A、秘密
سرای	saray	宮殿 P、宮廷、城
سرخوش	sarhoş	酔った P
سرمایه	sermâye	原資 A、資本
سرین	serin	涼しい、涼しく
سز	siz	君たち、あなた ＜人称代名詞・2人称複数形・敬称＞

— 219 —

語彙集

‍ســز	-siz[4]	〜なしの、〜なしで
سزدن	sizden	君たち［あなた］のところから＜奪格＞
سزده	sizde	君たち［あなた］のところで＜位格＞
سزك	sizin	君たち［あなた］の＜属格＞
سزكله	sizinle	君たち［あなた］と一緒に
سزه	size	君たち［あなた］に＜与格＞
سزی	sizi	君たち［あなた］を＜対格＞
سس	ses	声
سفر	sefer	航海 A
سن/سك	-sin[4]	連辞・動詞人称語尾 ❷ ＜2人称単数形＞
سكا	sana	君に
سكز	sekiz	8
‍سكز	-siniz[4]	連辞・動詞人称語尾 ❷ ＜2人称複数形＞
سكسان	seksen	80
سكون	sükûn	無音化 A（記号）　cf. 本書第1課、1.3.-⑥
سلام	selâm	平安 A سلام عليكم Selâmün aley-küm あなた（方）の上に平安がありますように（挨拶）
سليم	Selim	セリム（名・男）
سن	sen	君
‍سن	-sin[4]	連辞・動詞人称語尾 ❷ ＜2人称単数形＞
سندن	senden	君のところから＜奪格＞
سنده	sende	君のところで＜位格＞
سنسز	sensiz	君なしでは
سنك	senin	君の＜属格＞
سنكله	seninle	君と（共に）
سنه	sene	年 A
سنی	seni	君を＜対格＞
سورمك	sürmek	（家畜などを）追う
سوز	söz	ことば

— 220 —

ـ سوز	-süz, -suz	〜なしの、〜なしで
سوزناك	sûznâk	せつない（調べの）
سوقاق	sokak	通り A
سوم	sivüm	第3番目(の)＜ペルシア語＞
سومك	sevmek	愛する、好む
سومين	sivümîn	第3番目(の)＜ペルシア語＞
ـ سون	-sun[2]	連辞・動詞人称語尾 ❷ ＜2人称単数形＞
سويلمك	söylemek	言う、語る、話す
سويلنمك	söylenmek	ひとりごとを言う
سويلنيلمك	söylenilmek	話される、言われる
سويله مك	söylemek	言う、語る、話す
سوينج	sevinç	喜び
سه	se	3 ＜ペルシア語数詞＞
ـ سه	-se[2]	＜-se 条件／仮定形・接尾辞＞
سه شنبه	se şambe	火曜日＜ペルシア語＞
سى	sî	30 ＜ペルシア語数詞＞
سياحت	seyâhat (-ti)	旅 A
سياست	siyâset	政治 A
سياسة	siyāsa	政治 A
سياسى	siyâsî	政治的な A
سياه	siyâh	黒い P
سير	seyir (-yri)	見物 A．سـ ا ．seyretmek ながめる、見つめる
سيغاره	sigara	タバコ SP ايچمك．سـ s.içmek タバコをすう
سيم	siyüm	第3番目(の)＜ペルシア語＞
ـ سين	-sin[4]	＜命令形・3人称単数形語尾＞
سينه ما	sinema	映画 F、映画館

(ش)

ش ـ	-(i)ş[4]	互いに〜しあう＜相互形・接尾辞＞
شئ	şey	ものA、事 بر شئ bir şey なにか
شاشیرمق	şaşırmak	戸惑う、うろたえる
شاعر	şâ'ir (→ şâir)	詩人A
شاعره	şâ'ire (→ şâire)	女性詩人A
شایان	şâyân	値するP ＜-e＞
شب	şeb	夜P
شباط	Şubat	2月A
شبهه سز	şuphesiz	疑いのない
شتروان	şütür-vân	ラクダ使いP
شدّت	şiddet	激しさA
شرط	şart	条件A
شرف	şeref	名誉A、祝い
شرقی	şarkı	歌（← شرق '東洋'的調べ）cf. تورکی türkü 'トルコ'的調べ
شش	şeş	6＜ペルシア語数詞＞
شست	şest	60＜ペルシア語数詞＞
شصت	şast	60＜ペルシア語数詞＞
شعبان	Şa'bân (→ Şaban)	8月A（ヒジュラ暦）
شعر	şi'r (→ şiir)	詩A
شعرا	şu'arā (→ şüarâ)	詩人A (pl.) ＜ شاعر şâir
شؤمه ن دؤفر	şimendifer	汽車F、列車（←フランス語 chemin de fer）
شفتالی	şeftali	モモP
شق	şık (-kkı)	選択肢A
شکایت	şikâyet	苦情A
شکر	şeker	砂糖P
شکر	şükr (→ şükür, -krü)	感謝A
شکستگی	şikestegî (← şekastegîP)	破損

— 222 —

語彙集

شكستن	şekastan	壊す＜ペルシア語動詞不定形＞
شكسته	şikeste (← şekaste[P])	壊れた＜ペルシア語受動分詞＞
شكل	şekil (-kli)	形[A] شكل آلمق şekil almak 形成する
شمدان	şemdân	燭台[A-P]
شمس الدين سامى	Şemseddin Sâmî	シェムセッディーン・サーミー（1850–1904；オスマン帝国期の辞書編纂者、文学者）
شنبه	şambe	土曜日＜ペルシア語＞
شو	şu	それ、これ、その、この、以下の
شوال	Şevvâl	10月[A]（ヒジュラ暦）
شونا	şuna	それに、これに
شهر	şehir (-hri)	町[P]、都市
شهرت	şöfret (-ti)	名声[A]
شهرتلى	şöhretli	有名な
شى	şey	物[A]
شيخ الاسلام	Şeyhü'l-İslâm (→ Şeyhülislâm)	イスラム長官[A]
شيراز	Şîrâz	シーラーズ[P]（イランの地名）
شيرازى	Şîrâzî	シーラーズ出身者[P]（の）
شيرينلك	şîrînlik	美しさ
شيش	şiş	串
شيقير شيقير	şıkır şıkır	ジャラジャラ（擬音）
شيقيرتى	şıkırtı	ジャラジャラする音
شيمدى	şimdi	今
شيمديدن	şimdiden	今から、前もって
شيوه	şîve	方言[P]、訛り

(ص)

صاتمق	satmak	売る
صاتيجى	satıcı	販売人

語彙集

صاچ	saç (-çı)	髪の毛
صاحب	sâhip	持ち主[A]、所有者
صاغ	sağ	右
صاغ	sağ	健全な سن صاغ اول Sen sağ ol お気を確かに「直訳：元気であれ」（←お悔やみ）
صاقال	sakal	(ほお・あご) ひげ
صاقلامق	saklamak	隠す
صاللامق	sallamak	ふる、揺する
صالون	salon	サロン[F]、客間
صالی	salı	火曜日
صامان	saman	わら
صاندیق	sandık	箱[A]
صانکه	sanki	一体、本当に...だろうか、まるで
صانمق	sanmak	思う
صاومق	savmak	追い払う
صباح	sabah	朝[A]
صباحلین	sabahleyin	朝方
صبر	sabır (-brı)	忍耐力[A]
صجاق	sıcak	暑い、熱い
صحبت	sohbet	歓談[A]、お喋り حلوا صحبتی helvâ sohbeti 冬場こたつに入りヘルヴァを食べながら楽しむ歓談
صد	sad	100 ＜ペルシア語数詞＞
صداقت	sadâkat	忠誠[A]
صرف	sarf	文法[A] صرف و نحو sarf ü nahv 文法 (←文法と統語法) صرف و نحو کتابی sarf ü nahv kitabı 文法書
صرفیه	sarfîy(y)e	文法の[A] ＜形容詞・女性形＞
صره	sıra	列 صره سنه کچمک ~ sırasına geçmek

語彙集

		～の仲間に入る、～に伍してゆく
صفت	sıfat	形容詞 A ＜文法用語＞
صفر	Safer	2月 A（ヒジュラ暦）
صفر	sıfır	0 A ＜数詞＞
صکره	sonra	その後＜副詞＞；～の後＜-den, 後置詞＞
صنف	sınıf	クラス、学年　صنفده قالمق sınıfta kalmak 留年する
صو	su	水
صوجى	sucu	水売り
صورت	sûret (-ti)	方法 A　بو صورتله bu sûretle このようにして
صورمق	sormak	尋ねる、求める、探し求める　صورماسنه sormasına 彼が尋ねたところ（←彼が尋ねたのに対して）
صوسز	susuz	水無しの
صوغوق	soğuk	冷たい
صوقمق	sokmak	差し込む、突っ込む
صوك	son	終わり、最後の　صوك دفعه اوله رق son defa olarak 最後として　صوك اوله رق son olarak 最後に
صوكرا	sonra	その後＜副詞＞；～の後＜-den, 後置詞＞
صوكره	sonra	その後＜副詞＞；～の後＜-den, 後置詞＞
صوكنده	sonunda	（その）最後には
صول	sol	左
صولامق	sulamak	水を与える
صويونمق	soyunmak	服を脱ぐ、裸になる
صيچان	sıçan	ネズミ
صيق	sık	密な　صيق صيق sık sık しばしば
صيقلمق	sıkılmak	締め付けられる　جانك صيقلمق cânın sıkılmak（君は）退屈する、気がめいる

― 225 ―

語　彙　集

| صیقینتی | sıkıntı | 苦痛、苦労　صہ.کچیرمك s.geçirmek 苦痛を受ける、苦労する |
| صیقینمق | sıkınmak | 力む、ふんばる |

(ض)

ضبط	zabt	筆記[A]　ضـ.ا. z.etmek 書き留める
ضربه	darbe	打撃[A]
ضرر	zarar	害[A]　ضرر یوق zarar yok 構わない、それで結構
ضمه	damma (→ zamme)	母音符号[A] < ü, u >
ضیا پاشا	Ziya Paşa	ズィヤ・パシャ（1825–80）

(ط)

طابور	tabur	大隊[A]、列
طاتلی	tatlı	甘い、美しい、甘美な、楽しげに、見事に
طار	dar	偏狭な、狭い
طاراق	tarak	櫛
طاس	tas	椀[P]、器
طاش	taş	石
طاغ	dağ	山
طاقم	takım	一組　bir takım 一連の＜単数名詞と共に＞
طاندیر	tandır	（やぐら／掘り）ごたつ
طاندیرنامه	tandırnâme	（やぐら／掘りごたつで語られる）昔話　طاندیرنامه قورولدی tandırname kuruldu 昔話が語られた
طاوس	tâus	クジャク[A]
طاوشان	tavşan	ウサギ

— 226 —

語彙集

طاووق	tavuk	雌鶏
طبع	tab' (→ tab)	印刷 A ط.۱. tabetmek 印刷する
طبيعت	tabîât	自然 A
طبيعة	ṭabî'a	自然 A ＜アラビア語＞
طبيعى	tabîî	自然の A
طبيعيه	tabîîye	自然の A ＜女性形＞
طرف	taraf	側 A طرفين tarafeyn 両側＜双数形＞
طعام	ta'âm (→ taâm)	食事 A
طقسان	doksan	90
طقوز	dokuz	9
طلبه	talebe	学生 A
طوپلامق	toplamak	収集する、集める كندنى طوپلامق kendini toplamak 精神を集中する、気合いを入れる
طوتمق	tutmak	つかむ ایش طوتمق iş tutmak 仕事をする
طورمق	durmak	留まる、〜し続ける＜-ip durmak＞
طوغرو	doğru	正確に＜副詞＞；〜の方へ＜-e, 後置詞＞
طوغرى	doğru	正確に＜副詞＞；〜の方へ＜-e, 後置詞＞
طوغورمق	doğurmak	産む、生む
طوقايەف	Tukayef	トゥカイェフ（カザン・タタール人短編作家）
طوقوز	dokuz	9
طولاشمق	dolaşmak	ぶらつく、散歩する
طولايى	dolayı	〜のために、〜ゆえに＜-den, 後置詞＞
طوموز	domuz	豚
طوى	toy	宴＜古語＞
طويمق	duymak	聞く、感じる
طويورمق	duyurmak	聞かせる、感じさせる
طيشارى	dışarı	外、外へ
طينغير مينغير	tıngır mıngır	ギーギー（擬音）

(ظ)

ظرف	zarf	封筒 A
ظلم	zulm (→ zülüm, -lmü)	虐待 A
ظيرلامق	zırlamak	(ロバが) 鳴く、いななく

(ء、ع)

عائد	ait	～に属す A、～のもの＜-e, 後置詞＞
عاجله	'âcile (→ âcile)	急ぎの A＜عاجل 'âcil の女性形＞
عادت	âdet (-ti)	習慣 A
عادتا	âdetâ	ほとんど A、一般に、実際に
عاشر	âşir	第10番目(の)＜アラビア語＞
عاشق	âşık	恋人 A
عائله	aile	家族 A
عالم	âlim	学者 A
عالى	âlî	崇高な A＜女性形→ عاليه âliy(y)e 崇高な＞
عايشه	Ayşe	アイシェ A (名・女)
عبارت	ibâret	～から成る A＜-den＞
عبدالحميد	'Abdü'l-hamîd	アブドュルハミド (名・男) عبدالحميد ثانى 'Abdü'l-hamîd-i sânî アブドュルハミド2世 (在位 1876–1909)
عثمان	Osman	オスマン (名・男)
عثمانلى	Osmanlı	オスマン家、オスマン人、オスマン(人)の
عثمانليجه	Osmanlıca	オスマン語
عثمانيه	Osmâniy(y)e	オスマンの＜ عثمانى Osmânî の女性形＞
عجائب	acâyip	奇妙な A、変わった
عجايب	acâip	奇妙な A、変わった
عجبا	acabâ	～かしら A、はたして～だろうか
عذر	özür (-zrü)	詫び A

عرابه	araba	車、自動車
عرب	Arap	アラブ人 A、アラブ（人）の
عربى	Arabî	アラビア語 A、アラブの
عزت	izzet	価値 A、力、敬意　عزت و اقبال izzet ü ikbâl 名誉と幸運
عسكر	asker	兵士 A、軍人
عسكرى	askerî	軍の A
عسكريه	askeri(y)ye	軍の A ＜女性形＞
عشر(ه)	'aşer(e)	10 ＜アラビア語数詞＞
عشرين	ışrîn	20 ＜アラビア語数詞＞
عشق	aşk	愛 A
عشيرت	aşîret	部族 A
عصر	'sr (→ asır, -srı)	世紀 A
عفو	af (-ffı)	容赦 A　عفوايتمك affetmek 許す
عقل	akıl (-klı)	理性 A
علاج	ilaç	薬 A
علاقه دار	alâkadâr	関係ある A-P
علم	ilim (-lmi)	知識 A、学問　السنه علمى elsine ilmi 言語学
علم السنه	ilm-i elsine	言語学
علما	ulemâ	ウレマー A、学者 (pl.) ＜ عالم âlim
علمى	ilmî	学問的な A
علوم الدين	'ulûmu'd-dîn	宗教学 A、神学
على	Ali	アリ（名・男）
على الخصوص	alelhusûs	とくに A
عمر	ömür (-mrü)	生涯 A、人生
عمله	amele	労働者 A (pl.) ＜ عامل âmil
عوام	avâm	民衆 A
ئوپمك	öpmek	キスをする
ئولمك	ölmek	死ぬ　ئوله سى يه جك ölesiyecek 死ぬまで

語彙集

ئەستەرغوم	Estergom	エステルゴム（地名：ブダペスト北西部の町）
ئەكەر	Eger	エゲル（地名：ブダペスト北東部の町）
ئەكىيەت	ekiyet	昔話＜タタール語＞（＝ ماصال masal）
عیب	ayıp (-ybı)	恥[A]、恥ずべき
عین	'ain (→ ayn)	目[A]
عینا	aynen	同一に[A]、そのまま、ありのまま
عینی	aynı	同じ、同一の عینى زمانده aynı zamanda 同時に

(غ)

غائب	gaib	紛失[A]、不明 غـ.ا. g.etmek 失う＜→ kaybetmek＞
غاغا	gaga	くちばし
غاوغا	kavga	喧嘩[P]
غبطة	ġibṭa (→ غبطه gıpta)	羨望[A]
غرامەر	gramer	文法[F]
غرب	garp	ヨーロッパ[A]
غربت	gurbet	望郷[A]
غربى	garbî	西洋の[A]、ヨーロッパの、西欧の
غرەغوار	Gregvâr ?	Grégoire の転写？＝Gregor グレゴリー
غرەو	grev	ストライキ[F]
غزته	gazete	新聞[IT]
غلط	galat	誤り[A]、間違った、慣用化した誤用表現
غلطه	Galata	ガラタ（地区）
غم	gam	悲しみ[P]、痛手
غید غید غیداق	gıt gıt gıdak	コーコーコー（雌鶏の鳴き声）

— 230 —

(ف)

فابریقه	fabrika	工場 IT
فارس	Fârs	ファールス地方 P（イラン）
فارسى	Fârsî	ペルシア語 P（の）、ファールス地方の
فارسیه	fârsîy(y)e	＜ فارسى fârsî の女性形・形容詞＞
فاره	fare	ネズミ
فتحه	fatḥa (→ fetha)	母音符号 A ＜ e, a ＞
فتوى	fetva	フェトヴァ A（イスラム法に基づく意見書）
فرانسه	Fransa	フランス IT
فرانسوى	Fransevî	フランス人（の）
فرق	fark (-kı)	違い A、差異、変化　 فرق ایتمز fark etmez 差がない、同じだ
فرقلى	farklı	異なった
فرقه	fırka	政党 A
فریاد	feriyât	叫び声 P、鳴き声　ف.ا. f.etmek 叫ぶ、鳴く
فصاحت	fesâhat (-ti)	純粋性 A、正統性
فصیح	fasîh	正確な A
فضله	fazla	多い A、多くの
فقرا	fıkarâ	貧者 A、乞食
فقط	fakat	しかし A
فكر	fikr (→ fikir, -kri)	考え A、思考
فلاكت	felâket (-ti)	大惨事 A、悲惨な出来事
فلسفه	felsefe	哲学 A
فن	fen (-nni)	科学 A
فنون	fünûn	科学 A (pl.) ＜ فن fen
فوق	fevk	上 A、上位
فوق العاده	fevka'l-'âde (→ fevkalâde)	並外れた A、見事な
فونه‌تیك	fonetik	音声（学）F　 فونه‌تیك علمى fonetik ilmi 音声学

— 231 —

語彙集

فى	fî	～の中 ᴬ فى نفس الامر fî nefsi'l-emr 実際には
فيل	fil	象 ᴬ
فيلم	film	映画 ᶠ

(ق)

ـ ق	-k	<-di 過去形 / -se 仮定形・1人称複数形語尾；後舌語幹の場合>
قابل	kābil	可能な ᴬ ق. اولمق k.olmak ～できる
قاپلان	kaplan	トラ
قاپمق	kapmak	奪う
قاپو	kapı	ドア、戸
قاپوجىباشى	kapıcıbaşı	（宮殿の）門衛長
قاتل	kātil	人殺し ᴬ
قاچ	kaç	いくつの برقاچ birkaç 2～3の قاچ كره kaç kere 何度、何回
قادين	kadın	妻、女
قار	kar	雪
قارپوز	karpuz	スイカ ᴾ
قارداش	kardaş (→ kardeş)	兄(弟)、姉(妹)
قارشو	karşı	～に面して、～に対して<-e, 後置詞>
قارشى	karşı	～に面して、～に対して<-e, 後置詞>
قارغه	karga	カラス
قارن	karın (-rnı)	腹
قارنداش	karındaş (→ kardeş)	兄(弟)、姉(妹)
قارى	karı	妻
قارىء	kārī'	読者 ᴬ
قارى قوجه	karı koca	夫婦 cf. قوجه قارى kocakarı 老婆、老婦人

— 232 —

語彙集

قازان	kazan	大鍋
قازان	Kazan	カザン　قازانلى Kazanlı カザン・タタール人
قازاندرمق	kazandırmak	獲得させる
قازانمق	kazanmak	獲得する、(試験に) 合格する
قاشیق	kaşık	スプーン
قاضى	kādı	法官 A
قاضیلق	kādılık	法官職 A
قاضیلك ママ	kādilik (→ قاضیلق)	法官職 A
قاعده	kāide	(文法) 規則 A
قالبور	kalbur	ふるい
قالدیرمق	kaldırmak	持ち上げる
قالقمق	kalkmak	立ち上がる、起床する、出発する
قالمق	kalmak	留まる、いる、残る、～な状態のままである
		بكا قالیرسه bana kalırsa 私の考えでは
قاموس	kāmûs	辞書 A
قانون	kānûn	法律 A
قاوشمق	kavuşmak	出会う
قاون	kavun	メロン
قبل	kabl	前 A　قبل التاریخ kable't-târîh 有史以前の
قبول	kabûl (-lü)	導入 A、受入れ、承諾
قبوللانمك ママ	kabûllenmek (→ قبوللنمك kabûllenmek)	受け入れる
قتل	katala	彼は殺した〈アラビア語〉
قدر	kadar	ほど A、程度；～まで〈-e, 後置詞〉
قدر	kader	運命 A　قدر بو یا kader bu ya 運命とは所詮こんなもの、皮肉なことに
قدرت	kudret (-ti)	権力 A
قدیمه	kadîme	古い〈قدیم kadîm の女性形〉
قراءت	kıraat, kırâat	読み A
قرار	karâr	決定 A．قول و قرار kavl ü karâr etmek 取り

— 233 —

語彙集

		決める قرار ويرمك karâr vermek 決定する
قراركاه	karârgâh	収容所 A-P
قرب	kurb (-bü)	近辺 A
قرق	kırk	40
قره	kara	黒い قره كون kara gün 困窮した日、苦境にある時
قريش	Kuraiş (→ Kureyş)	クライシュ族 A
قريملى	Kırımlı	クリミア・タタール人
قزغان	kazan	大鍋
قسطنطينيه	Kostantini(y)ye	コンスタンティノープル A
قسم	kısım (-smı)	部分 A
قسمت	kısmet (-ti)	幸運 A、めぐりあわせ قسمتسه kısmetse 縁があれば、機会に恵まれれば
قصبه	kasaba	小都市 A、田舎町
قضا	kazâ	事故 A از قضا ez-kazâ 偶然、間違って
قطع	katʿ	切断 A
قلب	kalp (-bi)	心 A
قلم	kalem	ペン A、事務所 قلمه آلمق kaleme almak 書き留める
قمر	kamer	月＜アラビア語＞
قمرى	kamerî	太陰暦の A
قواعد	kavâid	（文法）規則 A (pl.) ＜ قاعده kāide
قوجه	koca	夫
قوجه قارى	kocakarı	老婆、老婦人
قورد	kurt	狼
قورقمق	korkmak	恐れる＜-den＞
قورمق	kurmak	組み立てる
قوش	kuş	鳥
قوطو	kutu	箱

— 234 —

語　彙　集

قوقو	koku	におい
قول	kavl（→ kavil, -vli）	約束 A
قول	kûl	下僕 A、奴隷
قول	kol	腕
قولای	kolay	容易な
قوللانمق	kullanmak	用いる、利用する
قوم	kavm（→ kavim, -vmi）	部族 A、民族
قومشو	komşu	隣人
قومق	komak	置く
قوناق	konak	館
قونشمق	konuşmak	話す
قونشمه	konuşma	演説、スピーチ
قونقلمق	konuklamak	もてなす
قونو قومشو	konu komşu	隣人
قونوشمق	konuşmak	話す
قونوشولمق	konuşulmak	話される
قویمق	koymak	入れる、置く
قویون	koyun	羊
قهوه	kahve	コーヒー A、コーヒー店
قهوه آلتی	kahvaltı	朝食　قهوه آلتی یاپمق kahvaltı yapmak 朝食をとる
قهوه جی	kahveci	コーヒー店主
قید	kayd	登録された A、拘束された
قیز	kız	娘
قیزجغز	kızcağız	哀れな娘
قیشین	kışın	冬場
قیصه	kısa	短い　قیصه جق kısacık 実に短い
قیصه جه	kısaca	短く、手短に、短め（に）
قیلیج	kılıç	刀、剣

語彙集

| قيليچ | kılıç | 刀、剣 |
| قين | kın | （刀の）さや |

(ك)

ك ـ	-in⁴	＜-di 過去形 / -se 仮定形・2人称単数形語尾＞
ك ـ	-k	＜-di 過去形 / -se 仮定形・1人称複数形語尾；前舌語幹の場合＞
ك ـ	-in⁴	〜の＜属格語尾＞
ك ـ	-in⁴	＜命令形・2人称複数形語尾＞
ك ـ	-ke	＜アラビア語；代名詞2人称男性単数接尾形＞
ك ـ	-ki	＜アラビア語；代名詞2人称女性単数接尾形＞
كاتب	kâtib (→ kâtip)	書記官 A
ـ كار	-kâr, -gâr	＜ペルシア語接尾辞；行為者名詞、形容詞＞
كاشكه	keşke	〜であればいいのに P ＜願望＞
كاغد	kâğıt	紙
كافه	kâffe	全て A、全部
كامل	Kâmil	キャーミル（名・男）
كانون اول	Kânûn-ı evvel	12月
كانون ثانى	Kânûn-ı sânî	1月
ـ كاه	-gâh	＜ペルシア語接尾辞；場所＞
كبرت	kibrit (-ti)	マッチ A
كبى	gibi	〜のように、〜のような、〜のようだ＜終止形文末で＞
كتاب	kitâp (→ kitap)	本 A
كتابأوى	kitabevi	書店
كتب	kataba (→ ketebe)	彼は書いた＜アラビア語＞
كتب	kütüb (→ kütüp)	本 A (pl.) ＜ كتاب kitâb كتب قديمه kütüb-i kadîme 古書

— 236 —

語彙集

كتيرمق	getirmek	持って来る、連れて来る、(相手のところへ)持って行く、連れて行く
كچرمك	geçirmek	過ごす
كچمك	geçmek	過ぎる、通過する、移る、越える＜-i＞
كچن	geçen	前の、過ぎた
كچه	geçe	側、端 ایکی کچه لی iki geçeli 両側の (に)
كچی	keçi	ヤギ
كچيجی	geçici	仮の、一時的な
كچيرمك	geçirmek	過ごす
كدی	kedi	猫
كديجك	kedicik	子猫
ـ كر	-ger	＜ペルシア語接尾辞；職業従事者＞
كرالق	kiralık	賃貸 (の) كرالق او kiralık ev 貸し家
كرك	gerek	必要だ、～にちがいない＜-se 仮定形とともに＞
كركمك	gerekmek	～が必要となる
كره	kere	回 A、度
كروان قيران	Kervânkıran	金星（明けの明星）
كری قالمق	geri kalmak	～をさしひかえる＜-den＞
ـ كز	-(i)niz[4]	あなたの＜2人称複数形所有接尾辞＞
ـ كز	-niz[4]	＜-di 過去形 / -se 仮定形・2人称複数形人称語尾＞
كزليجه	gizlice	ひそかに
كزمك	gezmek	出歩く、散歩する、見物する、見て回る
كسديرمك	kesdirmek (→ kestirmek)	切らせる
كسره	kasra (→ kesre)	母音符号 A ＜i, ı＞
كسمك	kesmek	切る
كش	koş	殺す＜ペルシア語動詞現在語幹＞
كشتن	koştan	殺す＜ペルシア語動詞不定形＞

― 237 ―

語彙集

كفايت	kifâyet	十分な [A] ايلمك.ك k.eylemek (= etmek) 十分である、事足りる
كفايتسزلك	kifâyetsizlik	不十分、不適当
ككيش	geniş	広大な、広範な
كل	gül	バラ [P]
كلستان	gülistân	バラ園 [P]
كلمات	kelimât	語彙 [A] (pl.) < كلمه kelime
كلمك	gelmek	来る、行く سزه كلمك size gelmek あなたの所へ行く
كلمه	gelme	出自の、出身の＜形容詞＞
كلمه	kelime	単語 [A]、語彙
كله جك	gelecek	今度の～、次の～、来るべき～ كله جك سنه gelecek sene 来年
ـ كم	-küm	＜アラビア語；代名詞2人称男性複数接尾形＞
ـ كما	-kümâ	＜アラビア語；代名詞2人称双数接尾形＞
كماكان	kemâkân	従来通り [A]
كمال	kemâl (-li)	完全 [A]、最高 كمال حيرتله kemâl-i hayretle この上なく驚いて（←驚きの頂点で）
كمانكش	kemânkeş	弓術家 [P]
ـ كن	-ken	～している間、～の間＜副動詞＞
ـ كن	-künne	＜アラビア語；代名詞2人称女性複数接尾形＞
كناه	günâh	罪 [P]
كنجلك	gençlik	青春
كندى	kendi	自身、～自身の كندى كندينه 自分自身に（で）
كنديسى	kendisi	自分自身＜3人称＞ كنديسنه kendisine 自分自身に
كوبك	göbek	へそ ك.تاشى g.taşı トルコ風呂の大理石の垢すり台

― 238 ―

語 彙 集

كوبيدن	kûbîdan	砕く＜ペルシア語動詞不定形＞
كوپرى	köprü	橋
كوپك	köpek	犬
كوتورمك	götürmek	持って行く
كوچ	göç	引っ越し、移住 ك.ا. g.etmek 引っ越す
كوچوك	küçük	小さい、幼い、下級の
كورش	güreş	レスリング、取っ組み合い
كورشمك	görüşmek	出会う、落ち合う、話し合う＜-ile＞
كورمك	görmek	見る
كوروشمك	görüşmek	出会う＜-ile＞
كوره	göre	〜によれば、〜からすれば＜-e, 後置詞＞
كوز	göz	目
كوزل	güzel	美しい
كوزلجه	güzelce	みごとに
كوزه‌ل	güzel	美しい كوزه‌للك güzellik 美しさ
كوشه	köşe	角 P、隅
كوفتن	kûftan	砕く＜ペルシア語動詞不定形＞
كوفته	köfte	ミニハンバーグ P
كوك	kök	根
كوكل	gönül (-nlü)	心 كوكلنى آلمق gönlünü almak 人に納得してもらう、人に了解してもらう كوكلنى قازانمق gönlünü kazanmak 人の歓心を買う、人に喜んでもらう
كولمك	gülmek	笑う、微笑む
كولومسه‌مك	gülümsemek	ニコニコする、微笑む
كوله كوله	güle güle	ニコニコして、元気に、さようなら
كون	gün	日
كون بكون	gün begün	日ごとに
كوندرمك	göndermek	送る、届ける

語彙集

كوندوز	gündüz	昼間
كونش	güneş	太陽
كوى	köy	村
كويا	gûyâ	あたかも P
كويلى	köylü	村人
كه	ki	～である…＜ペルシア語関係詞＞、…以下のこと＜ペルシア語接続詞＞
كيتكيده	gitgide	次第に、徐々に、やがて
كيتدكجه	gittikçe	次第に、徐々に、やがて
كيتمك	gitmek	行く
كيجه	gece	夜
كيديرمك	giydirmek	着せる
كيراز	kiraz	サクランボ G
كيرمك	girmek	入る
كيريش	giriş	入ること、入り口、入門
كيشى	kişi	人、人間
كينمك	giyinmek	服を着る＜كيمك giymek の再帰形＞
كيلو	kilo	キログラム F
كيليدلمك	kilitlemek	しまい込む＜←كيليد kilit 錠 G＞
كيم	kim	誰
كيمسه	kimse	人 هيچ بر كيمسه hiç bir kimse 誰も…ない
كيمك	giymek	着る、身につける
كيميسى	kimisi	ある者は
كيينمك	giyinmek	服を着る、身支度をする

(گ)

ـگاه	-gâh	＜ペルシア語接尾辞；場所を示す＞
گبى	gibi	～のように

— 240 —

語彙集

گچمك	geçmek	過ぎる、～を越える＜-i＞
گذشتن	gozaştan	過ぎ去る＜ペルシア語動詞不定形＞
گذشته	güzeşte (← gozaşte[P])	過ぎた＜ペルシア語受動分詞＞
ـگر	-ger	＜ペルシア語接尾辞；職業従事者＞
گرك	gerek	必要な
گزمك	gezmek	出歩く、散歩する、見物する、見て回る
گزمه	gezme	散歩
گفت	güft (← goft[P])	彼は言った＜ペルシア語＞
گفتن	goftan	言う＜ペルシア語動詞不定形＞
گفته	güfte (← gofte[P])	言われた＜ペルシア語受動分詞＞
گلستان	Gülistân	『ギュリスターン』（バラ園）[P]（ペルシア詩人サーディーによって13世紀半ばに記された散文主体の逸話・物語形式の実践道徳書）
گلمك	gelmek	来る、（相手のところへ）行く
گناه	günâh	罪[P]
گناه‌كار	günâh-kâr	罪人（の）[P]
گو	gû	言う＜ペルシア語動詞現在語幹＞
گوتورمك	götürmek	運ぶ、持っていく
گوچ	güç	力
گوچ	güç	困難な
گورمك	görmek	見る、受ける（授業、教育などを）、修得する
گوز	güz	秋
گوز	göz	目
گوزل	güzel	美しい
گوزه‌ل	güzel	美しい
گوگرجین	güvercin	鳩
گولگه	gölge	影、日陰
گویا	gûyâ	あたかも[P]
گه‌چمك	geçmek	通過する、過ぎる

— 241 —

(ل)

ـل	-il[4]	～される＜受動形・接尾辞＞
لاتين	Lâtin	ラテン（の）
لازم	lâzım	必要だ[A]＜-e, 叙述用法＞ لازم گلمك lâzım gelmek 必要となる
لاكن	lâkin	しかし[A]
ـلامق	-lamak	＜動詞化接尾辞＞
ـلانمق	-lanmak	＜動詞化接尾辞＞
لذت	lezzet (-ti)	風味[A]
ـلر	-ler, -lar	＜名詞複数語尾＞
ـلر	-ler[2]	＜3人称複数形動詞人称語尾＞
ـلرى	-leri, -ları	彼(女)らの＜所有接尾辞3人称複数形＞
لسان	lisân	言語[A]
ـلشمق	-laşmak	＜動詞化接尾辞＞
ـلشمك	-leşmek	＜動詞化接尾辞＞
لغات	lûgāt	単語[A]、語彙（pl.）＜ لغت lûgat
لغت	lûgat, lügat (-ti)	単語[A]、言葉、語彙、辞書 لغت كتابى lûgat kitabı 辞書
ـلق	-lık, -luk	＜形容詞・名詞の抽象名詞化接尾辞＞
ـلك	-lik, -lük	＜形容詞・名詞の抽象名詞化接尾辞＞
لكن	lakin	しかし[A]
ـلم	-lim[2]	＜e 願望形・1人称複数形語尾＞
ـلمك	-lemek	＜動詞化接尾辞＞
ـلنمك	-lenmek	＜動詞化接尾辞＞
ـلو	-lü, -lu	～に所属・付属の、～の性質を帯びた
لوزينه	levzîne	砕いたアーモンド
لوقنطه	lokanta	レストラン[IT]
لوله	lule	パイプ[P]
ـله	-le[2]	～と（共に）、～でもって＜後置詞・接尾形＞

語 彙 集

لهجه	lehçe	方言 A
ـ له مك	-lemek	＜動詞化接尾辞＞
ـ لى	-li⁴	～に所属・付属の、～の性質を帯びた

(م)

م ـ	-(i)m⁴	私の＜所有接尾辞・1人称単数形語尾＞
م ـ	-me²	＜動詞否定辞＞
م ـ	-üm	＜ペルシア語の基数詞を序数詞化する接尾辞＞
م ـ	-m	＜-di過去形 / -se仮定形・1人称単数形語尾＞
م ـ	-im⁴	連辞・動詞人称語尾 ❷ ＜1人称単数形＞
ماجار	Macar	ハンガリー人
ماجارستان	Macaristân	ハンガリー
ـ مادن	-madan	～しないで、～する前に＜副動詞＞
ماده	madde	条項 A
ماذون	me'zûn (→ mezun)	許可を得た A、卒業した
مارت	Mart	3月 F
ـ مازدن	-mazdan	～しないで、～する前に＜副動詞＞
ماصال	masal	昔話 A
ماعدا	mâadâ	～以外に A ＜-den＞
مائه	mi'e	100＜アラビア語数詞＞
ماكنه	makine	機械 IT　يازى ماكنه سى yazı makinesi タイプライター
مال	mâl	財産 A、品物
مالى	mâlî	財政の A
ماليخوليا	mâlîhûlyâ	空想 A、想像
مأمور	me'mûr (→ memur)	役人 A、公務員、事務職員；義務を帯びた
مأموره	me'mûre (→ memure)	役人 A、公務員、事務職員；義務を帯びた＜女性形＞

語彙集

مأمورين	me'murîn (→ memurîn)	公務員 A （pl.）< مأمور me'mûr
مانجه	manca	食物 IT <←イタリア語 mangiare 食べる、食事>
ماندا	manda	水牛
مايس	Mayıs	5月 L
مايمون	maymun	猿 A
مبارك	mübârek	聖なる A、神聖な
مبحوث	mebhûs	記述の A
مبدء	mebde'	最初、始まり
مبدأ	mebde'	最初、始まり
متحير	mütehayyir	うろたえた A、戸惑った
متعجبانه	müteaccibâne	驚いて A-P
متعلق	müteallik	関係する A
متن	metin (-tni)	テキスト A、本文
مثنوى	mesnevî	メスネヴィー詩 A
مجبوريت	mecbûriyet (-ti)	義務 A、強制 ~مك مجبوريتنده قالمق -mek mecbûriyetinde kalmak ~ ～せざるを得ない
مجلس	meclis	集会 A、会議場
مجموعه	mecmûa	雑誌 A
مجهول	meçhûl	不明な A
محاربه	muhârebe	戦争 A
محافظه	muhâfaza	保護 A、保持 م..ا.مـ m.etmek 保持する
محترمين	muhteremeyn	神聖な A < محترم muhterem の双数形>
محرم	Muharrem	1月 A（ヒジュラ暦）
محروم	mahrûm	喪失した A مـ..قالمق m.kalmak 失う<-den>
محكمه	mahkeme	裁判所 A
محله	mahalle	地区 A、街区
محمد	Mehmet	メフメト A（名・男）
مختلف	muftelif	様々な A

— 244 —

語彙集

مخصوص	mahsûs	固有の[A]、特別の
مخصوصه	mahsûse(→ mahsûsa)	固有の、特別な＜مخصوص mahsûs の女性形＞
مخلوق	mahlûk	被造物[A]
مدت	müddet	期間[A]
مدعى	müddeâ	告訴[A]（人）
مدعى عليه	müddeâ aleyh	被告人[A]（←その身に告訴が向けられた）
ـ مدن	-meden[2]	〜しないで、〜する前に＜副動詞＞ ～مدن اول [اوكجه] 〜 meden[2] evvel [önce] 〜する前に、〜しないうちに
مدنيت	medeniyet	文明[A] مدنيتجه medeniyetçe 文明的に、文明上
مدنيه	medeni(y)ye	文明化した[A]＜مدنى medenî の女性形＞
مذكور	mezkûr	既述の[A]
مراد	murât	願望[A]、意図
مراق	merâk	興味[A]、関心事
مرام	merâm	意図[A]、目的
مَرْئِى	mer'i	見える[A]
مرحبا	merhaba	こんにちは[A]
مرحوم	merhûm	故[A]（←神に召された）、故人 م. اولمق merhûm olmak 死ぬ、亡くなる
مرد	merd	男[P]、男性
مرقوم	merkūm	記述の[A]＜女性形→ مرقومه merkūme 記述の＞
مركب	mürekkep	〜から成った[A]＜-den＞
مرمر	mermer	大理石[A]
مرور	mürur	（時の）経過[A]
ـ مز	-(i)miz[4]	私たちの＜所有接尾辞・1人称複数形＞
مزبور	mezbûr	記述の[A]

— 245 —

مزدن ـ	-mezden[2]	〜しないで、〜する前に＜副動詞＞
مژده	müjde	吉報 [P]
مسافر	misâfir	客 [A]
مسأله	mesele	問題 [A]
مستثنا	müstesnâ	例外 [A]、除外
مستشرق	müsteşrik	東洋学者、オリエンタリスト
مستشرقلك	müsteşriklik	東洋学 [A-T]
مسئله	mesele	問題 [A]
مسفور	mesfûr	記述の [A]
مسلم	müslim	ムスリム、イスラム教徒
مسلمین	müslimîn	ムスリム (pl.) ＜ مسلم müslim
مش ـ	-miş[4]	＜-miş 過去形・接尾辞＞
مشار	müşâr	指摘された [A]、示された
مشارالیه	müşârün-ileyh	既述の男 [A]
مشارالیها	müşârün-ileyhâ	既述の女 [A]
مشارالیهما	müşârün-ileyhümâ	既述の二名 [A]
مشغول	meşgul(-lü)	忙しい [A]
مشكل	müşkül	困難な [A]
مشهور	meşhûr	有名な [A] ＜女性形→ مشهوره meşhûre ＞
مصارف	masârif	費用 [A] (pl.) ＜ مصرف masraf
مصر	Mişr (→ Mısır)	エジプト [A]
مصطفى	Mustafa	ムスタファ [A] (名・男)
مطالعه	mütâlaa	意見 [A]、見解
مطبعه	matba'a (→ matbaa)	印刷所 [A]
معارف	ma'arif (→ maarif)	教育 [A]
معاملات	mu'âmelât (→ muamelât)	手続き (pl.) ＜ معامله muamele
معروف	ma'rûf (→ marûf)	知られた [A]
معلم	mu'allim (→ muallim)	男教師 [A]
معلمه	mu'allime (→ mualime)	女教師 [A]

語彙集

معلوم	maʻlûm (→ malûm)	明白な [A]、知られている
معلومات	maʻlûmât (→ malûmât)	学識 [A]、教養
معنا	maʻnâ (→ mânâ)	精神的領域 [A]
معنوى	maʻnevî (→ manevî)	精神的な [A]
معنى	maʻnâ (→ mânâ)	精神的領域 [A]
مئه	miʼe	100 ＜アラビア語数詞＞
مغاير	mugāyir	反した [A] ＜-e＞
‒ مق	-mak	＜動詞不定形語尾；後舌母音形＞
مقتدر	muktedir	できる [A]、能力がある＜-e＞
مقدار	miktar	量 [A]
مقدم	mukaddem	古い [A]、重要な
مقدمه	mukaddeme	序 [A]、導入
مقصد	maksat	目的 [A]、意図
‒ مك	-mek	＜動詞不定形語尾；前舌母音形＞
مكتب	mekteb (→ mektep)	学校 [A]
مكتوب	mektûb (→ mektup)	手紙 [A]；成文化された
مكمل	mükemmel	完璧な [A] مكمليت mükemmeliyet (-ti) 完璧さ
ملت	millet	民族 [A]、国民、国家
ملكه	meleke	スキル [A]、慣れ
ملل	milel	諸国 [A] (pl.) ＜ ملت millet
ملل سائرۀ	milel-i sâireyi	他の民族を
‒ ملى	-meli[2]	＜meli 義務形・接尾辞＞
مليون	milyon	百万 [F]
ممكن	mümkün	可能な [A]
مملكت	memleket (-ti)	国 [A]
ممنون	memnun	うれしい [A]、満足した م‒. اولمق m.olmak 喜ぶ、幸いだ
ممه	meme	乳房
من	min	～から [A] من طرف الله min tarafiʼl-lâh 神の側

語彙集

		から
مناو	manav	八百屋
منت	minnet (-ti)	恩義[A]、感謝 جانمزه منت! cânımıza minnet! 願ってもないことだ！
منتج	müntic	〜をもたらす[A] م. اولمق m.olmak 〜をうむ結果となる
منتظم	muntazam	整った[A]、体系化された
منجر	müncer (-rri)	帰結[A] م. اولمق m.olmak 〜に至る、〜となる
منسوب	mensûb	関係する[A]
منشا	menşe'	起源[A]
منظره	manzara	眺め[A]、光景
منيف	Münif	ミュニフ（名・男）
موافق	muvaffak	うまく行った[A]、適合した
موجب	mucib	必然性[A] م. اولمق m.olmak（必然的に）生み出す、伴う
موجود	mevcût	存在[A] م. اولمق m.olmak 存在する
موركى	mürkü (← توركى türkü)	türkü（トルコ歌謡）に類するもの
موز	muz	バナナ[A]
موسم	mevsim	季節[A]
موقوف	mevkûf	〜に依存した[A] <-e>
مولانا	Mevlâ-nâ (→ Mevlânâ)	メヴラーナー[A]「我々の主」、ジェラーレッディーン・ルーミー
مؤلف	müellif	作家[A]
موم	mum	ロウソク[P]
مومن	mü'min	イスラム教徒[A]
مؤنث	müennes	女性形[A] <文法用語>
مهارت	mahâret (-ti)	熟達[A]、技量、堪能、手腕、巧みさ
ـ مه دن	-meden[2]	〜しないで、〜する前に＜副動詞＞

مهم	mühim (-mmi)	重要な A
می	mi⁴	＜疑問の助詞＞
میدان	meydân	広場 A、公の場　میدانه چیقمق meydâna çıkmak 明らかになる
میراث	mirâs	遺産 A
میشەر	Mişer	ミシェル人（西タタール方言を話すといわれており、ボルガ川右岸、ウラル地方に分布し、今日タタール、モルドヴァ、チュヴァシュ各自治共和国等に住む）
ـ مین	-mîn	＜ペルシア語序数詞接尾辞；形容詞形＞
ـ میەبیل	-meyebil²	～でないかもしれない＜否定の推定・接尾辞＞

(ن)

ـ ن	-(i)n⁴	自らを（に）～する＜再帰形・接尾辞＞
ـ ن	-(i)n⁴	～される＜受動形・接尾辞＞
ناـ	nâ-	＜ペルシア語接頭辞；～のない、～でない＞
ـ نا	-nâ	＜アラビア語；代名詞 1 人称複数接尾形＞
ناامید	nâümid	絶望的な P
ناپیدا	nâpeydâ	明白でない P
نادر	nâdir	めったに～ない P
نادیده	nâdîde	稀な P、貴重な
نازلی	nâzlı	砕いた米入りの？ [نازلو آش] A pudding or blanc-mange of coarsely pounded rice. cf. Redhouse *Lexicon*: p.2062]
ناصل	nasıl	いかに、どのような　ناصل بولدکز؟ ～ nasıl buldunuz? ～はどのように思いました？、～はどうでした？
ناظر	nâzar	面した A

— 249 —

語彙集

ناظر	nâzır	大臣[A] معارف ناظرى Maarif Nâzırı 文部大臣
نامرد	nâmerd (→ nâmert)	卑怯な[P]、臆病な
نامنه	nâmına	〜のために
نانه	nâne	はっか[A]
ـ نجه	-ince[4]	〜したとき、〜すれば<副動詞> نجه يه قدر -inceye[4] kadar 〜するまで
ـ نجى	-inci[4]	<基数詞を序数詞化する接尾辞>
نحو	nahv	統語法[A]、シンタックス
نحويه	nahvîy(y)e	統語法の[A]<形容詞・女性形>
نخست	nuhust	第1番目(の)<ペルシア語>
نخستين	nuhustîn	第1番目(の)<ペルシア語>
ـ نده	-ende	<ペルシア語現在分詞；行為者名詞、形容詞>
نزه	nere	どこ
نسبت	nisbet	割合[A]、程度
نسبتله	nisbetle	比較して<-e>
نسيان	nisyân	忘却[A]
نسيم	nesîm	そよ風[A]
نشان	nişân	目印[A]、しるし
نشر	neşir (-şri)	出版[A]. نـ.ا. neşretmek 出版する
نصرالدين	Nasre'd-dîn	ナスレッディーン(名・男)
نظر	nazara	彼は見た<アラビア語>
نفس	nefes	呼吸、息 راحت بر نفس آلمق rahat bir nefes almak 安堵する
نفوذ	nüfuz	影響[A]
نفوس	nüfus	人口[A]
نقطۀ نظر	nokta-i nazar	観点
نقل	nakil (-kli)	物語[A]. نـ.ا. nakletmek 物語る
ـ نك	-nin[4]	<属格語尾；母音終わりの語に接尾>
نكاحلانمق	nikâhlanmak	結婚する

— 250 —

نكار	Nigâr	ニギャール（名・女）
نكته	nükte	微妙さ[A]、ポイント
نماز	namaz	祈り[P]
نمونه	nümune	実例[P]
ننني	ninni	子守歌
ننه	nine	お婆さん خانم ننه hânım nine お婆さま
نود	neved	90＜ペルシア語数詞＞
نور	nûr	光[P]
نورالدين	Nûre'd-dîn	ヌーレッディーン（名・男）
نورپری	Nurperi	ヌルペリ（名・女）
نوشتن	neveştan	書く＜ペルシア語動詞不定形＞
نوغای	Nogay	ノガイ人
نومرو	numara	番号[IT]、No.
نومره	numara	番号[IT]、No.
نویس	nevîs	書く＜ペルシア語動詞の現在語幹＞
نویسنده	nüvisende (← nevîsande[P])	著者[P]
نه	ne	何、何と～な＜感嘆表現で＞
نه	nüh	9＜ペルシア語数詞＞
نه A ده نه B	ne A ne de B	AもBも～でない＜否定構文＞
نه اعلی	ne alâ	（それは）素晴らしい
نه دن	neden	どうして、なぜ、理由
نهر	nehir (-hri)	川[A]、河
نه ره	nere	どこ
نه زمان	ne zaman	いつ
نه كبی	ne gibi	どんな
نه یه	neye (→ niye)	なぜ
نیت	niyet	意図[A] یاپمق نیتنده yapmak niyetinde する つもりでいる ニ.اِ. n.etmek 意図する＜-e＞
نیچون	niçin	何故、どうして

語彙集

نيسان	Nîsân	4月 A

(و)

و	ve, vü, u, ü	そして、また、〜と＜接続詞＞
واحد	vâhid	1 ＜アラビア語数詞＞
وار	var	ある、いる
وار ايدى	var idi	あった、いた
واردى	vardı	あった、いた
وارسه	varsa	あれば、いたら
وارمش	varmış	あった［ある］らしい、いた［いる］らしい
وارمق	varmak	行く وار واران var varan どんどん先へ進む者
واسع	vâsiʿ (vâsi)	広大な A
واقعا	vâkıa	実際（には）A
والحاصل	velhâsıl (← ve'l-hâsıl)	要するに A
والده	vâlide	母君 A、母堂
وان	Van	ヴァン（県名）
‐وان	-vân	＜ペルシア語接尾辞；保護する人（もの）＞
‐وب	-ip[4]	〜して＜副動詞＞
وجه	vech	方法 A、手段 وجهله vechle 方法で、〜のように
وجود	vücûd	存在 A、体、身体 وجوده كتيرمك vücûda getirmek 生み出す
‐ور	-ur[2]	〜させる＜使役形・接尾辞＞
ورق	varak	文書 A
وسايل	vesâil	手段 A
وسم	vesm	烙印をおす A
وطن	vatan	祖国 A
وطنداش	vatandaş	同胞

— 252 —

語 彙 集

وقايه	vikāye	保護 A ．و ا. v.etmek 保護する＜-den＞
وقت	vakt（→ vakit, -kti）	時 A وقتك برنده vaktin birinde ある時、昔 وقتنده vaktinde 時間通り وقتيله vaktiyle かつて
ولايت	vilâyet (-ti)	県 A
ولد	veled	子供 A
ون-	-ûn	＜アラビア語；規則複数接尾辞＞
ويا	veya	あるいは、もしくは
ويرلمك	verilmek	与えられる、授けられる
ويرمك	vermek	与える

(ه)

ه-	-e, -a	＜-e 願望形・接尾辞＞
ه-	-e, -a	＜与格語尾＞
ه-	-hu	＜アラビア語；代名詞3人称男性単数接尾形＞
ها-	-hâ	＜アラビア語；代名詞3人称女性単数接尾形＞
هانگی	hangi	どの、どんな、いかなる
هاولامق	havlamak	（犬が）ほえる
هايدی	haydi	さあ、それ＜間投詞；相手の動作を促す＞
هـ بيل	-ebil[2]	～できる＜可能形・接尾辞＞
هپ	hep	常に、いつも
هپسی	hepsi	（その）すべて
هپمز	hepimiz	私たち全員
هجری	Hicrî	ヒジュラ暦の A
هـ جك	-ecek[2]	＜-ecek 未来形・接尾辞＞
هديه	hediye	贈り物 A
هر	her	それぞれの P、各～ هر كون her gün 毎日、日毎に

— 253 —

語彙集

ـه رق	-arak	〜しながら＜副動詞＞
ـه رك	-erek	〜しながら＜副動詞＞
هركس	herkes	誰でも P ＜←否定表現で部分否定＞
هر كيم	her kim	〜な者は誰でも
هزار	hezâr	1000＜ペルシア語数詞＞
هشت	heşt	8＜ペルシア語数詞＞
هشتاد	heştâd	80＜ペルシア語数詞＞
هفت	heft	7＜ペルシア語数詞＞
هفتاد	heftâd	70＜ペルシア語数詞＞
هفته	hafta	週 P
هله	hele	とりわけ P、少なくとも、さて
ـه لى	-eli[2]	〜して以来＜副動詞＞ ـه ليدن برى -eliden[2] beri 〜して以来
هم ـ	hem-	＜ペルシア語接頭辞；同じ〜、仲間の＞
ـ هم	-hüm	＜アラビア語；代名詞3人称男性複数接尾形＞
ـ ه م	-eme[2]	〜できない＜不可能形・接尾辞＞
ـ هما	-hümâ	＜アラビア語；代名詞3人称双数接尾形＞
همان	hemen	すぐさま P、すぐに
همايون	hümâyûn	スルタンの P、王室の
هم درد	hemdert	同じ苦しみをもった P
همده	hem de	さらに、しかも
هم شهرى	hemşehrî	同郷者 P
هم عصر	hem'asr (→ hemasr)　同時代の、同世紀の
هم فكر	hemfikr (→ hemfikir, -kri)　同じ考えの
ـ هن	-hünne	＜アラビア語；代名詞3人称女性複数接尾形＞
هنكام	hengâm	時期 P
هنوز	henüz	まだ〜ない P＜否定表現＞
هوا	hava	天候 A、空気、空模様、空
هوس	heves	情熱 P、意欲

— 254 —

語 彙 集

ه ـ ه ـ ه	-e² -e²	～しながら＜副動詞＞
هی	hey	それ！（←非難）
هیچ	hiç	全く～ないP＜否定文＞、～するようなことがあるか＜疑問文＞

(ی)

ـی	-î	＜ペルシア語接尾辞；所属・出身、抽象名詞を表す＞
ـی	-i⁴	彼(女)の、それの～＜所有接尾辞・3人称単数形＞
ـی	-i⁴	～を＜対格語尾＞
ـی	-î	＜アラビア語関係形容詞；名詞を形容詞化する＞
ـی	-î	＜アラビア語；代名詞1人称単数接尾形＞
یا	yâ	そうだよ、いいかい、～だろ、ところで～は？
یا	yâ	アラビア文字ی
یاپراق	yaprak	葉
یاپلمق	yapılmak	作られる
یاپمق	yapmak	する、作る、…を～にする
یاتمق	yatmak	寝る
ـیاجق	-yacak	＜未来形接尾辞；動詞語幹末後舌母音の場合＞
یاراتمق	yaratmak	創造する
یارادلمق	yaradılmak (→ yaratılmak)	創造される
یارالانمق	yaralanmak	傷つく
یارامق	yaramak	役立つ
یاربی	yâ Rabbî	神よ A
یاردیم	yardım	手助け、援助
یاریجی	yarıcı	木こり、割く人

— 255 —

یاریم	yarım	半〜、半分の
یارین	yarın	明日
یاز	yaz	夏　یازین yazın 夏に、夏場
یازدیرمق	yazdırmak	書き取らせる
یازلمق	yazılmak	書かれる
یازمق	yazmak	書く
یازی	yazı	文字、著作、文書
یاس	yas	喪　یہ۔طوتمق y.tutmak 喪に服す
یاساق	yasak	禁止　یہ۔ا۔ y.etmek 禁じる
یاش	yaş	年齢、歳
یاشار کمال	Yaşar Kemal	ヤシャル・ケマル（トルコの代表的現代作家）
یاغ	yağ	油、脂、オイル
یاغمق	yağmak	（雨・雪などが）降る
یاغمور	yağmur	雨
یاقمق	yakmak	灯す、燃やす
یاقه	yaka	えり
یاقین	yakın	近い　یاقینده yakında 近いうちに
یاکلیش	yanlış	間違い
یالانجی	yalancı	うそつき
یالکز	yalnız	単に、ただ、一人で、孤独で　یالکز...دکل yalnız...değil ただ単に...だけでなく
یالکز باشنه	yalnız başına	彼(女)[君]たった一人で
یالی	yalı	海岸
یان	yan	そば
یانار	yanar	燃える＜分詞＞　یانار طاغ yanar dağ（活）火山
یانغین	yangın	火事
یانمش	yanmış	燃えた、燃えてしまった
یانمق	yanmak	燃える

語 彙 集

يانى باشى	yanıbaşı	（その）すぐそば
ياهو	yâhu	おいおい＜間投詞＞
يتاق	yatak	ベッド
يتمش	yetmiş	70
ـ يجى	-(y)ici^4	～に従事する人＜名詞化＞、～的な＜形容詞化＞
يد	yad (→ yed)	手^A
ـ يدن	-îdan	＜ペルシア語動詞不定形語尾＞
يدنجى	yedinci	第7番目（の）
يدى	yedi	7
يديرمك	yedirmek	食べさせる＜← يمك yemek の使役形＞
ير	yer	場所、所　يرينه كتيرمك yerine getirmek 実現する、叶える
ـ ير	-ir^4	～させる＜使役形・接尾辞＞
ـ ير	-ir^4, -er^2	＜-ir, -er 超越形・接尾辞＞
ـ يز	-iz	連辞・動詞人称語尾❷＜1人称複数形＞
يشيل	yeşil	緑
يعنى	yâni	つまり^A、換言すれば
يقين	yakın	近い
يك	yek	1＜ペルシア語数詞＞
يكرمى	yirmi	20
يكشنبه	yek şambe	日曜日＜ペルシア語＞
يكم	yeküm	第1番目（の）＜ペルシア語＞
يكى	yeni	新しい、新たに、～したばかり
يكيتلك	yiğitlik	勇気
يكيچرى	Yeniçeri	イェニチェリ（オスマン軍精鋭部隊）
يكرمى	yirmi	20
يل	yel	風
ـ يله	-yle^2	～と（共に）、～でもって＜後置詞・接尾形＞

— 257 —

語彙集

يم	yem	穀物、餌
ـ يمش	-ymiş[4]	＜-miş 過去形・接尾辞；3人称単数形、母音終わりの語に接尾＞
يمش	yemiş	果物　يم يمش yem yemiş 食料
يمك	yemek	食べる
يمك	yemek	食べ物、食事
ـ ين	-eyn	＜アラビア語双数語尾＞
ـ ين	-în	＜アラビア語；規則複数語尾＞
ـ ينجه	-yince[4]	〜したとき、〜すれば＜副動詞＞
ينه	yine	再び、またしても
يواشجه	yavâşça	ゆっくりと、おもむろに
ـ يوب	-yip[4]	〜して＜副動詞；動詞語幹末母音の場合＞
ـ يور	-iyor[4]	＜-iyor 現在形・接尾辞＞
يورغن	yorgun	疲れた
يورومك	yürümek	歩く
يوز	yüz	顔、理由
يوز	yüz	100
يوزمك	yüzmek	泳ぐ
يوق	yok	ない、存在しない
يوقاري	yukarı	上(へ)
يوقسه	yoksa	〜がなければ、そうでなければ
يوكلنمك	yüklenmek	担ぐ＜←yük 荷＞
يول	yol	道、道中　يولك آچيق اولسون yolun açık olsun 道中ご無事で
يوم الاثنين	yevmü'l-isneyn	月曜日＜アラビア語＞
يوم الأحد	yevmü'l-'ahad	日曜日＜アラビア語＞
يوم الاربعاء	yevmü'l-erbaâ'	水曜日＜アラビア語＞
يوم الثلاثاء	yevmü's-selâsâ'	火曜日＜アラビア語＞
يوم الجمعه	yevmü'l-cum'a	金曜日＜アラビア語＞

語彙集

يوم الخميس	yevmü'l-hamîs	木曜日＜アラビア語＞
يوم السبت	yevmü's-sebt	土曜日＜アラビア語＞
يوم القيامة	yevmü'l-kıyâmet	(→ yevmülkıyâma, yevmülkıyâme) 最後の審判の日（قيامة →オスマン語では قيامت kıyâmet）
يومورطلامق	yumurtlamak	卵を産む
يومورطه	yumurta	卵
ـ يه	-ye, -ya	＜与格語尾；母音終わりの語に接尾＞
ـ يه جك	-yecek²	＜-yecek 未来形・接尾辞；母音終わりの動詞語幹の場合＞
ـ يه رق	-yarak	～しながら＜副動詞＞
ـ يه رك	-yerek	～しながら＜副動詞＞
ـ يه لى	-yeli²	～して以来＜副動詞＞
ـ يه ـ يه	-ye² -ye²	～しながら＜副動詞＞
ـ يى	-yi⁴	＜対格語尾；母音終わりの語に接尾＞
ييقامق	yıkamak	洗う
ييقانمق	yıkanmak	身体を洗う＜ ييقامق yıkamak の再帰形＞、洗われる＜ yıkamak の受動形＞
ييكيرمى	yirmi	20
ييل	yıl	年
ييلديز	yıldız	星
ييلديزلى	yıldızlı	星の出た、星の降る
ييمك	yemek	食べる
ييه جك	yiyecek	食べ物
ييور	-iyor⁴	＜-iyor 現在形・接尾辞；動詞語幹末が ر/ز/د などの場合＞

オスマン文字の書き方

語末形	語中形	語頭形	独立形		
ـا	ـا	ا	ا	elif	1
ـب	ـبـ	بـ	ب	be	2
ـپ	ـپـ	پـ	پ	pe	3
ـت	ـتـ	تـ	ت	te	4
ـث	ـثـ	ثـ	ث	se	5
ـج	ـجـ	جـ	ج	cim	6
ـچ	ـچـ	چـ	چ	çim	7
ـح	ـحـ	حـ	ح	ha	8
ـخ	ـخـ	خـ	خ	hı	9
ـد	ـد	د	د	dal	10
ـذ	ـذ	ذ	ذ	zal	11

付録　オスマン文字の書き方

ـر	ـرـ	ـرـ	ر	re	12
ـز	ـزـ	ـزـ	ز	ze	13
ـژ	ـژـ	ـژـ	ژ	je	14
ـس	ـسـ	ـسـ	س	sin	15
ـش	ـشـ	ـشـ	ش	şin	16
ـص	ـصـ	ـصـ	ص	sad	17
ـض	ـضـ	ـضـ	ض	zad	18
ـط	ـطـ	ـطـ	ط	tı	19
ـظ	ـظـ	ـظـ	ظ	zı	20
ـع	ـعـ	ـعـ	ع	ain	21
ـغ	ـغـ	ـغـ	غ	gain	22
ـف	ـفـ	ـفـ	ف	fe	23
ـق	ـقـ	ـقـ	ق	kaf	24

付録　オスマン文字の書き方

ݣ	گ	گ	ك	kef	25
گ	گ	گ	گ	gef	26
ل	ل	ل	ل	lam	27
م	م	م	م	mim	28
ن	ن	ن	ن	nun	29
و	و	و	و	vav	30
ه	ه	ه	ه	he	31
ي	ي	ي	ى	ye	32

著者紹介

勝田　茂 ［かつだ しげる］ 大阪外国語大学教授（トルコ語学・文学）

目録進呈　落丁本・乱丁本はお取替えいたします。

平成14年11月30日　　Ⓒ 第1版発行

著　者	勝　田　　　茂
発行者	佐　藤　政　人

発 行 所
株式会社　**大 学 書 林**
東京都文京区小石川4丁目7番4号
振替口座　　00120-8-43740
電　話　　（03）3812-6281〜3
郵便番号　112-0002

オスマン語文法読本

ISBN4-475-01862-5　　ロガータ・横山印刷・牧製本

大学書林
語学参考書

著者	書名	判型	頁数
竹内和夫 著	トルコ語辞典（改訂増補版）	A5判	832頁
竹内和夫 著	日本語トルコ語辞典	A5判	864頁
竹内和夫 著	トルコ語辞典（ポケット版）	新書判	544頁
竹内和夫 著	トルコ語文法入門	B6判	144頁
勝田 茂 著	トルコ語文法読本	A5判	312頁
水野美奈子 著	全訳中級トルコ語読本	A5判	184頁
松谷浩尚 著	中級トルコ語詳解	A5判	278頁
竹内和夫 編	トルコ語基礎1500語	新書判	152頁
松谷浩尚 編	トルコ語分類単語集	新書判	384頁
水野美奈子 著	トルコ語会話練習帳	新書判	238頁
勝田 茂 著 A.エムレ	トルコ語を話しましょう	B6判	144頁
林 徹 著 アイデン・ヤマンラール	トルコ語会話の知識	A5判	304頁
竹内和夫 訳注 勝田 茂	トルコ民話選	B6判	234頁
土屋順一 訳注	40人の兄弟	B6判	340頁
松長 昭 著	アゼルバイジャン語文法入門	A5判	256頁
松谷浩尚 編	アゼルバイジャン語会話練習帳	新書判	168頁
竹内和夫 著	現代ウイグル語四週間	B6判	464頁
竹内和夫 編	現代ウイグル語基礎1500語	新書判	172頁
小沢重男 著	現代モンゴル語辞典(改訂増補版)	A5判	976頁
小沢重男 著	モンゴル語四週間	B6判	336頁
小沢重男 編	モンゴル語基礎1500語	新書判	140頁
小沢重男 編	モンゴル語会話練習帳	新書判	188頁
小沢重男 著	モンゴル語の話	B6判	158頁
小沢重男 著	蒙古語文語文法講義	A5判	336頁
津曲敏郎 著	満洲語入門20講	B6判	176頁
池田哲郎 著	アルタイ語のはなし	A5判	256頁

——— 目録進呈 ———